# 머니 파워

경제적 독립을 위한 보도 섀퍼의 멘탈 코칭

# 머니 파워

**보도 섀퍼** 지음 박성원 옮김

매일경제신문사

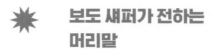

# 보도 섀퍼가 전하는
# 머리말

지금 당신은 상상했던 것과는 완전히 다른 삶을 살고 있다는 느낌이 드는가? 당신이 꿈꿔온 일상이 전혀 아닌가? 아니면 이렇게 사는 것이 '지극히 정상'이라고 생각하는가? 기대치에 미치지 못한 자신의 삶을 그냥 운명으로 받아들이려 하는가?

그렇다면 이 책은 당신을 위한 책이다! 이 책은 당신이 충만하고 행복한 삶을 누릴 수 있도록 돈을 다루어 힘을 얻는 방법에 대해 알려줄 것이다. 아무런 걱정도 할 필요가 없을 만큼 충분한 돈을 갖고 있다면 멋지지 않겠는가?

나의 첫 저서 『경제적 자유로 가는 길Der Weg Zur Finanziellen Freiheit』이 경제 분야 베스트셀러 1위 자리를 110주 동안 지키고 난 후, 나는 독자

제1부 돈에 다가갈 용기—중요한 건 돈을 바라보는 관점이다

들로부터 수천 통의 편지를 받았다. 이 자리를 빌려 독자 여러분이 보내주신 엄청난 양의 피드백에 진심으로 감사의 말씀을 전하고 싶다. 그중에서도 특히 나의 책을 통해 자신의 삶이 실제로 멋지게 바뀌었다는 독자의 얘기를 전해 듣고 저자로서 더없이 기뻤다. '돈'이 갖고 있는 장점 중 하나는 우리 삶의 상황을 개선시켜 주며, 그 개선된 상황을 수치로 나타내 준다는 점이다. 이런 의미에서 돈은 우리 삶에서 성공의 척도다. 나는 사람들이 내 저서를 읽고 각자의 삶 속에서 실제로 변화를 이루어 냈다는 것이 매우 감사하다.

많은 여성독자들이 내게 특별히 여성들을 위한 책을 써달라는 요청을 해왔다. 여성만의 특별한 상황과 여성들에게 필요한 정보들을 상세하게 다루는 책이 필요하다는 것이었다.

물론 나는 내 세미나에 참석하는 수많은 여성과의 대화로 여성들이 돈을 대하는 방식이 남성들과 다르다는 사실을 알고 있었다. 하지만 돈을 대하는 방식에서 남녀 간의 차이가 정말로 그렇게 클까? 별도로 책을 집필해야 할 만큼 클까? 지금에 와서 고백하건대, 그때까지만 해도 나는 이 문제를 너무 가볍게 생각하고 있었다.

어쨌든 나는 이 문제에 대해 구체적인 실상을 파악하는 일에 착수했다. 우선 '여성과 돈'이라는 주제에 관련해 구할 수 있는 저작물을 모두 탐독했고, 독일과 영국의 언론 매체에서 다룬 모든 기사들을 읽었다. 여성들이 돈을 대하는 방식을 나타내는 다양한 통계자료와 보고서들을 자세히 연구했다.

여성들이 자신의 재정 상황을 스스로 관리하는지, 아니면 이를 남에게 위임하는 것을 좋아하는지. 여성들이 돈을 어떤 방식으로 투자하는지. 자신의 재정과 관련해 얼마나 많은 정보를 갖고 있는지. 여성들의 노령연금 예상 수령액이 평균적으로 얼마인지.

연구 결과, 현실은 너무 참담했다. 나는 엄청난 충격을 받았다.

일례로, 한 달 평균 600유로(약 80만 원)로 사는 것이 얼마나 힘들지 상상해 보라. 물론 매달 지출을 최대한 줄이면 먹고 살 수는 있을 것이다. 하지만 분명 인간답게 생활하기는 힘들 것이다. 이는 '빈곤한' 상태에 해당한다. 예를 들어 한 달에 600유로의 돈으로는 신선한 과일을 사먹기도 힘들 것이다. 만일 신선한 과일 등에 돈을 써버리면 살림이 빠듯해질 정도의 액수다.

이제 중요한 질문을 해보자. 당신은 매달 연금 수령액이 600유로, 혹은 그 이하인 여성들의 수가 얼마나 될 거라고 생각하는가? 이런 처지의 여성들이 전체 여성의 10퍼센트만 되더라도 그것은 매우 끔찍한 일일 것이다. 하지만 현실은 이보다 훨씬 가혹하다. 실제로 그런 여성들이 전체 여성의 약 80퍼센트에 달한다.

다시 한번 말하자면, 모든 여성들 중 80퍼센트가 월평균 600유로 이하의 노령연금을 받는다. 그것도 선진복지 부국인 내 나라 독일에서 말이다. 정말 믿기 힘든 일이다.

대부분의 여성들에게 경제적인 부는 뒷전이다. 어쩌다 이렇게 되었을까?

가정을 꾸릴 능력이 있고, 자녀를 양육하고, 직장 생활을 하고, 수많은 일을 처리하고, 온갖 어려움도 헤쳐나갈 수 있는 당신이 자신의 돈 관리 하나를 못 한다는 것이 이상하지 않은가?

지금까지 내가 확인한 바로는 여성들의 돈 관리 능력은 남성들보다 뛰어나다. 단지 이 여성들을 올바르게 이끌어 줄 사람이 필요할 뿐이다.

많은 여성들은 돈이 없다. 왜일까? 말할 것도 없이, 여성들이 돈 문제에 충분히 신경 쓰지 않기 때문이다.

진정한 부를 누리는 것은 인간의 천부적인 권리다. 남성과 여성, 모든 사람들에게 주어진 천부적 권리. 그리고 나는 부를 구축하는 것 또한 그다지 어렵지 않다고 확신한다.

통계 수치에 따르면 부자가 되는 것과 관련하여 여성들은 남성들보다 더 우월한 조건을 타고났다. 그런데도 대부분의 여성들은 남성들보다 돈이 더 적다. 그게 사실일까? 그렇다면, 대체 이유가 무엇일까?

나는 정확한 실상을 파악함으로써 그 이유를 알아보기 위해 1,100명의 여성을 대상으로 설문조사를 실시했다. 이 외에도 설문지의 주요 내용을 뽑아 한 여성지와 협력해 100만 명 이상의 여성독자들을 대상으로 설문을 진행했다.

수많은 여성들이 설문조사에 적극적으로 응해주었는데, 이것만 보아도 '새로운 인식'이 싹트고 있음을 알 수 있었다. 설문조사를 통해 도출된 놀라운 결과들은 이 책을 집필하는 데 토대가 되었다.

나는 내 저서 『경제적 자유로 가는 길』에 담긴 교훈을 확신한다. 또한 이 책에서 내가 제시하는 방법들에 확신을 갖고 있다. 하지만 나는 여성들을 위해 새로운 메시지를 전해주고 싶었다. 여성들에게 '당신도 행복한 부자가 될 수 있다'라는 메시지를 강력하게 심어주고 싶었다. 행복한 부자가 되는 것은 많은 여성들이 생각하는 것보다 훨씬 쉽다.

이 책을 집필하는 것이 내게는 정말로 소중하고 의미 있는 작업이었다. 나는 당신이 경제적 독립과 진정한 부를 향해 걸어갈 때, 당신의 손을 잡고 한 걸음 한 걸음 함께 나아가고 싶다.

이 책을 읽는 당신은 분명 아주 특별한 여성임에 틀림없다. 당신은 자신의 재정 상황을 최적화시키려 한다. 또한 그것이 그다지 어렵지 않으리라는 것도 알고 있다. 당신은 자신이 눈부실 정도로 찬란한 삶을 살 자격이 있는 사람이라는 걸 알고 있으니까.

누구나 아주 멋진 인생을 살 수 있다. 하지만 그러려면 각자의 재정 상황이 걸림돌이 되어서는 안 되며, 돈이 각자의 삶에 힘이 되어야 한다.

이를 위해 어느 정도의 시간이 필요할까? 확신하건대, 어떤 여성이든 마음만 먹으면 7년 안에 경제적 독립을 이룰 수 있다. 분명히 힘든 일도 겪게 될 것이다.

하지만 장담컨대, 엉망진창인 재정 상황의 피해자로 살아가는 것보다 힘들지는 않을 것이다. 돈이 삶의 전부는 아니지만, 당장 살아가는데 돈이 부족하면 돈이야말로 세상에서 더없이 중요한 존재가 될 수밖에 없다.

이 책은 당신에게 필요한 많은 변화의 터닝포인트가 될 것이다. 그리고 당신에게 경제적 독립을 달성할 방법을 알려줄 것이다. 이 책을 통해 당신과 함께할 여정이 기대된다.

이 세상에는 경제적 측면에서도 본보기 역할을 해줄 여성들이 더 많이 필요하다. 여자라서 살기가 힘들다고 생각하는 모든 여성들에게 용기를 줄 여성들이 필요하다. 실제로 여성들은 돈을 대하는 데 남성들에게는 없는 아주 커다란 장점들을 갖고 있다. 이 부분에 대해서도 이 책에서 상세히 다룰 것이다.

돈이 없어 원하는 삶을 누리지 못하고 그럭저럭 살다 가기엔 인생은 너무 짧다. 그리고 부자가 되는 것은 대부분의 사람들이 생각하는 것보다 훨씬 쉽다. 왜냐하면 부를 누리는 것은 당신의 천부적 권리이기 때문이다. 이 책은 당신에게 천부적 권리를 실현하는 길을 알려줄 것이다. 당신도 알다시피, 돈은 곧 힘이다.

보도 섀퍼Bodo Schäfer

CONTENTS

## 제2장 돈과 관련해 여성들이 흔히 저지르는 실수

## 제3장 돈에 대한 관점

## 제3부　　돈과 가정

### 제7장　자녀들에게 돈을 다루는 법을 어떻게 가르쳐야 할까?

### 제8장　이혼은 고통스럽다

### 제9장　상속

# 제4부    끝과 시작

## 제10장  더 이상 동화 속의 이야기가 아니다

사람들은 정상에는 자리가 많지 않다고 생각한다.
내가 해주고 싶은 말은 정상에 오르면
자리가 아주 많다는 것이다.

_ 마거릿 대처 Margaret Thatcher

**제1부**

# 돈에 다가갈 용기
## ─ 중요한 건 돈을 바라보는 관점이다

- ✔ 돈을 대하는 남녀 간의 차이
- ✔ 여성들이 흔히 저지르는 실수들
- ✔ 자신의 관점을 인식하고 바꾸기

# 제1장  돈을 대하는 남녀 간의 태도

> 돈을 가진 자가 지배한다. 이는
> 여성들에게 다음과 같은 의미가 있다.
> 여성들이 돈을 손에 쥐면,
> 더 이상 남에게 지배당하지 않는다.
>
> — 주디 레스닉Judy Resnick

당신 삶의 방향을 바꾸고자 한다면 무엇이 필요할까? 당신이 부자라고 느끼기 위해서는 무엇이 필요할까? 물질적으로 부유할 뿐 아니라 마음과 정신까지 부자가 되려면 무엇이 필요할까? 당신이 상상하는 멋진 삶을 살기 위해서는 무엇이 필요할까? 거울을 들여다보며 "이제부터 모든 것이 달라질 거야"라고 말해야 할까? 당신이 이 말을 정말로 믿기 위해서는 무엇이 필요할까? 그리고 무엇보다도 이 일들이 정말로 일어나기 위해서는 무엇이 필요할까?

이 문제들은 모두 직간접적으로 돈과 관련이 있다. '돈'이라는 말만 들어도 우리에게는 여러 가지 감정이 든다. 때로는 좋은 기분이 들지만, 때로는 불편한 일이 연상되기도 한다. 어쨌든 우리는 둘 중 한쪽 입장이 될 수밖에 없다. 이때 돈에 관한 우리의 평소 생각이 결정적인 작용을 한다.

## 돈은 중요하다

돈이 우리의 문제를 모두 해결해 준다는 것은 어리석은 생각이다. 하지만 돈이 있으면 자신의 꿈을 실현하고, 흥미로운 사람들과 사귀고, 멋진 곳을 여행하고, 더 큰 영향력을 행사할 확률이 더 높아진다는 사실을 인식하는 것은 중요하다.

돈이 자유를 주는 건 분명하다. 돈은 여성을 독립적인 존재가 되도록 만들어 준다. 이런 면에서 돈은 여성이 안고 있는 문제에 실질적인 해결책이 된다. 진정한 남녀평등은 아직도 실현되지 않았기 때문이다. 우리 사회에는 실패로 드러난 해묵은 정책들이 여전히 지배적인 위치를 차지하고 있다.

그런데 놀랍게도 돈은 이를 변화시킬 수 있다. 돈은 당신에 대한 당신 자신의 감정을 바꾼다. 돈은 당신에 대한 타인의 감정도 바꾼다. 여성은 마음속 깊이 이 점을 인식하고 있다. 우선 경제적으로 독립을 해야만 진정한 독립이 가능하다. 여성이 자신의 강점을 충분히 발휘하지 않고 돈에 신경을 쓰지 않는 한, 남녀평등은 그저 희망사항에 불과하다.

돈은 돈을 지닌 사람을 중요한 존재로 만들기 때문이다. 돈은 여성에게 강자의 지위를 부여해 준다. 우리 사회는 돈이 있는 사람에게 더 우호적이다. 돈을 지닌 사람들의 말에 좀 더 귀를 기울인다. 돈이 있으면 안정감이 든다. 돈이 있으면 웬만한 일에는 당황하지 않는다. 돈이 있으면 마음이 편안해진다.

돈은 삶의 다른 영역에도 영향을 미친다. 돈이 있는 사람은 자신을 좀 더 잘 표현할 수 있으며, 타고난 특성을 발휘하며 살 수 있다. 그리고 자신과 가족에게 멋진 삶을 베풀 수 있다.

돈이 있는 사람은 자신의 목표를 더 쉽게 실행할 수 있다. 그리고 이 세상을 좀 더 멋진 곳으로 만드는 데에 기여할 수 있다.

## 극단적인 유형 두 가지

돈을 대하는 태도와 관련하여 나는 사람들에게 항상 두 개의 극단이 존재한다는 것을 확인했다. 그중 한쪽 사람들은 돈에 혈안이 되어 있다. 이들에게는 모든 것이 돈을 중심으로 돌아간다. 이들에게 돈은 삶에서 유일하게 의미 있는 중요한 존재다. 사람들은 대부분 이런 유형의 사람들을 좋아하지 않는다.

그리고 또 다른 쪽의 극단이 있다. 이들은 첫 번째 유형의 사람들처럼 되지 않으려 애쓴다. 이들은 돈 문제에 신경 쓰는 것 자체를 최대한 피하려 한다. 이들에게는 '황금만능주의'보다 더 중요한 것들이 있다. 이들은 인간관계, 가족, 건강, 종교 생활, 인간적인 따스함 등을 돈보다 더 중요하게 여긴다. 이 유형의 사람들은 '돈'이라는 주제를 최대한 무시하려 한다. 고지서 봉투를 열어보지 않은 채 보관하고, 계좌의 입출금 명세서를 '중요하지 않은 서류'로 분류한다. 그리고 돈에 관해서는 가능한 언급을 하지 않는다.

여기에서 중요한 점은 우리가 이 두 가지 유형이 모두 극단적인 경우라는 사실을 인식하고, 현명하게 중도를 택하는 것이다. 우리는 자신에게 돈이 얼마나 중요한 존재여야 하는지를 확실히 해야 한다. 그리고 돈과 관련해 어느 정도의 시간을 보내고자 하는지도 분명히 정해야 한다. 우리는 돈을 자신의 삶에 힘이 되는 존재로 만드는 법을 습득해야 한다.

우리의 문화권에서는 자신이 어떤 치료를 받는지 말하는 것은 금기가 아니다. 파트너와의 문제, 자신의 가장 은밀한 비밀 또한 금기의 대상이 아니다. 하지만 돈에 관한 진실을 허심탄회하게 이야기하지는 않는다. 바로 이 대목에서 사고의 전환이 필요하다. 이제 우리 함께 돈에 관하여 이야기해 보자.

제1부 돈에 다가갈 용기 — 중요한 건 돈을 바라보는 관점이다

## 차이가 있는가

내가 이 책을 구상할 때, 어느 레스토랑에 간 적이 있었다. 그곳에서 지금까지 돈을 대하는 자세와 관련해 여성이 남성과 다르다고 느꼈던 점 몇 가지를 쪽지에 적어보았다. 내 옆에서 메모를 훑어보던 지인은 "분명 차이점이야 있겠지만, 대부분이 일부 여성에게 해당되는 거 아닌가요?"라고 말했다.

내가 그에게 실상을 알려주기 위해 내 세미나에 참석했던 수많은 여성의 이야기를 하려고 했을 때, 바로 옆 테이블에서 어떤 일이 일어났다. 사실 특별할 것도 없는 흔히 있는 일이긴 했지만 한편으로는 돈에 관한 많은 사람의 생각을 한눈에 잘 보여주는 의미심장한 일이기도 했다.

테이블에 앉은 부부가 음식값을 계산하는데, 아내가 지갑에서 돈을 꺼내 사람들 모르게 남편의 손에 쥐어주는 것이 보였다. 아마도 남편이 계산하도록 한 것 같았다. 아내는 분명 '남편과 함께 왔는데 아내가 나서서 돈을 내는 건 모양새가 좀 그렇잖아? 남들이 뭐라고 생각하겠어?'라는 생각에 자신과 남편 모두에게 민망한 상황을 피하고자 그렇게 했을 것이다.

한편으로는 그녀가 '남의 눈에 띄지 않게' 남편에게 돈을 건네주는 걸 보면 본인도 당당하지 못하다고 생각한 듯했다. 남녀 간 '정상적

　　　　　　　　　　　　　　　　　　　　　　　머니 파워

인' 역할을 뒤집는 거라고 생각했을 테니까. 다시 말해 여자가 남자에게 의존하는 통상적인 관계와 어긋난다고 생각했을 것이다. 경제적으로 남성보다 우월한 많은 여성이 이를 당연한 것으로 여기거나 누리기는커녕 오히려 잘못된 것인냥 죄책감을 느낀다. 마치 자신에게 허용되지 않는 권력의 범주를 자신이 침범했다는 생각을 갖는다.

이것이 전부가 아니다. 남성과 동석한 자리에서 빈번하게 음식값을 지불하는 여성들은 종업원이 잔돈을 자신이 아닌 동석한 남성에게 건네주는 경험을 자주 하게 된다. 물론 이는 종업원의 실수다. 하지만 이는 익숙한 기존의 질서를 따르고자 하는 무의식에서 빚어진 것일 수도 있다. 마치 남성이 돈을 벌고 지불하는 것이 세상의 당연한 이치인 것처럼 말이다.

그런데 내 생각은 다르다. 나는 여성인 당신이 경제적으로 독립하는 것이 지극히 당연하다고 생각한다. 남에게 종속된 사람은 흔히 자신을 가치 없고 불필요한 존재라고 여긴다. 우리가 이 책을 통해 하루아침에 세상을 개선할 수는 없을 것이다. 하지만 당신은 당신의 세상을 개선할 수 있다. 지금부터 7년 후에 당신은 경제적으로 독립할 수 있게 될 것이다. 이를 위해 나는 이 책을 집필했다.

이야기를 시작하기 전에 먼저 내 소개를 하겠다. 내가 돈에 대해 어떤 생각을 갖고 있는지 알려주기 위해서다.

# 나, 보도 섀퍼의 이야기

아버지가 세상을 떠났을 때, 나는 열세 살이었다. 아버지의 장례식에 참석했던 사람들이 어머니에게 했던 "당신 남편은 죽어라 일만 하셨어요"라는 말은 오랫동안 내 마음속에 선명하게 각인되었다. 당시 나는 그보다 몇 해 전에 반드시 부자가 되리라는 결심을 했었다. 하지만 이 말을 듣고 나는 갈등하게 되었다. 부자는 되고 싶지만 절대로 '죽어라 일만 하고' 싶지는 않았으니까 말이다.

게다가 어릴 적부터 몸에 밴 기독교적 교육이 내 안의 갈등을 부추겼다. 요즘도 내 귓가에는 몇몇 성경 구절이 여전히 맴돈다. 어쩌면 당신도 다음과 같은 말을 들어보았을 것이다.

"부자가 천국에 들어가는 것이 낙타가 바늘귀에 들어가는 것보다 더 어렵다(이 구절은 본래 의미와 완전히 동떨어지게 표현되어 있다. 이에 관해서는 돈에 관한 생각을 다루는 장에서 언급하고자 한다)."

이처럼 돈이 많은 사람은 천국에 들어가기가 힘들다는 말은 곧 돈이 나쁜 것이라는 의미였다. 하지만 나는 부자가 되고 싶었다. 이미 나는 돈이 삶을 훨씬 멋지게 만들어 준다는 사실을 알고 있었기 때문이다.

우여곡절을 겪으면서 나는 스물여섯 살 때 파산을 했다. 경제적인 타격으로 몸과 마음도 깊은 나락에 빠져 허우적거렸다. 내 안에 자리한 양극단의 가치관은 나를 자꾸만 서로 반대 방향으로 끌고 갔다. 연애는 실패로 끝났고, 외로웠고 자신감을 잃었다. 나 자신이 불쌍했다. 죽었다 깨어나도 상황이 달라지지 않을 것 같았다. 무엇보다도 내가 무엇을 어떻게 변화시킬 수 있을지 막막하기만 했다.

이러한 상황에서 나는 나의 첫 코치를 만나게 되었다. 나는 그에게 부자가 되기 위한 중요한 법칙들을 배웠다. 나를 남다른 존재로 만들어 주는 이 법칙들은 이해는 되었지만 실천하기가 늘 쉽지 않았다. 내 저서 『경제적 자유로 가는 길』을 보면 이와 관련된 설명이 나온다.

몇 년 후 나는 경제적으로 자유로워졌다. 다시 말해서, 매달 받는 이자만으로 생활할 수 있게 되었다. 일정한 액수의 돈을 벌었고, 내 목표를 이루었다. 내 꿈을 실현했다. 열심히 일해서 이루려고 했던 것을 마침내 손에 넣은 것이다.

그런데 이후 전혀 예상치 못했던 일이 일어났다. 나는 행복하지 않았고 모든 게 무의미했다. 나는 돈이 곧 행복을 의미하지는 않는다는 사실을 깨달았다. 하지만 인정하고 싶지 않았다. 나는 나 자신에게 솔직하지 않았던 것이다. 그래서 정말로 행복하고 충만한 삶을 살 수가 없었다. 물론 사람들 앞에서는 아주 잘 지내고 있는 것처럼 행동했고, 주변 사람들은 그런 나를 부러워했다. 그럴 때면 잠깐이지만 스스로가 자랑스러웠다. 하지만 얼마 지나지 않아 사람들의 부러움은 더는 나를 만족시키지 못했다.

제1부 돈에 다가갈 용기─중요한 건 돈을 바라보는 관점이다

한번 상상해 보라. 나는 드디어 내 목표를 달성했고, 이미 벌어놓은 돈만으로도 넉넉하게 생활할 수 있었다. 하지만 나는 행복하지 않았다. 오히려 불행하기까지 했다. 이제 어디로 가야 할지 삶의 방향을 잃어버렸다. 그리고 좌절감은 점점 더 커져만 갔다.

어느 날, 한밤중에 잠을 깼는데 다시 잠을 이룰 수가 없었다. 그래서 나는 나 자신에 대해 생각했다. 생각한 것은 노트에 메모를 하기 시작했다. 나는 무엇을 위해 부자가 되고 싶었는지 그리고 그 꿈을 이루었을 때 기분이 어땠는지 등을 적어보았다.

얼마 후 노트에 메모했던 것을 다시 읽어본 나는 내가 전혀 행복하지 않으며, 계속 이런 식으로 살아갈 순 없다는 사실을 알게 되었다. 내겐 삶의 의미와 보람을 느낄 수 있는 과업이 필요했다. 나는 무언가를 열정적으로 이루어 내고 싶었다.

그 후 여러 해 동안 나는 내 인생의 의미를 찾아 나섰다. 나는 내가 누구인지 알고 싶었다. 지금 내가 가진 모든 것을 잃어버리고 나면 내가 어떤 상태가 될지 생각해 보았다. 나는 내가 이 세상에 존재하는 이유를 알고 싶었다. 내가 이 세상을 좀 더 나은 곳으로 만들기 위해 어떤 일을 할 수 있을지 알고 싶었다.

이 질문들에 대한 답을 찾기까지는 무척 오랜 시간이 걸렸다. 이 과정에서 나는 많은 시간을 허비했다. 처음에는 돈만 벌려고 했고 그 다음에는 삶의 의미만 찾으려 했기 때문이었다. 만일 이 두 가지를 동시에 했더라면 내 삶이 훨씬 충만해졌을 것이다.

이러한 시행착오를 겪은 후 내게는 한 가지 소망이 생겼다. 바로 다른 사람들이 부자가 되도록 도와주는 것이다. 나는 사람들이 행복한 부자가 되도록 돕고 싶다. 나는 당신이 여유로움을 누리도록 돕고 싶다.

내게는 또 하나의 소망이 있다. 어른들이 부유해지도록 돕는 것이 내게는 큰 즐거움이다. 그래서 나는 아이들이 학교에서 이런 주제에 관한 교육을 받지 않는다는 것이 몹시 안타깝다. 내가 아프리카에 학교를 설립하고자 하는 소망을 갖게 된 것도 이 때문이다.

우리의 마음이 가는 곳에 도움을 주는 것이 우리의 의무라고 생각한다. 나는 나의 소망에 힘을 함께 실어준 분들 덕분에 아프리카에서 1,500명의 아이들이 날마다 학교를 다니며 급식을 먹는다는 사실에 진심으로 감사한다.

내가 당신에게 이런 이야기를 하는 이유는 첫째, 내 생각을 당신에게 전하기 위해서다. 둘째는 이 책이 재정 관리에 관한 방법을 제공하는 데에만 국한되어 있지 않은 이유를 설명하기 위해서다. 나는 사람들이 행복한 부자가 되도록 돕고 싶다. '행복'과 '부', 이 둘은 불가분의 관계이기 때문이다. 이 때문에 나는 단순히 '부'에 관해서만 이야기하지 않고, 당신의 천부적인 권리인 '진정한 부'에 관해서도 이야기한다.

나는 지금 당신이 인생의 경로 중 어느 지점에 서 있는지, 당신의

　제1부 돈에 다가갈 용기─중요한 건 돈을 바라보는 관점이다

경제적인 상황, 전반적인 삶의 상황이 어떠한지 모른다. 어쩌면 지금 당신은 인생의 사계절 중 한여름을 지내고 있을 수도 있다. 다시 말해서 당신은 지금 더할 나위 없이 잘 지내고 있을 수도 있다. 이 경우 당신은 이 책에서 곰곰이 생각해 볼 만한 주제를 찾을 수 있을 것이다. 물론 당신에게 많은 도움이 될 팁을 찾을 수도 있을 것이다. 하지만 어쩌면 지금 당신은 혹독한 겨울을 지내고 있을 수도 있다. 어쩌면 지금 당신에게는 다가올 몇 달을 버텨낼 대책도, 한 줄기 희망마저 없을 수도 있다.

이제 이 책을 펴든 당신에게 축하의 말을 건네고 싶다. 나는 모든 고난 뒤에는 금광이 숨겨져 있다고 확신하기 때문이다. 우리는 각자의 금광을 발견하기만 하면 된다. 이 책이 당신의 금광을 발견하는 데 도움이 되길 바란다. 누구에게나 자신만의 금광이 존재하는 것은 확실하다.


## 불가사의

여러 해 전부터 나는 '돈'이라는 주제에 집중한 나머지 온통 정신이 돈에 쏠려 있었다. 경제적 수준이 천차만별인 사람을 보면서 나는 수년 동안 끊임없이 자문해 보았다. '왜 어떤 사람들에게는 돈이 있고,

어떤 사람들에게는 돈이 없을까?', '왜 어떤 사람들은 돈에 혈안이 되어 있고, 어떤 사람들은 돈에 무관심한 걸까?' 나는 양극단에 속하지 않는 사람들도 살펴보았다. 왜 어떤 사람들은 부를 누리며 여유롭게 살고 어떤 사람들은 그렇지 않은가? 참으로 불가사의한 일이다.

당신도 분명 경험했겠지만 비슷한 환경에서 자란 많은 사람들을 볼 수 있다. 부모, 친구, 학교도 그렇고 즐겨보는 텔레비전 프로그램도 거의 비슷하다. 주어진 기회도 거의 동일하고, 심지어 소득 수준도 상당히 비슷하다. 하지만 이들이 지닌 재산의 가치는 천차만별이다.

또한, 세상에는 정말로 이성적이고 유능하며 성실한데도 빈털터리로 사는 사람이 있다. 아무 문제없이 잘 사는 것같이 보였는데 갑자기 어떤 사건에 휘말려 모든 것을 처음부터 다시 시작해야만 하는 사람도 있다. 나는 그렇게 된 이유를 도무지 알 수가 없었다. 그래서 어쩌면 세상에는 '사람의 손이 미치지 않는 높은 차원의 결정 기관'이 존재하거나, 사람들의 운명을 좌우하는 '절대자'가 존재하는 것은 아닌지 자문하기도 했다. 혹은, 어떤 사람은 그저 '운이 좋아' 부자가 되고, '운이 좋지 않은' 사람 대부분은 부자가 되지 못하는 게 아닌가 하는 생각도 해봤다. 하지만 빈부를 결정하는 '보이지 않는 손'이 존재한다는 가설은 믿지 않는다. 이 가설이 맞다는 걸 입증할 만한 증거를 찾지 못했기 때문이다.

그렇다면 '원하는 만큼의 부를 이룬' 사람들은 부자가 되고자 하는

제1부  돈에 다가갈 용기―중요한 건 돈을 바라보는 관점이다

욕구가 남보다 더 강했던 것일까? 이 가설이 옳다는 것 또한 나는 확인한 바가 없다. 지금까지 내가 관찰한 바에 따르면, 소유욕이 크다고 해서 부자가 되는 것은 아니다. 개인의 능력이나 지능 또한 결정적인 요인이 아니다.

## 내적 외적 장애물

그렇다면 사람들이 원하는 만큼의 부를 쌓는 데 장애가 되는 요인은 무엇일까? 이는 마찬가지로 당신이 부를 쌓는 데 방해를 하는 장애물, 즉 재정적 장애물일 것이다.

재정적 장애물에는 외적 장애물과 내적 장애물 두 가지가 있다. 그 중에서 식별하기 쉬운 것은 외적 장애물이다. 예컨대, 현금과 기회의 부족, 과거의 성장 환경과 현재의 생활환경, 재정에 관한 지식의 부재, 일종의 무관심과 게으름 등이 외적 장애물에 속한다. 이런 장애물은 쉽게 인식할 수 있어 극복하기도 쉽다. 자신의 문제가 뭔지 인식을 해야 문제를 해결할 수 있기 때문이다.

반면 내적 장애물의 경우 이보다 훨씬 까다롭고, 극복하기도 훨씬 힘들다. 왜냐하면 대다수 사람은 내적 장애물이 자신을 가로막는 결정적인 요인이라는 사실을 알아차리지 못하기 때문이다. 여기에서 내적 장애물이란 감정적 장애물을 의미한다. 즉, 돈에 관한 우리의 생각과 감정을 가리킨다. 실제로 이런 감정적 장애물이 우리가 원하는 삶을 살고 즐기지 못하도록 가로막는다.

나는 사람들이 돈과 돈에 대한 자신의 감정을 분리할 수 없다는 확신을 갖게 되었다. 실제로 돈에 대한 우리의 생각과 감정은 최종적으로 우리의 자산 규모를 결정짓는다. 우리가 원하는 만큼의 돈을 벌지 못하는 가장 큰 이유는 우리의 생각과 감정이 내적인 방해물이 되었기 때문이다. 더 많은 돈을 갖고 싶은 마음이 아무리 간절하다 해도 우리 마음속 깊은 곳에는 돈에 대한 방어 기제가 형성되어 있다. 그래서 무의식적으로 돈이 자신에게 좋은 것이 아니라고 생각하는 것이다.

다른 한편, 방어 기제로 작동하기도 하는 돈에 대한 생각과 감정으로 인해 오히려 부자가 되는 사람들도 있다. 이들은 부를 축적하고 유지하는 데 필요한 정서적인 기초를 마련한 사람들이다.

다시 말해서 중요한 것은 우리의 생각과 감정이다. 결국 우리가 인생에서 얼마나 많은 돈을 벌고 간직할지, 그리고 이 과정에서 얼마나 행복할지를 결정하는 요인은 우리 내면에서 작동하는 '부에 반대하는 기제'와 '부에 찬성하는 기제'다.

그렇다. 우리는 돈과 돈에 대한 자신의 감정과 생각을 분리할 수 없으며, 분리해서도 안 된다. 이러한 깨달음을 바탕으로 이 책에서 당신

제1부 돈에 다가갈 용기—중요한 건 돈을 바라보는 관점이다

에게 두 가지를 알려줄 것이다. 그중 하나는 당신이 7년 안에 경제적
으로 독립할 수 있는 방법에 대한 조언이다. 또 하나는 돈에 대한 당
신의 생각을 분석해 필요할 경우 변화를 꾀할 수 있도록 만들어 줄 조
언이다. 이 두 가지가 어우러질 때 비로소 진정한 변화가 이루어지며,
그래야만 당신이 돈이라는 주제에 대해 언제든 즐겁게 이야기하고
싶어질 것이다.


## 당신의 상황은 어떠한가

적어도 돈과 관련된 문제가 생기면 우리의 감정은 본색을 드러낸
다. 그럴 수밖에 없는 이유라든가 논리적인 근거를 내세우며 자신의
감정을 분명히 밝히는 것이다. 당신의 경제 활동을 유도하는 감정이
당신의 오늘을 있게 했다. 당신의 감정은 앞으로도 계속 당신과 당신
의 재정 상황을 특정한 방향으로 이끌 것이다. 결정적인 요인은 당신
의 감정이다. 돈에 대한 당신의 감정, 그리고 당신 자신에 대한 감정
이 당신의 재정 상황을 결정짓는다.

세미나가 진행되면 많은 참가자들이 내게 와서 조언을 구한다. 나
는 조언을 해주는 것만으로는 사람들에게 별다른 도움이 되지 않는다
는 사실을 오래전에 깨달았다. 당사자의 생각이 바뀌지 않으면 동일

한 문제가 다른 곳에서 다시 불거지기 때문이다. 심지어 이들에게 아무 대가 없이 돈을 주더라도 문제가 해결되지 않을 것이다. 바짝 말라 버린 수로에 다시 물을 흘려보내면 새로운 물은 이내 옛 수로의 흔적을 따라 흘러가기 마련이다.

나는 내 세미나 참가자들이 돈과 행복에 관련해 어떤 감정을 갖고 있는지 알아내는 방법을 터득했다. 이 과정에서 참가자들은 거의 비슷비슷한 답들을 했는데, 거기에는 각자의 특정한 감정이 반영되어 있었다.

예컨대, 주택 구입 대금을 완납한다고 해서 돈이 생기는 것도 아닌데 사람들이 이를 조기에 완납하는 이유는 무엇일까(이에 관해서는 이 책의 부동산을 다루는 장에서 정확히 설명할 것이다)? 그것은 '불안감' 때문이다. "돈이 없어질 것 같아서 불안해요. 주택 구입 대금을 조기에 완납한다고 해서 돈이 생기는 건 아니지만 적어도 집이 없어지지는 않을 테니까요." 왜 여성들은 모아둔 돈의 50퍼센트를 은행에 저축하는가? 이 또한 불안감 때문이다.

나는 언젠가 텔레비전에 출연해 쇼핑 중독에 빠진 여성을 상담한 적이 있었다. 쇼핑 중독으로 그녀와 가족들은 8주 만에 4만 유로(약 5,600만 원)라는 부채를 지게 된 상황이었다. 나는 이러한 상황에 대해 어떤 기분이 드는지 물었다. 그녀는 이렇게 대답했다. "부끄럽지요. 저 자신에 대해 화가 치밀어요. 어떻게 이런 일을 저질렀을까요?"

제1부 돈에 다가갈 용기 ─ 중요한 건 돈을 바라보는 관점이다

돈과 관련해 또 다른 사람은 이렇게 말한다. "돈과 관계되는 일을 처리해야 하면 항상 불안해요." 다음과 같이 말하는 사람들도 있다. "그냥 불안해요. 제가 돈 관리를 제대로 할 수 있을지 모르겠어요." "저는 남편 때문에 너무나 화가 나요. 함께 써야 할 부부 공동자금을 마치 물 쓰듯 하니까요."

나는 세미나 참석자들이 항상 동일한 단어를 반복적으로 사용한다는 사실을 확인했다. 이미 많은 돈을 벌어놓은 사람이든, 부채가 많든 적든, 한때 많은 돈을 벌었다가 그 재산을 모두 잃어버린 사람이든, 여러 해 동안 열심히 일했지만 돈 한 푼 모으지 못한 사람이든, 다음 달 공과금을 낼 돈조차 없는 사람이든, 이들은 모두 자신에게는 항상 돈이 부족할 거라고 느꼈다. 현재 자신의 재정 형편과는 상관없이 이들은 모두 항상 동일한 단어들을 사용했다. 그것은 매우 특정한 감정을 표현하는 단어들이었다. 이들의 대답에는 항상 동일한 다섯 가지 감정, 즉 불안감, 죄책감, 수치심, 분노, 자존감 결여라는 감정이 반영되었다. 만일 이 다섯 가지 감정이 당신의 삶을 주도하면, 당신은 분명 부와 행복을 향해 나아갈 수 없을 것이다.

# 72시간 법칙

나는 당신이 이 책을 단순히 읽는 데에 그치지 말고, 적극적으로 참여하도록 독려하고 싶다. '최대한 신속하게' 행동하도록 독려하고 싶다. 우리 회사에서는 '최대한, 신속하게, 처리하기'를 실천하고 있다.

우리가 무언가를 계획할 때 이를 '최대한, 신속하게, 처리'해야 하는 이유는 '72시간 법칙' 때문이다. 기존에 출간된 내 저서를 읽지 않은 모든 이들을 위해 이 중요한 법칙에 대해 다시 한번 설명하겠다.

무언가를 계획하고 나서 이를 실행하지 못했던 적이 있을 것이다. 이때 당신은 자신에게 이런 변명을 늘어놓았을 것이다. "그건 내가 자기 절제력이 부족해서 그래. 난 재능도 부족하고, 그 일을 그다지 좋아하지도 않아."

이 중 당신이 계획을 실행하지 못했던 결정적인 이유는 하나도 없다. 중요한 건 당신이 '72시간 법칙'을 따르지 않았다는 것이다. 이 법칙은 무언가를 계획하고 나서 이를 실행하기 위해 72시간 내에 해야 할 구체적인 행동들이다. 그렇지 않으면 계획이 실행될 확률이 백 분의 일에 불과하다.

다음은 당신이 계획한 무엇을 실행하기 위한 제안이다. 우선, 실천 방안 리스트를 만들고, 이를 72시간 내에 실행하기 위한 첫걸음을 내디뎌 보라.

제1부 돈에 다가갈 용기 — 중요한 건 돈을 바라보는 관점이다

- 당신의 삶을 풍요롭게 만들 수 있는 게 무엇인지, 실행을 전제로 전부 적어보라. 이 모든 걸 이루고 안 이루고는 고민하지 말라.
- 처음 다섯 칸은 비워라. 당신이 실행하고자 하는 모든 계획과 구체적인 행동을 여섯 번째 칸부터 써라. 그러고 나서 이 책을 끝까지 읽고 난 다음, 당신에게 가장 중요한 게 무엇인지 결정해 비워뒀던 다섯 개의 칸에 적어라.
- 이로써 당신은 이 책을 통해 당신에게 가장 중요하다고 여기게 된 다섯 가지를 정말로 실행에 옮긴다.
- 이제 자부심을 갖고 다른 계획들도 순서대로 실행에 옮긴다.
- 항상 유념할 점은 모든 계획을 72시간 내에 실행에 옮겨야 한다는 것이다.

이 책을 그저 읽는 것으로 끝내지 말고, 여유로움과 경제적 독립을 위한 당신만의 '작업 노트'로 삼아야 한다.


## 돈과 관련된 당신의 감정 분석

우선 당신 자신을 분석해 보자. 단, 자신의 재정 상황을 체크만 할 게 아니라 그것에 대한 자신의 감정을 살펴보는 게 좋다. 일단 당신이 돈을 얼마나 버는지는 따지지 말자. 또한 당신이 구체적인 재정플랜을 지니고 있는지, 최소 연간 12퍼센트의 이자를 지급 받는 법을 알고 있는지, 저축을 충분히 하는지, 비상금을 모아놓았는지, 모든 청구서를 지불할 능력이 있는지, 원하는 명품을 살 능력이 있는지 등에 관해서도 초점을 맞출 필요가 없다. 다시 말해서, 당신이 가진 돈의 액수에 대해서는 생각하지 않는 것이다.

대신 당신이 돈에 대해 어떻게 생각하고 느끼는지 진지하게 생각해보자. 그 이유는 우리 삶 속에 나타나는 여러 결과에 가장 큰 영향을 미치는 요소가 바로 우리의 감정이기 때문이다.

다음 몇 가지 질문에 답해보라. 조용히 마음을 가다듬고 당신의 내면 깊숙이 자리 잡은 감정에 다가가는 것이다. 필요하면 메모를 해도 좋다. 그러면 당신의 감정의 세계에서 좀 더 쉽게 '실마리'를 찾을 수 있을 것이다.

1 당신에게 돈은 어떤 의미인가? 당신은 돈(당신의 수중에 있는 돈, 수중에 없는 돈, 상황에 따라 급히 필요할 수 있는 돈 등)에 관해 즐겨 이야기하는가?

2 지금 당신의 재산 규모가 정말로 당신의 능력에 합당하다고 생각하는가? 지금보다 재산이 더 많은 것이 또는 더 작은 것이 합당하다고 생각하는가? 자신이 지금보다 더 많은 돈을 벌 것이라고 생각하는가?

3 지금 당신의 재산이 충분치 않다고 느끼는가? 그럴 경우 어떤 감정이

제1부 돈에 다가갈 용기─중요한 건 돈을 바라보는 관점이다

드는가? 수치심이 느껴지는가? 이 감정을 떨쳐 버리려고 애쓰는가?

4 부자를 보면 어떤 기분이 드는가? 그 사람이 틀림없이 불행할 거라고 생각하는가? 양심적이지 않은 사람일 거라고 생각하는가? 혹은 그 사람과 비교되는 자신의 상황에 분노가 치밀어 오르는가?

5 당신과 비슷한 환경에서 살아온 사람이 당신보다 훨씬 재산이 많을 경우, 당신은 어떤 기분이 드는가? 좌절감? 질투? 기뻐하는 마음? 이런 경우가 자극이 되어 동기를 유발하는가? 혹은 당신의 사기를 떨어뜨리는가?

6 당신의 재정 상황을 바라볼 때 당신의 자의식은 어떠한가?

7 당신의 재정 상황이 당신의 삶에 힘이 되어 주는가?

8 돈과 관련해 당신의 정체성을 한마디로 표현한다면(우리는 모두 안정감에 대한 욕구가 있다. 우리는 의식주에 대한 욕구가 있을 뿐 아니라, 자신이 어떤 사람인지 알고 싶은 욕구도 있다)? 경제적인 관점에서 볼 때 당신은 어떤 사람인가? 루저? 똑똑한 사업가? 돈 따위는 무시하고 사는 여성? 멘토? 돈을 끌어당기는 능력자?


누군가가 내게 조언이나 도움을 요청하면 나는 항상 제일 먼저 위와 같은 질문을 한다. 단지 증상만 사라지도록 치료를 하면 문제를 제대로 해결할 수 없기 때문이다. 우리는 문제의 근본 원인을 없애야 한다. 경제적인 면에서 처음부터 루저로 태어난 사람은 없다. 돈이 따르지 않는 이유는 항상 감정적인 부분에 있다. 앞서 언급한 질문들은 우리로 하여금 이 원인을 짚어낼 수 있도록 도와준다.

이제 당신이 적은 것을 다시 한번 찬찬히 읽어보라. 어떤 점이 눈에 띄는가? 당신의 종합적인 재정 상황을 최대한 상세하게 기록해 보라.

앞에서 제시한 질문들에 진지하게 대답해 보면 당신의 진정한 강점과 약점이 무엇인지 알게 될 것이다. 그리고 당신의 내적 장애물과 장벽을 분명히 인식하게 될 것이다. 지금 당신에게 돈 때문에 심각한 문제가 있다면, 돈이 없을 때 어떤 기분이 드는지 적어보라. 당신이 친구들보다 돈이 많거나 혹은 적다면, 이 상황에서 어떤 기분이 드는지도 함께 적어라.

어쩌면 당신은 '이런 질문에 대답을 하는 것이 뭐가 중요하지?'라는 의문을 가질 수도 있다. 혹은 돈에 대한 당신의 생각을 이미 잘 알고 있다고 생각할 수도 있다. 그럼에도 나는 당신이 이 질문을 찬찬히 생각해 하나하나 답을 적었으면 한다. 이 과정을 마치면 당신은 깜짝 놀랄 정도로 많은 것을 알게 될 것이다. 질문의 대답 중에 당신의 생각과 정서를 반영하는 단어에 모두 밑줄을 그어보라. 당신을 알지 못하는 내가 감히 예상컨대, 당신의 대답에는 불안감, 죄책감, 수치심, 분노, 자존감 결여를 묘사하는 단어가 포함되었을 것이다.

거듭 말하지만 앞의 질문에 곰곰이 생각한 뒤 답을 적고 나면 당신은 소중한 깨달음을 얻게 될 것이다. 당신은 돈에 대한 자신의 생각과

제1부 돈에 다가갈 용기─중요한 건 돈을 바라보는 관점이다

정서를 파악해야 한다. 당신의 재산의 규모를 최종적으로 결정짓는 요인은 돈에 대한 당신의 생각이다. 돈에 대한 자신의 생각을 분명히 인식하지 못한 상태에서 이를 변화시킬 수는 없다.

## 타인에게 기대지 마라

사람들은 누구나 주변 사람들과 중요한 사건들로부터 많은 영향을 받으며 살아간다. 나의 아버지는 '강한 남자'였다. 아버지는 어머니가 힘든 짐을 지는 것을 원치 않았다. 따라서 아버지는 자신이 모든 짐을 도맡아 지려 했다. 아버지는 집을 지었고, 재정을 관리했다. 은행 업무를 도맡아 했고, 돈을 벌었다. 예산을 세웠고, 적금과 생명보험을 들었다. 어머니는 아버지에게 기댈 수 있었다. 아버지가 병이 들었을 때도 아무것도 변하지 않았다. 사실 날이 얼마 남지 않았다고 했을 때도 여전히 아버지가 모든 것을 돌보았다.

그러고 나서 아버지가 돌아가셨다. 이제 어머니가 기댈 수 있는 사람은 어디에도 없었다. 나는 열세 살밖에 되지 않았고, 여동생은 갓 일곱 살이 되었다. 아버지를 잃었다는 슬픔에 아무것도 할 수 없다는 무력감이 더해졌다. 나는 어머니가 울면서 내게 했던 말을 잊을 수가 없다.

"보도, 내가 뭘 어떻게 해야 할지 도무지 모르겠어. 지금까지 단 한 번도 뭔가를 내 손으로 처리해 본 적이 없었는데."

아버지가 생전에 생명보험을 여러 건 들어둔 덕에, 남아 있는 식구들이 먹고살 걱정은 하지 않아도 된다는 사실을 알게 되었다. 그래도 어머니는 좌절했다. 자신이 경제적으로 무능하다고 여겼기 때문이다.

지금까지 살아오면서 나는 '만일 아버지가 우리를 위해 아무것도 준비하지 않았다면 우린 어떻게 되었을까?'라고 수도 없이 자문했다. 만약을 대비해 이런 조치를 하는 남자는 많지 않다. 설사 조치를 취한다 하더라도 남아 있는 식구들이 걱정 없이 살 만큼 충분히 준비하는 일이 드물다. 대부분 생명보험의 보장 액수는 하루아침에 사라진 소득을 상쇄할 정도로 충분치가 않다. 이런 점에서 내 어머니는 불행 중 운이 좋은 편이었다.

하지만 우리의 생계가 과연 운에 의해 좌우되어도 되는 문제일까? 각자의 책임은 없는 것일까? 누구도 생존이 걸린 문제를 타인에게 의지해서는 안 된다. 타인의 자유의지에 자신의 운명을 내맡겨서는 안 된다. 인생을 함께하는 동반자에게도 마찬가지다.

제1부 돈에 다가갈 용기—중요한 건 돈을 바라보는 관점이다

## 시대는 변한다

물론 이는 간단한 문제는 아니다. 전통적인 사고방식을 지닌 남성들은 무엇보다도 가족을 부양하는 가장의 역할에서 자존감 혹은 삶의 의미를 찾는다. 지난 수백 년 동안 돈은 남성들의 영역이었다. 중세 말기 독일 도시에서 살던 여성들은 가정의 재산 중 정확히 2.5페니만을 소유할 수 있었다. 여성들은 1950년대 말에야 비로소 자신의 계좌를 소유할 수 있었다.

하지만 시대는 변한다. 기존과는 다른 방식의 삶이 있다는 예를 보여주는 여성들도 많다. 자신의 힘으로 큰돈을 번 여성도 많아졌다. 엄청난 재산을 축적해 억만장자가 된 여성도 등장했다. 여성 사업가 질 배러드Jill Barad는 마텔(Mattel)을 세계 최대 장난감 제조사로 키웠다. 마텔은 바비 인형을 제작한 회사다. 하지만 질 배러드는 이에 그치지 않고 기업 매수와 라이선스 계약을 통해 타이코 토이(Tyco Toys), 피셔프라이스(Fisher-Price), 세서미 스트리트(Sesame Street), 매치박스(Matchbox), 핫 휠(Hot Wheels) 등을 인수했다. 그녀는 가정이 있었지만 (혹은 가정이 있었기에) 이 모든 일을 해냈다.

내게 가장 깊은 인상을 남긴 사람은 1993년 미국 내 올해의 여성 사업가로 선정된 엘라 윌리엄스Ella Williams이다. 이 책을 위해 그녀와의 인터뷰를 진행한 것도 그 때문이다.

## 엘라 윌리엄스 인터뷰

존재만으로도 사람들을 매료시키는 이들이 있다. 우리는 이들의 매력에 자신도 모르게 끌려 들어가게 된다. 내가 1993년 처음으로 만났던 여성 또한 이런 사람이었다. 그녀의 열정적이고도 따뜻한 이야기를 듣다 보면 그녀가 진심으로 말하는 것을 알 수 있었다. 이 사회에서 여성의 지위를 향상시키고 싶다는 그녀의 말에는 진심이 느껴졌다. 그녀는 끊임없이 직면하게 되는 불평등을 해소하기 위해 무엇이든 할 사람이었다.

이러한 그녀는 몽상가가 아니라, 다름 아닌 금세기 가장 성공한 여성 사업가 중 하나인 엘라 윌리엄스다. 그녀는 놀라운 사업적 성공을 이루어 여러 개의 상을 수상했고 높은 명예를 얻었다. 예컨대, 그녀는 1993년에만 미국 내 올해의 여성 사업가로 선정되었고, 올해의 사업가, 올해의 기업가, 올해의 소상공인 등 다양한 상을 받았다.

엘라 윌리엄스의 부모님은 열두 명의 자녀를 두었다. 딸이 다섯이었는데, 딸들은 무엇이든 허용되던 아들들과는 완전히 다른 취급을 받으며 자랐다. 엘라 윌리엄스의 아버지는 보수적인 여성관을 갖고 있었다. 즉, "여자는 집안일이나 하며 아이만 낳으면 된다"라는 신념을 갖고 있었다. 하지만 엘라는 밖으로 나가 자유를 누리고 싶었고, 아버지의 일을 돕고 싶었다. 하지만 항상 그녀에게 돌아오는 대답은

제1부 돈에 다가갈 용기─중요한 건 돈을 바라보는 관점이다

"집에서 엄마나 도와라"였다. 자유를 원하는 그녀의 갈망은 점점 더 분명해졌다. 하지만 어머니와 함께 보냈던 많은 시간은 그녀에게 유익하기도 했다. 특히 어머니에게서 배운 두 가지는 훗날 그녀에게 많은 도움이 되었다. 그중 하나는 요리법이었고, 다른 하나는 자신에 대한 믿음이었다. 어머니는 엘라에게 수시로 말했다. "네가 정말로 무언가를 이루고자 한다면, 넌 무엇이든 이루어낼 수 있어."

좀 더 자란 후 엘라는 흑인 여성인 자신이 바깥세상에서 받을 차별을 더욱 분명히 인식하게 되었다. 하지만 엘라는 도전에 응했고, 최초의 흑인 여성 치어리더가 되었다. 이 경험은 그녀가 무엇이든 이룰 수 있다는 신념을 더욱 확고히 하게 만들었다.

하지만 그후 얼마간 그녀의 상황은 나아지지 않았다. 그녀는 어렸을 때부터 꿈꿔왔던 자유로운 존재가 되기 위해 결혼을 했지만 결혼은 깨어졌고, 그녀는 또다시 결혼했다. 두 번째 남편은 결혼 후 폭력성을 드러냈고, 그녀와 이혼을 한 후에도 증오심을 품고 오랫동안 그녀를 쫓아다니며 괴롭혔다. 엘라를 소유물로 여겼고, 이혼을 인정하지 않았다. 그는 엘라를 신체적, 정신적, 경제적으로 망가뜨리려 했다. 그리하여 그는 엘라를 계속 학대했고, 자신이 원치도 않았던 자녀들을 엘라에게서 빼앗으려 했다. 엘라는 매일 밤 울면서 잠이 들었다.

두 아이의 엄마가 된 엘라는 사실상 무일푼이었다. 그녀는 알코올 음료 빈 캔을 모아 팔았는데, 25캔 내지 30캔을 모으면 15센트가 손에 들어왔다. 얼마 되지 않은 벌이였지만, 그녀는 이런 식으로 자신과 두 자녀의 생계를 이어갈 수 있었다. 시간이 지나 그녀는 서른다섯이 되었고, 이제 좀 더 나은 삶을 살고 싶었다. 그녀는 험한 일도 마다하지 않았다. 정규직을 구할 수 없었지만, 그녀는 어디서든 일자리를 찾아냈다. 사람들은 대부분 회사에서 아무도 하기 싫어하는 일을 그녀에게 떠맡겼다. 그녀는 스스로에게 이렇게 말하며 동기부여를 했다. '내가 이 험한 일을 해내고 나면, 난 회사의 대표가 하는 일도 해낼 수 있어. 이미 가장 힘든 일을 멋지게 해내고 있으니까.'

어느 날 엘라는 신문에서 그녀의 삶을 바꿀 만한 공고를 읽었다. '정부는 새로운 분야에 도전하는 여성을 대상으로 3년 동안 아무런 경쟁을 할 필요가 없도록 보호할 것이다'라는 내용의 공고문이었다. 하지만 구체적인 지원 방안은 없었다. 엘라는 같은 신문에서 시스템 엔지니어들이 군부대에서 고수익 계약을 수주할 수 있다는 기사를 우연히 읽었다. 그녀는 기존 시스템에 새로운 표준을 접목하는 전문적인 회사를 세우겠다고 마음먹었다.

단, 그녀는 이 분야에 대해 아는 것이 없었다. 대학 졸업장도 없었고, 엔지니어의 사전지식도 없었다. 창업 경험도 전혀 없었다. 어디서부터 손을 대야 할지도 몰랐고, 필요한 온갖 서류들을 처리하는 방법도 몰랐다. 하지만 그녀의 머릿속에는 어머니가 해준 말이 굳게 자리 잡고 있었다. "네가 정말로 무언가를 이루고자 한다면, 넌 무엇이든 이룰 수 있어." 그녀는 자신에게 단지 남자들이 갖고 있는 지식이 없을 뿐, 자신이 남자들과 똑같이 똑똑하다는 걸 알고 있었다. 따라서 그녀는 필요한 전문가들을 고용하기로 했다. 돈이 없는 상태에서 이것은 간단한 일이 아니었다. 하지만 결국 그녀는 마케팅 전문가 한 명과 엔지니어 한 명을 설득했다.

모두들 힘든 나날이 될 거라는 사실을 알고 있었다. 그녀의 사업 계획에 따르면 그들은 3년 후에야 비로소 첫 계약을 체결할 수 있었기 때문이다. 이후 3년 동안 엘라는 또다시 매우 힘겨운 시간을 보냈다. 설립한 회사에서 일하는 동시에 돈을 벌기 위해 다양한 부업을 해야만 했다. 그녀가 진 부채는 어느새 20만 달러(약 2억 8,000만 원)가 넘었다. 게다가 3년 후에 실제로 군부대와 사업을 체결할 수 있으리라는 보장도 없었고, 군부대에는 아는 사람도 없었으며, 흑인 여자의 말에 귀 기울이려는 사람을 찾기도 힘들었다.

이 무렵, 그녀는 성공에 대해 회의적인 생각을 가지고 있었을까? 그녀는 이렇게 말한다. "그럴 시간 자체가 없었어요. 내 전 재산을 회사에 투자했으니까요. 성공하는 것 외에 다른 길은 없었어요. 아이들과 저 자신을 위해서요."

마침내 엘라의 팀은 고위급 결정권자들 앞에서 사업 계획을 발표할 기회를 얻게 되었다. 그런데 프레젠테이션을 준비하던 중 갑자기 팀의 마케팅 담당자가 세상을 떠났다. 그는 엘라와 함께 사업을 추진하면서 그녀에게 인생의 파트너가 되어준 사람이었다. 엘라는 깊은 나락으로 떨어져 심각한 우울증에서 헤어나지 못했다. 하지만 마침내 그녀는 다시 정신을 가다듬고 자리에서 일어났다. 그녀는 세상을 떠난 파트너가 남긴 기록을 전부 외우고 사업 프레젠테이션 자리에 나섰다.

결국, 그녀는 800만 달러(약 111억 원)가 넘는 계약을 수주했다. 엘라는 엄청난 행운이 믿기지 않았다. 꿈만 같은 일이라 실감이 나지 않았다. 그러던 중 예기치 않은 변수가 생겼다. 계약의 승인을 관할하는 지역 정치인이 승인을 거부한 것이다. "아무런 실적도 없는 회사에 800만 달러의 계약을 맡길 수는 없습니다. 첫 수주액은 2만 5,000달러(약 3,000만 원) 이하로 책정하도록 하시오." 엘라는 그의 말에 감정이 섞인 대답을 했고, 그는 엘라와 두 번 다시 논의하지 않겠다며 대화를 거부했다.

이에 엘라는 정치적 지원을 찾아 나섰다. 엘라는 워싱턴으로 가서 상원의원들과 이야기를 해보려 애썼다. 처음에는 그저 의원실 문 앞에 앉아 있었다. 시간이 갈수록 의원실 문 앞에 앉아 있는 엘라와 이야기를 나누는 상원의원이 점점 많아졌다. 엘라는 원하는 바를 이루어내야만 했다. 자신과 자녀들의 생계가 달린 문제였다. 엘라는 혼신을 다해 투쟁했고, 마주치는 모든 이와 이야기를 나누며 포기하지 않왔다. 시간이 지나면서 엘라는 조금씩 영향력을 쌓아갔다. 엘라와 친해진 의원실 여비서들은 그녀를 전폭적으로 지원해 주었다. 그녀의 용기와 결단력에 깊은 인상을 받은 사람들이 점점 더 늘어났다.

마침내 그녀의 계약은 '상부의' 막강한 압력으로 승인되었다. 엘라 윌리엄스가 해낸 것이었다. 이제 그녀는 필요한 인력을 채용하고, 사업장을 임대하고, 임금을 지불할 수 있게 되었다. 그녀의 고객들은 그녀에게 또 다른 고객을 소개했고, 3년이 지난 후 그녀는 1,200만 달러(약167억 원)가 넘는 새로운 계약을 체결했다.

다음은 엘라 윌리엄스가 당신을 위해 내게 전해준 메시지다.

- 가장 중요한 것은 자기 신뢰다. 이를 끊임없이 증진시켜라. 자기 신뢰는 당신이 빈곤한 삶, 평균적인 삶, 혹은 찬란한 삶을 살지 결정짓는다.
- 내가 해낸 것은 모든 여성이 해낼 수 있다. 이 말을 믿어 달라. 당신은 딸들에게 여성으로서 무엇이든 해낼 수 있다는 사실을 알려주어야 한다. 흑인 여성인 내가 클린턴 대통령 부부의 초청으로 백악관에서 대화를 나누었다는 사실은 우리 여성이 무엇이든 해낼 수 있다는 증거다.
- 미래의 발전에 대비하라. 새로운 미디어를 다루는 법을 배우라.
- 자신이 정말로 머물고 싶은 환경을 구축하라. 이는 전적으로 우리 자신에게 달려 있다. 당신이 원하는 환경은 어떤 모습인가? 당신의 잠재력을 온전히 발휘할 수 있는 환경을 마련하라.

엘라 윌리엄스 말고도 현재 경제적으로 남다른 성공을 거둔 여성은 헤아릴 수 없을 정도로 많다. 하지만 여전히 많은 여성이 남성에 비해 경제적 활동이 여의치가 않은 삶을 살고 있다. 노년 빈곤층에 속하는 여성의 수가 남성에 비해 더 많은 것도 이 때문이다.

많은 여성들은 아직도 자신이 감당해야 하고, 감당할 수 있는 정도의 경제적 책임을 넘겨받지 않은 채로 살고 있다. 이것이 왜 잘못된 것인지는 다음 항목을 보면 알 수 있다.

- 통계에 따르면, 여성 투자자의 실적이 남성에 비해 월등하게 우수하다.
- 여성 자영업자의 파산 비율이 남성에 비해 훨씬 낮다.
- 남녀 간 소득 차이는 평균 21퍼센트에 달한다.

## 많은 여성이 빈곤선 이하에서 산다

여성들의 우수한 경제적 능력에도 불구하고, 선진 공업국가들이 직면한 최악의 불평등 중 하나는 '여성과 돈'이라는 부분이다. 이에 대한 책임을 남성에 비해 여전히 상대적으로 낮은 임금 수준에만 돌릴 수는 없다. 하지만 2017년의 남녀 간의 임금 격차 또한 여전히 엄청나게 크다.

제1부 돈에 다가갈 용기―중요한 건 돈을 바라보는 관점이다

이와 관련한 몇 가지 수치를 살펴보자. 종합적으로 볼 때 육체노동자의 경우 여성의 임금은 남성이 받는 임금의 86퍼센트에 불과하고, 사무직 여성은 남성 임금의 76퍼센트에 해당하는 임금을 받는다. 연령이 증가할수록 임금 격차가 점점 더 벌어진다. 26세 여성의 임금이 동일 연령 남성 임금의 87퍼센트에 해당하는 반면, 55세 여성의 임금은 동일 연령 남성의 임금의 66퍼센트에 그친다. 그뿐 아니라 여성들은 흔히 생산성과 이윤이 상대적으로 적은 부문에서 일하는데, 이는 많은 경우 상대적으로 낮은 임금을 의미한다. 여성들의 최상위 소득은 남성들의 평균소득 중 최하위 수준과 정확히 일치한다.

그런데 진짜 중요한 문제는 어디까지나 상대적으로 낮은 임금이 아니다. 이보다는 '여성과 돈'이라는 주제에 대해 진정으로 걱정하고 살피는 마음을 가져야 한다. 다수의 통계와 팩트는 매우 참담한 수준이어서 이 주제에 관해 진지하게 고민해 보아야 할 것이다.

이제 내가 '여성과 돈'이라는 주제에 관해 파악한 비극적인 실상 몇 가지를 소개하겠다.

✎ '투자'를 위한 저축통장에 관해 살펴보자. 금리 1.5퍼센트에서 저금한 돈이 두 배가 되려면 자그마치 144년이 걸린다. 즉, 당신이 1만 유로(약 1,400만 원)를 이런 통장에 넣으면 144년 후에 2만 유로(약 2,800만 원)로 '불어나' 있을 것이다. 이는 분명 너무 긴 세월이다. 물가 상승률을 단

지 2.5퍼센트로 잡더라도, 30년이 지나면 지금 저축통장에 넣어둔 당신의 1만 유로의 가치가 5,600유로(약 800만 원)에 불과할 것이다. 다시 말해서 저축통장에 돈을 넣어두면 당신은 더 가난해진다. 이러한 사실에도 불구하고 여성들의 재산 중 50퍼센트 이상이 저축통장에 들어 있다.

✓ 모든 여성 중 80퍼센트 정도가 600유로(약 80만 원) 미만의 노령연금으로 생활해야 한다. 이는 빈곤선 이하의 수준이다.

✓ 모든 기혼여성 중 27.2퍼센트 정도는 남편의 수입이 얼마인지 모른다. 이보다 더 많은 기혼여성들은 남편이 부부 공동재산으로 무엇을 하는지 모른다.

✓ 투자를 담당하는 측은 대부분 남성이다. 여성 중 80퍼센트 이상이 재정 관리를 온전히 남성에게 맡기는데, 여기에서 남성이란 자신의 남편을 의미하지는 않는다. 다수의 싱글 여성들도 재정 관리를 남성에게 위임하는 경향이 있다.

✓ 경제적 역할로 인해 많은 여성들에게 별거나 이혼 시에 흔히 생계유지 문제가 발생한다.

## 왜 돈이 없는 여성들이 많을까

재정 면에서 남녀 간의 불공평은 매우 심각하다. 소득 격차만 보더라도 잘 알 수 있다. 이는 불공정하고 부당하며, 어떤 이유로도 정당화될 수 없다. 나는 이러한 현상에 몹시 화가 난다. 그래서 별도의 장을 할애하여 여성들의 소득을 3개월 안에 20퍼센트 증가시켜줄 조언을 모아놓았다.

단, 우리는 남녀 간의 부당한 임금 차이를 여성들의 경제적 곤궁의 원흉으로 만들어서는 안 된다. 여성들의 힘든 경제적 상황이 자신의 파트너의 경제적 독립을 달가워하지 않는 남성들 탓으로만 돌려서도 안 된다. 일차적인 책임은 항상 여성 자신에게 있다. 여성의 경제적 상황이 좋지 않은 이유 중 많은 부분은 자신에게 있다. 그중 몇 가지 이유를 살펴보자.

- 여성은 흔히 가족 지향적이다. 여성은 자녀들을 잘 돌보고 편안한 가정을 만드는 것이 사회의 보편적 인식이다. 반면 남성은 지위 지향적이며, 돈으로 자신을 드러내고 싶어 한다.
- 여성은 타인들 즉, 자녀, 배우자, 부모를 먼저 배려한다. 여성은 자신이 경제적으로 자립을 하면 자신과 타인들을 훨씬 더 잘 돌볼 수 있다는 사실을 깨달아야 한다.

✓ 엄밀히 보면 심지어 최고위직 여성들조차 돈 문제에 직접 관여하는 것을 좋아하지 않는다. 여성들에게 돈은 추구할 만한 가치가 있지만, 돈을 직접 다루는 것은 그렇지 않다. 여성들은 돈 문제에 관해 적극적으로 행동하지 않고 돈에 관한 생각을 떨쳐버리려 한다.

✓ 여성은 돈 문제를 남성에게 위임한다. 이에 대한 주된 원인은 남성이 이를 원하기 때문이다. 하지만 여성 또한 이를 거부하지 않는 것 같아 보인다. 이것이 편하고, 간단하기 때문이다. 그리고 만일 돈이 많이 쌓이지 않더라도 여성에게는 '그가 돈 관리에 실패했다'라는 변명 거리가 생긴다.

## 이 책 한눈에 보기

이제 여성은 돈에 대한 고루한 관점에서 벗어날 때가 되었다. 여성이 돈과 독자적인 관계를 맺을 때가 온 것이다. 돈은 여성에게 온전한 힘이 되기 때문이다.

나는 이 책을 크게 네 부분으로 나누었다. 제1부에서 우리는 돈에 대한 당신의 인식을 다룬다. 무엇보다 중요한 것은 돈을 다룰 때 여성들이 가장 흔히 범하는 실수를 인식하는 것이다(제2장). 이어서 당신이 이미 이런저런 '덫'에 걸려 있는 상태가 아닌지 살펴보라. 제3장에서 당신은 돈이 실제로 당신의 기본적 욕구를 충족시켜주는지 혹은 욕구 충족에 기여할 수 있는지를 확인하게 될 것이다. 여기에서 당신은 어떻게 하면 돈에 대한 관점을 바꾸어 돈을 '마술처럼 끌어당길' 수 있는지 알게 될 것이다. 이 장이 특히 중요한데, 각자의 경제적 독립 여부를 최종적으로 결정짓는 것은 바로 돈에 대한 각자의 관점이기 때문이다.

제2부에서는 어떻게 하면 더 많은 돈을 벌고 이를 유지할 수 있는지 그 방법에 관해 이야기한다. 여기에서 당신은 부채, 담보, 은행과 관련된 최고의 팁을 얻게 될 것이다(제4장).

제5장에 소개한 방법론을 실행하면 저축이 즐거워질 뿐 아니라, 생각지도 못한 여유를 누릴 수 있다. 이를 실행한다면 당신은 지금보다 더 많은 돈을 벌게 될 것이다. 제6장에는 사무직 종사자와 자영업자가 소득을 증대시킬 수 있는 중요한 팁이 담겨 있다. 여성은 대부분 돈보다 가족을 더 중요하게 여긴다. 그런데 삶의 이 두 가지 영역은 결코 경쟁 관계가 아니다. 단, 여성은 돈이 가정의 행복을 증진할 수 있도록 몇 가지 기본적인 사항을 조정해야 한다.

따라서 제3부는 가족과 돈에 관해 다룬다. 이 가운데 지금 당신에게 한창 흥미로운 장을 집중적으로 읽어보라. 예를 들어, 현재 배우자 혹은 연인과 함께 살고 있다면, 제8장에서 행복한 파트너 관계를 증진시키는 경제적, 법적 조건에 관한 중요한 팁을 찾아볼 수 있다. 제

7장에서 우리는 가족과 돈에 관해 이야기한다. 여기에서 당신은 용돈이 부모의 성가신 의무가 아니라, 자녀로 하여금 돈을 합리적으로 관리하도록 이끌기 위한 둘도 없는 기회라는 사실을 알게 될 것이다. 제9장을 읽고 나면, 무언가를 상속받았거나 물려주고자 할 때 범하기 쉬운 실수를 방지할 수 있을 것이다.

마지막으로 제4부는 당신에게 용기를 불어넣어 줄 것이다. 여기에서는 경제적 독립으로 향하는 길목에 어떤 어려움이 당신을 기다리고 있는지 알려주겠다. 당신은 이런 문제들을 극복할 방법을 배우게 될 것이다.

제1부 돈에 다가갈 용기—중요한 건 돈을 바라보는 관점이다

제2장 **돈과 관련해 여성들이**
**흔히 저지르는 실수**

> 자신의 문제를 해결하려면
> 그 문제가 발생한 당시의
> 사고 수준에서 벗어나야 한다.
>
> — 알버트 아인슈타인Albert Einstein

이제 백만장자가 되는 것은 예전처럼 불가능에 가까운 일이 아니다. 요즘같이 부자가 되는 게 쉬운 때도 없다. 만일 당신이 수백 년 전에 어느 가난한 집에서 태어났다면, 평생을 가난한 상태로 살다가 죽는 것 외에는 아무런 방도가 없었을 것이다. 하지만 오늘날은 다르다. 우리 주변에는 맨손으로 엄청난 재산을 일군 수많은 남녀가 있다.

그럼에도 대부분의 사람은 일생동안 단 한 번도 경제적 독립의 근처에도 가보지 못한 채 생을 마친다. 많은 사람은 생계를 겨우 유지하는 수준으로 평생을 살아간다. 여기에는 분명한 이유가 있다. 나는 이에 대한 일반적인 이유를 나의 저서 『경제적 자유로 가는 길』에서 설명한 바 있다.

지금부터 돈과 관련해 특히 여성이 흔히 범하는 실수들을 자세히 살펴보겠다. 이 장에서 열거한 실수들을 미리 방지한다면 당신은 과다한 지출을 막게 될 것이다. 이 책을 읽으면서 당신도 이미 이런저런 '돈의 덫'에 빠져 있는 것은 아닌지 잘 살펴보라. 다음에 열거한 실수 중 일부는 일회적인 사건이며, 나머지는 평생 견지될 수도 있는 관점들이다. 이런 실수들은 부정적인 실천 방안을 형성해 우리 삶의 수준을 불필요하게 떨어뜨린다.

스물여섯 살 때 나는 경제적으로 파산을 겪고 어찌할 바를 몰랐다. 그러다가 운 좋게도 내게 부의 원리를 가르쳐 준 코치를 만나게 되었다. 하지만 나는 그에게 가르침을 받기에 앞서 우선 나의 현 상태를 정확하게 인식해야 했다. 물론 내 계좌 상태를 살피는 것은 어려운 일이 아니었다. 하지만 모든 책임이 내게 있다는 사실을 인정하는 것은 이보다 훨씬 힘들었다. 내가 처한 상황은 두 말 할 것도 없이 내 책임이었다. 스스로를 이러한 상황으로 밀어 넣었다는 것은 나의 재정 시스템 자체에 분명 문제가 있다는 것이었다.

이와 관련해 당시 나의 코치는 내게 이렇게 물었다. "섀퍼 씨, 당신은 재정적인 면에서 어떤 플랜을 갖고 있습니까?" 그런데 당시 나에겐 아무런 계획이 없었다. 단지 돈을 좀 더 많이 벌면 모든 문제가 하루아침에 없어져 버릴 거라는 멍청한 희망으로 살았다. 그래서 나는

제1부 돈에 다가갈 용기 — 중요한 건 돈을 바라보는 관점이다

이렇게 대답했다. "아무런 계획이 없습니다. 저는 본래 돈에 대해 그다지 많은 생각을 하지 않거든요."

"당신은 지금 자신을 속이고 있습니다." 내 코치가 대답했다. "당신은 분명히 계획이 있습니다. 사람은 누구나 무의식적으로라도 자신의 계획에 따라 행동합니다. 단지 지금 당신이 실행하고 있는 계획이 빈곤을 향한 계획일 뿐이지요." 그것은 듣기 좋은 말은 아니었지만, 정곡을 찌르는 말이었다. 열심히 일하는데도 부채가 점점 더 늘어난다면, 분명 어떤 '시스템'이 존재할 수밖에 없다.

돈이 별로 없는 사람은 쇼윈도 앞에 서 있다가도 자신의 뒤에 누군가가 서 있다는 것을 느끼면 얼른 옆으로 물러난다는 사실을 알고 있는가? 행동학자들에 따르면 이들이 이런 행동을 하는 이유는 자신이 아무것도 구매할 수 없다는 사실을 알기 때문이다. 즉, 잠재적인 고객에게 자리를 비켜준다는 것이다. 내가 볼 때 이것은 인간의 삶 전체에 상징적으로 적용된다. 사람들은 단지 돈이 충분치 않다는 이유만으로 옆으로 물러날 때가 많다. 무의식적으로 이런 행동을 하는 경우도 너무나 많다. 특별한 아쉬움 없이 다른 이에게 자리를 비켜줄 때도 있다. 하지만 누구나 마음속으로는 '지금과는 다른 삶을 살 수 있지 않을까, 지금과는 다른 삶을 살아야 하지 않을까'라고 느낀다. 누구나 마음속으로는 자신이 '양지 바른 곳'에 멋진 자리를 차지할 자격이 있는 사람이라고 느낀다.

이제 돈과 관련해 여성들이 저지르는 실수에 관해 살펴볼 텐데, 내가 이런 실수에 관심을 갖게 된 것은 내 세미나에 참석한 여성들과 이야기를 나누면서부터다.

## 실수 1: 파트너를 위해 보증을 선다

"보증을 서면 집안의 기둥뿌리가 뽑힌다"라는 말은 백 번 옳은 말이다. 이는 보증을 서는 사람이 실제로 변제 요구를 받을 확률이 높기 때문이다. 보증인 자체가 자금 여력이 없는 경우도 있다. 그러므로 당신은 실제로 가진 돈 혹은 없어도 되는 돈만큼만 도와주라. 그렇지 않으면 당신은 '작은 실수'에 대한 대가를 여러 해에 걸쳐서 치르게 될 것이다. 당신이 자신의 남편을 도와야 한다고 여기는 것은 이런 '작은 실수'일 수 있다. 사랑에서 비롯된 실수 말이다. 물론 사람은 누구나 가까운 사람들을 도와야 한다. 하지만 돈과 사랑은 분명히 구분해야 한다. '사랑 때문에' 보증을 서는 것은 분명 지혜로운 행동은 아니다. 보증을 서 달라고 요구하는 사람이 당신을 정말로 사랑하는지도 곰곰이 생각해 봐야 한다.

이 밖에도 당신이 보증을 서는 행위가 실제로 그 사람에게 얼마만큼 '도움이 되는지' 또한 생각해야 한다. 당신이 보증을 서지 않으면 아마 그 사람은 좀 더 애를 써야 할 것이다. 아마도 좀 더 창의적인 해법을 찾아 나서야 할 것이다. 어쩌면 그 사람이 은행을 몇 군데 더 찾아가기만 하면 문제가 해결될 수도 있다. 어쩌면 그 사람이 보증인을 내세우는 것보다 더 좋은 새로운 방법을 찾아낼 수도 있다. 가장 간단한 해법이 항상 최고의 해법은 아니라는 걸 명심하라.

당신이 직업이 있고 당신의 동반자, 즉 남편 혹은 애인이 대출을 받으려 하는 경우, 흔히 은행은 관행적으로 당신에게 보증을 요청한다. 여기에 대해 몇 가지 조언을 해주겠다. 원칙적으로 동반자와 동일한 은행을 이용하지 말라. 은행 직원에게 '멍청한 생각'을 할 기회조차 주지 말라. 은행원들이 당신과 당신 동반자의 재산 규모를 속속들이 알아야 할 필요는 전혀 없다.

남편과 당신의 재산을 분리하거나, 결혼 후 늘어난 재산을 공동 관리하라(제8장 참조). 이로써 당신은 남편의 재정에 책임이 없다는 것을 분명히 해두는 것이다. 남편의 거래 은행 직원이 남편에게 당신을 보증인으로 세울 것을 요구하는 경우, 이를 단호하게 거절하라. 가장 좋은 것은 은행 직원이 당신에게 이러한 요구를 다시는 못할 만큼 단호하게 거부하는 것이다. 물론 그 은행 직원은 자신을 고용한 은행의 위험을 최소화해야 한다. 하지만 인간적인 눈으로 볼 때 그 은행 직원은 자신의 요구가 얼마나 위험한 것인지 매우 정확하게 알고 있다.

당신이 보증을 서지 않더라도 당신의 남편은 어떻게든 필요한 돈을 구하려 할 것이다. 설사 남편이 대출을 받지 못하더라도 보증은 서지 말라. 남편을 위한 보증으로 자신을 평생 옭아맨 후 내게 상담을 받으러 오는 여성들이 얼마나 많은지 당신은 상상할 수 없을 것이다. 남편이 곁을 떠난 지 한참이 지나도 보증의 효력은 계속 살아 있다.

신용 대출 또한 마찬가지다. 당신과 남편이 대출계약서에 서명하는 순간 당신은 빠져나갈 여지가 없다. 강력하게 권고하건대, 가능한 한 당신의 재정을 남편, 혹은 애인의 재정과 분리하라. 그 첫 번째 이유는 오늘날 세 쌍 중 한 쌍의 부부가 이혼한다는 것이다. 결혼하지 않고 동거하는 커플의 경우 애인과 헤어질 확률은 이보다 더 높다. 또한 애인과 헤어지지 않았다면 당신마저 재정적인 문제에 빠져들 수 있다. 두 사람 모두 어려운 상황에 빠져 옴짝달싹할 수가 없다면 남편, 애인이 무슨 의미가 있겠는가? 만일 둘 중 한 사람만 부도 혹은 파산선고의 상황이 닥친다면, 회생할 방법이 여러 가지 있다. 하지만 두 사람 모두 대출에 서명한 경우에는 헤어 나올 길이 없다.

물론 남편이 신용 대출을 받을 때도 은행 직원은 계약서에 당신의 서명까지 받기 위해 압박할 것이다. 이때도 단호하게 거부하라.

제1부 돈에 다가갈 용기—중요한 건 돈을 바라보는 관점이다

## 실수 2: 파트너와 돈에 대해 이야기를 나누지 않는다

여성은 부부의 경제적인 상황이 좋지 않다는 것을 인식하더라도 남편에게 돈에 관해 이야기하기를 꺼린다. 남편의 소득이 얼마인지 모르는 기혼여성들이 많은 것도 이 때문이다.

그렇다면 왜 여성은 돈에 관해 이야기하는 걸 꺼릴까? 첫째, 선한 의도에서 남편과 다툼을 피하고 싶어 한다. 하지만 입을 꾹 닫고만 있으면 문제가 해결되기는커녕, 문제의 실제 규모를 대략적으로도 알 수가 없다. 둘째, 많은 여성이 돈을 두려워한다. 미국 출신의 유명한 임상심리학자이자 금전 문제 치료사 올리비아 멜란Olivia Mellan도 지적했지만, 여성은 근본적으로 돈에 직접 관여하는 것을 두려워한다. 여성은 흔히 돈이라는 성가신 주제에 관해 신경 쓰고 싶어 하지 않는다. 여성은 실상 자신의 돈 관리 능력이 남편이나 애인보다 더 뛰어나다는 사실을 간과한다. 어떤 경우든 재정에 관해 남편과 터놓고 이야기하는 편이 침묵하는 것보다 훨씬 바람직하다.

## '재정의 날'을 정해두고 하루 동안
## 파트너와 함께 자신들의 재정 상황을 살펴보라.

- 이 과정에서 이 책을 교재로 활용해 보라. 두 사람 모두 책을 읽은 후 둘에게 특히 중요한 대목에 관해 함께 이야기해 보는 것도 좋은 방법이다. 이 방법의 장점은 파트너가 당신의 이야기를 듣는 것이 아니라, '중립적인' 저자의 이야기를 듣는 것이다.

- 구체적인 실천 방안을 함께 수립해 보라. 72시간 내에 시작하고자 하는 일의 리스트를 작성해 보라. '보도 섀퍼의 제안' 항목들을 전부 다시 한번 찬찬히 살펴보라. 무엇부터 시작하고 싶은가?

- 누가 무슨 일을 담당할지 정하라.

- 결과를 논의하고 다음 단계를 계획하기 위해 다시 만날 시점을 정해두라.

- 재정 목표를 달성하기 위해 서로를 지원해줄 방법을 생각해 보라.

- 아직 이 팁을 실행에 옮길 상황이 아니라면 당신의 경제적인 자립도를 높이기 위해 최선을 다하라.

## 실수 3: 파트너에게 너무 많이 의지한다

여성은 남성에 비해 남편이나 애인에게 의지하는 경향이 많다. 예컨대 여성은 자신의 연금에 관해 진지하게 고민하지 않기 때문에, 대부분 자신의 예상 연금액을 대략적으로도 알지 못한다.

많은 수의 여성은 자신의 삶의 상황이 변하고 나서야, 예를 들어 이혼이나 이별을 하고 나서야 비로소 돈에 대해 신경을 쓴다. 재정 상태를 바로잡기 위해 이러한 사례를 굳이 상정할 필요는 없다. 지금 시작하라. 지금부터라도 자신의 부를 축적하기 위해 저축하라. 나는 자녀를 위해 저금을 한다며 눈을 반짝이며 말하는 여성들을 수없이 만나보았다. 따로 모아둔 돈이 없어서 당장 소득이 없어지면 여섯 달도 채 버티기 힘든 상황의 여성도 마찬가지였다.

확인된 바로는 백만장자 부부들 중 대부분이 아내가 생활비를 관리한다고 한다. 이들 중 많은 수는 수입을 전부 아내가 관리한다. 이유가 무엇일까? 여성이 대체로 남성보다 돈을 더 잘 관리하기 때문이다. 미국인들은 이러한 사실을 익히 들어 잘 알고 있다. 그렇기 때문에 미국의 남성들은 아내가 부부의 공동 재산을 관리하는 것에 대해 전혀 반감이 없다. 단, 유럽에는 아직 이러한 사실이 널리 퍼져 있지 않다.

여성인 당신이 책임을 맡아야 한다. 당신의 삶이다. 그리고 삶에는 돈이 든다. 당신의 돈이 든다. 여성은 세 가지 분야, 즉 부엌, 교회, 자

머니 파워

녀에 집중해야 한다는 전통적인 사고방식은 이제 옛날이야기가 되었다. 이 시대 여성들은 다음과 같은 네 가지에 집중해야 한다. 즉, 돈을 지니고, 천재성을 발휘하고, 선한 영향력을 끼치고, 행복해야 한다.

이를 위해 당신이 할 일은 두 가지다. 당신은 돈에 관한 지식과 돈에 대한 건강한 관점을 갖추어야 한다. 지식을 습득하는 것은 간단하다. 돈을 관리하고 늘리기 위한 정보를 수집해라. 반면 관점이라는 부분은 좀 더 어렵다. 왜냐하면 돈이 많다고 해서 돈에 대한 건강한 관점을 지닌 것은 아니기 때문이다. 돈이 많은 사람도 여러 가지 걱정으로 괴로울 수 있다. 돈을 잃어버릴까 걱정되어 괴로울 수 있다. 돈이 부족한 상황 혹은 감당하기 힘들 만큼 돈이 과한 상황이 두려울 수도 있다. 중요한 결정을 내리고 이를 직면하는 것이 두려울 수도 있다. 그런데 분명히 알아야 할 것은 누구나 자신이 두려워하는 주제를 계속 피할수록 그 두려움은 점점 더 커진다는 점이다.

돈에 대해 더는 염려할 필요가 없어진다면 얼마나 좋겠는가? 그러려면 돈에 대해 신경을 쓰고 관심을 가져야 한다. 당신이 이를 해내지 못하리라는 법이 어디 있는가? 지금까지 당신이 이루어 놓은 것들을 모두 한번 찬찬히 되돌아보라. 이 많은 것들을 이룬 당신이 돈쯤은 충분히 길들일 수 있지 않겠는가?!

## 실수 4: 많은 여성이 잘못된 곳에 투자한다

여성들은 가진 돈의 50퍼센트 이상을 은행에 넣어둔다. 이미 제1장에서도 설명했지만 은행에 돈을 넣어두는 사람들은 시간이 갈수록 상대적으로 가난해진다. 주식을 사거나 펀드에 가입할 엄두를 내는 여성은 좀처럼 찾아보기 힘들다. 근본적으로 투자와 관련하여 여성은 남성보다 훨씬 조심스럽다. 따라서 여성의 투자 방식은 남성보다 훨씬 보수적이다. 다시 말해서 많은 여성은 좋은 투자 기회를 놓치는 경우가 많다. 왜 여성은 투자를 할 때 남성보다 더 조심스러울까?

심리학자들은 두려움과 관련한 남녀 간의 뚜렷한 차이를 규명했다. 남성은 두려움을 야기하는 존재를 두려워한다. 가령 눈앞에 닥친 불행, 재해와 같이 이미 구체적으로 인식되는 위험을 두려워한다. 반면 여성은 미지의 것을 두려워한다. 즉, 아직 구체적으로 두려워할 이유가 없는 것을 미리 두려워한다. 미지의 영역이라는 이유만으로 두려워한다. 이것은 작지만 중요한 차이다.

오늘날 여성만 아니라 남성도 실제로 수익을 안겨 주는 투자에 관한 지식이 매우 부족하다. 원금 손실에 대한 위험이 거의 없이 6~8퍼센트의 이자를 받는 방법이 있다는 사실을 누가 알겠는가? 하지만 남성은 이런 유형의 투자에 대해 연구하는 편이다. 남성은 재난이 눈앞에 닥쳐야 비로소 두려움을 느끼기 때문에, 이런 투자를 두려워하지는 않는다.

반면 여성은 자신이 이 분야에 대해 아는 것이 없다는 이유만으로도 두려움을 느낀다. 이는 매우 안타까운 일인데, 일단 여성이 주식과 주식기반 펀드에 발을 들였다 하면 남성보다 투자 실적이 더 좋기 때문이다. 통계에 따르면 동일한 자본으로 투자할 때 여성이 남성보다 투자 실적이 1년 기준 5퍼센트 정도 더 높다. 5퍼센트 높은 투자 실적, 이는 대다수의 투자자들이 1년 동안 달성하는 전체 수익률에 해당하는 수치다.

대다수의 여성에게 부족한 것은 투자에 착수할 계기다. 일단 투자라는 주제에 몰두해 보라. 투자에 관한 책과 잡지를 몇 권 읽어보고, 관련 세미나에도 참석해 보라. 투자 분야에서 적성과 재능을 발견한 여성들과 이야기를 나누어 보라. 투자가 얼마나 재미있는지 당신은 분명 놀라게 될 것이다.

세미나에 참석했던 여성 한 명이 몇 주 후에 완전히 흥분한 상태로 나를 찾아와 이렇게 말했다. "선생님, 저는 자산 관리나 주식, 펀드는 엄청나게 재미없는 일이라고 생각했어요. 친구들 앞에선 이야기도 꺼내지 않았죠. 저보고 제정신이 아니라고 할까 봐서요. 하지만 선생님 세미나를 듣고 친구들에게 투자에 관한 이야기를 해보고는 깜짝 놀랐어요. 저와 같은 생각을 하는 친구들이 대부분이었거든요. 그들도 막상 이야기를 꺼내지 못했을 뿐이에요. 이제 우린 새로운 주제를 발

제1부  돈에 다가갈 용기—중요한 건 돈을 바라보는 관점이다

견한 거지요. 뻔한 일상적인 이야기에 그치지 않고, 이제 정말로 흥미진진한 대화거리를 공유하게 되었어요. 실질적으로 자신에게 도움도 되고요."


## 실수 5: 많은 여성이 '강한 권력(돈)'의 상실을 '부드러운 권력'으로 메운다

여성은 자신의 파트너, 즉 남편이나 동거하는 애인이 경제권을 쥐는 것을 너무 쉽게 수용한다. 어쩌면 상황을 바꾸고자 몇 번의 시도를 해보기도 할 것이다. 하지만 아내나 동거 여성이 주도적으로 경제권을 가질 진정한 의지가 없다는 것을 남성들이 감지하면, 상황에 별다른 변화가 없을 것이다. 여성은 단호하게 결단을 내려야 한다. 그렇지 않으면 아무런 변화도 일어나지 않는다.

여성은 '단단한 권력'의 상실, 다시 말해 돈의 상실을 흔히 '부드러운 권력', 즉 자녀, 가족과 친척, 지인들로 메우려는 경향이 있다. 이는 여성의 사회적 권한을 확대시킬 수는 있지만, 경제적인 상황이 나아지지는 않는다. 그 무엇도 돈이라는 권력의 상실을 대체할 수 없다. 물론 돈이 인생에서 가장 중요한 것은 아니다. 하지만 뭔가를 할 때 돈이 부족하다면, 우리는 인생의 즐거운 면을 편안하게 누릴 수 없다.

여성은 이런 식의 보상 심리, 즉 단단한 권력의 상실을 부드러운 권력으로 메우려는 것이 일종의 도피에 불과하다는 사실을 자각해야 한다. 이는 돈이 친구나 인간관계의 빈자리를 메울 수 없는 것과 같은 맥락이다. 충만한 삶을 위해서는 중요한 자리를 모두 채우거나, 최소한 빈자리를 상쇄할 자신만의 해법을 주체적으로 찾아야 한다.

## 실수 6: 소득이 적은 여성이 생활비를 똑같이 분담한다

나는 남녀가 함께 살면서 생활비를 똑같이 나누어 내는 많은 커플을 만나보았다. 이들은 집세도 나누어서 낸다. 한 사람이 집세를 내고 다른 사람이 생활비를 내는 커플도 있다. 그런데 이들에게 자세히 물어보면 두 사람의 소득 규모가 다른 경우가 많다. 물론 한 사람이 다른 사람보다 이득을 보기 위해 이렇게 나누어서 지불하는 것은 아니다. 하지만 내가 볼 때 이런 상황은 결과적으로 공평하지 않다. 이보다는 두 사람의 공동 지출 비용을 각자의 실질 소득에 비례해 산정하는 편이 훨씬 합리적일 것이다.

물론 두 사람이 함께 살면서 들어가는 비용이기 때문에 각자 50퍼센트씩 부담하는 것이 합리적이라고 생각하는 사람도 있을 것이다. 그 말이 맞을 수도 있다. 하지만 소득이 적은 쪽이 소득이 많은 파트

제1부 돈에 다가갈 용기 ― 중요한 건 돈을 바라보는 관점이다

너와 살면서 높은 생활수준에 소요되는 비용을 반반씩 내는 경우, 자신의 형편보다 훨씬 많은 돈을 쓰는 셈이다. 그러므로 실질소득에 맞추어 생활비를 분담하는 쪽으로 조정한다. 예컨대 남편이 당신보다 소득이 두 배 많다면, 남편이 생활비를 당신보다 두 배 더 많이 분담하는 것이 합리적일 것이다.

다시 한번 강조하지만 최대한 빨리 경제적 안정을 이루는 게 중요하다. 그래야만 비로소 강자의 위치를 차지할 수 있다. 그래야만 비로소 당신은 경제적으로도 품위를 유지할 수 있는 위치에 도달한다. 이 위치에 아직 도달하지 못한 사람들은 삶에서 '옆으로 물러나는' 경향이 있다.


## 실수 7: 필요한 결혼 계약을 하지 않는다

91.7퍼센트의 여성이 결혼할 때 일반적인 법규를 따른다. 이러한 관행은 흔히 '사랑'이라는 허울 좋은 이름으로 이루어진다. '죽음이 우리를 갈라놓을 때까지'라는 맹세에 따라 경제적인 면을 포함해 자신을 온전히 상대방의 손에 내맡기는 행위를 사람들은 사랑과 신뢰의 표시라고 평가한다. 이로써 사랑을 하는 사람의 운명은 상대방의 운명과 온전히 하나로 엮어 버린다. 부부 세 쌍 중 한 쌍이 이혼하는 시대에 정

말로 순진하고 무책임한 관점이다. 나는 다음과 같은 이유를 근거로 당신에게 파트너와 명확한 계약상의 규정을 맺을 것을 조언한다.

부부 별산제가 합의되지 않거나 증식재산 공유제가 배제되지 않은 경우, 남녀가 자신의 재산을 따로따로 관리하지 않는다. 증식재산 공유제는 책임감의 부재를 초래한다. 증식재산 공유제 아래에서 여성은 자신의 재산을 별도로 관리할 필요 없이 편안하게 남편에게 맡겨버리면 된다. 본래 여성을 보호하기 위해 마련된 법규가 실제로는 여성을 금치산자로 만드는 것이다. 이로써 여성은 대부분 재정 문제에 관심이 없는 상태로 살아간다.

하지만 여성이 더는 법적인 보호를 받지 못하는 상황이 되면 스스로 대책을 세울 수밖에 없다. 그 대책으로 명백한 결혼 계약을 체결하는 것을 생각할 수 있다. 예컨대 자녀들이 일정한 연령에 이르기까지 남편에게 정해진 액수의 양육비 지불 의무를 규정하는 식이다.

이제는 스스로를 돌볼 수밖에 없다. 자신의 재정 상황에 대한 책임을 넘겨받을 수밖에 없다. 자신의 손으로 재산을 늘려가야만 한다. 이렇게 모은 재산은 법적으로 보장된 최저 생계 수준을 훨씬 뛰어넘을 것이다. 당신이 부자가 되기를 간절히 원하고, 부자가 되기 위해 필요한 일들을 주체적으로 행한다면, 당신은 충분히 부자가 될 수 있기 때문이다.

제1부 돈에 다가갈 용기—중요한 건 돈을 바라보는 관점이다

## 실수 8: 많은 여성이 리스크를 두려워한다

여성들은 리스크를 두려워한다. 일반적으로 여성들은 남성들보다 리스크를 더 두려워하는 경향이 있다. 이는 여성들의 투자 행태에 많은 영향을 미친다. 직업적으로 당당하게 능력을 발휘하고 직원들을 이끌고 책임 있는 결정을 내리는 여성들 또한 개인적으로 투자할 때는 리스크를 기피하는 경향이 있다.

이는 당연히 투자 이익의 감소를 야기한다. 누구든 어느 정도 높은 수익률을 달성하고자 한다면, 어느 정도 리스크를 감수해야 한다. 물론 수익률 전망이 높은 투자 상품을 맹목적으로 선택해서는 안 된다. 투자 상품을 선택할 때 수익률 전망은 2순위로 검토해야 한다. 항상 1순위에 두어야 하는 것은 안정성이다. 당신은 투자를 할 때 안정성을 가늠하는 법을 배워야 한다. 단지 당신이 집중적으로 검토하지 않은 상품이라고 해서 미덥지 않거나 위험한 상품으로 섣불리 판단해서는 안 된다.

섣부른 판단을 내리기보다는 투자하기에 앞서 중요한 지식을 습득해야 한다. 가장 중요한 규칙을 미리 언급하자면, 당신의 리스크를 분산하라는 것이다. 절대로 하나의 투자 상품에 당신의 전 재산을 투자하지 말라. 항상 최소한 다섯 개 이상의 상품에 분산 투자하라.

완벽한 투자 상품이란 존재하지 않는다. 단, 어떤 상품이 완벽한 투자일 수는 있다. 다시 말해서 우리가 시간을 돌이켜 볼 때 어떤 상품이 완벽한 투자였을지 말할 수는 있다. 예를 들어 우리가 델(Dell)사 주식에 투자를 했다면 5년 동안 우리의 돈이 900배로 불어났을 것이다. 10만 유로(약 1억 4,000만 원)가 9,000만 유로(약 125억 5,000만 원)로 불어났을 것이다. 완벽하다. 단지 우리가 이를 예측하지 못했고 이 투자에 동참하지 않았던 점에서 완벽하지 않을 뿐이다. 높은 투자 수익에는 높은 수입에 적용되는 원칙이 동일하게 적용된다. 즉, 리턴(봉급 혹은 이윤)이 높을수록 리스크도 높아진다.

우리는 앞으로 자신에게 어떤 일이 닥칠지 알 수가 없다. 따라서 투자를 할 때 완벽주의를 추구하는 것은 적절치 않다. 머뭇대지 말고 시작해야 한다. 100퍼센트 안전한 완벽한 상품을 찾을 수 없기 때문이다. 때로는 약간의 손실을 입을 수도 있다. 나는 지금까지 단 한 번도 손실을 입지 않은 투자가를 만나본 적이 없다.

손실을 더 일찍 경험할수록 좋다. 그러면 당신은 투자 손실을 입더라도 세상이 무너지지는 않는다는 사실을 깨닫게 될 테니까. 그리고 한두 번 투자 손실을 경험한 사람도 일 년에 8퍼센트 이상의 수익을 달성할 수 있다는 사실을 깨닫게 될 테니까. 완벽을 추구하다보면 아무것도 할 수 없다. 100퍼센트 안전한 투자 기회를 기다리는 사람은 결코 행동에 나서지 않는다. 따라서 '완벽한 상태로 머뭇대기보다는 어설픈 상태로 시작하는 편이 낫다'는 원칙을 유념하라.

우리 삶의 많은 부분은 우리가 내리는 여러 결정으로 특징지어진다. 하지만 때로는 우리가 내리지 않은 결정들, 우리가 움켜잡지 않은 기회들이 우리의 삶에 결정적인 작용을 하기도 한다. 내 아버지의 사례가 그러하다. 아버지가 가족이 정착할 집을 지었던 당시 모든 상황은 아버지가 상상했던 대로 흘러갔다. 그러던 중 아버지는 회사로부터 미국 지사장으로 파견 근무 제안을 받았다. 아버지는 영어를 잘하지 못했고, 얼마 전에 지은 자신의 집에 사는 것이 좋았다. 어머니는 새로운 환경에 적응할 엄두가 나지 않았다. 아버지는 리스크를 '가늠할 수 없다'는 이유로 결국 회사의 제안을 거절했다.

아버지 대신 회사의 제안을 수락한 사람은 미국에서 자회사를 성공적으로 정착시켰고 3년 후에는 임원으로 승진했다. 아버지는 이 일을 평생 아쉬워했다. 만약 아버지가 리스크를 두려워하지 않았더라면 그의 삶은 어떻게 전개되었을까? 이처럼 우리가 내리지 않은 하나의 결정, 리스크가 두려워 움켜잡지 않은 하나의 기회가 우리 인생 전체를 바꿀 수도 있다. 우리가 훗날 후회하는 것은 행한 실수가 아니라 행하지 않은 일들이다.

## 실수 9: 많은 여성이 남편에게 돈을 요청한다

기혼여성 중 다수는 필요할 때마다 남편에게 돈을 요청해야 하는 위치에 있지만, 많은 여성이 이를 크게 개의치 않는 것 같다. 이러한 상황은 남성에게 일종의 권력을 부여하기도 한다. 가족 부양자라는 역할에서 자존감을 얻는 남성도 많다.

그러나 이러한 상황이 여성에게는 얼마나 굴욕적인지 한번 생각해 보라. 자존감에 어떤 영향을 미칠 것이며, 자신의 삶에 어떻게 책임감을 가질 수 있겠는가? 부부간의 이러한 구도는 동등한 관계라기보다는 종속 관계에 가깝다. 보통 남성이라면 당연히 자신의 아내가 경제적으로 자유롭고 독립적이기를 바랄 것이다. 당신이 남편에게 돈을 요청할 때마다 당신의 지위는 약화되고 종속 상태는 심화된다.

사회적으로 성공을 거둔 한 여성이 왜 그토록 열심히 커리어를 쌓았느냐는 질문을 받았다. 그 여성은 한 마디의 질문, 정확히 말하자면 하나의 단어가 자신의 커리어에 도화선이 되었다고 대답했다. 과거 어느 날, 그 여성은 남편에게 20유로(약 3만 원)를 달라고 요청했다고 한다. 남편은 그녀에게 물었다. "뭐 하려고?"

그랬다. 그것이 전부였다. 그 한 마디가 그녀를 잠에서 깨웠다. 그 순간 그녀는 자신의 상황에 눈을 떴다. 그녀는 내게 이렇게 말했다. "절대로, 결코, 내가 살아 있는 동안은 두 번 다시 남편에게 돈을 달라고 요청하고 싶지 않았어요. 20유로가 왜 필요한지 구구절절 설명하고 싶지 않았어요."

이를 위해 반드시 집 밖에서 커리어를 쌓아야 할 필요는 없다. 내가 볼 때 주부라는 것은 충분히 존경받을 만한 직업이다. 주부도 엄연히 하나의 직업으로서 적절한 임금으로 보상받아야 한다.

다시 말해서, 당신이 외부에서 종래의 방식으로 돈을 벌지 않더라도, 주부인 당신은 임금을 받아야 한다. 생활비와는 별개로 정해진 액수의 임금을 받아야 한다. 굳이 달라고 요청하지 않고 당신이 재량껏 사용할 수 있는 임금을 받아야 한다. 임금의 액수에 관해서는 당신의 파트너와 합의해야 한다. 가장 좋은 것은 이 돈을 매달 초 당신의 계좌로 자동이체를 하는 것이다.

## 부는 추구할 만한 가치가 있는가

앞의 내용 중 당신에게 해당되는 부분이 있는가? 어쩌면 당신에게도 실천하지 않고 미루어 둔 일이 몇 가지 있을 것이다. 아니면 당신의 삶 전체를 윤택하게 만들 중요한 일을 미루어 두었을 수도 있다.

부와 여유로움을 얻는 방법에 관해 사람들과 이야기를 나누다 보면 이따금 매우 당황스러울 때가 있다. 얼마 전 내 세미나를 들으러

온 한 여성이 내게 이렇게 말했다. "저는 두 번 이혼을 했어요. 두 번의 결혼 생활은 제가 새로운 직업을 갖기 전까지는 아무런 문제가 없었지요. 두 남편 모두 그 상황을 포용하지 못했어요. 제가 돈을 많이 벌수록 남편과의 관계는 점점 꼬여만 갔어요. 돈은 제 가족을 두 번이나 망가뜨렸어요."

이 여성은 지금 남편과의 관계를 위험에 빠뜨리지 않기 위해서는 두 번 다시 많은 돈을 벌어서는 안 된다고 확신하고 있었다. 하지만 나와 이야기를 나누며 돈과 남편과의 관계에 관한 자신의 고정관념이 바뀌고 마음이 한결 편해졌다고 했다. 이제 그녀는 자신이 더 많은 돈을 벌수록 남편과 더욱 친밀하고 멋진 관계를 누릴 수 있다고 진심으로 믿는다.

이는 우리가 경제적 독립과 여유로움에 대한 대가라는 명목으로 자주 듣게 되는 황당한 이야기 중 하나의 사례에 불과하다. 사람들은 건강을 망치고, 가족을 방치했으며, 심지어 '돈독 오른 괴물'이 된 게 모두 다 부를 추종했기 때문이라는 말을 서슴없이 한다. 그런데 당신이 건강과 충만한 파트너 관계를 누리며 사는지의 여부는 일차적으로 건강과 가족에 관한 당신의 관점에 달려 있다. 이러한 것들은 돈으로 살 수 있는 것이 아니다.

## 돈은 긍정적인 방향으로 작용할 것이다

돈은 우리의 건강에 부정적이라기보다는 긍정적인 방향으로 작용할 것이다. 이처럼 돈이 건강에 영향을 미친다고 볼 때, 분명 돈의 결핍은 돈이 넘쳐나는 상태보다 훨씬 부정적으로 작용한다.

나는 얼마나 많은 질병이 돈이 부족해서 생기는지 알고 싶지는 않다. 하지만 적어도 내가 스물여섯 살 때 겪었던 위궤양은 분명 나의 재정 파산과 밀접한 관계가 있었다. 가정생활과 연관해 살펴보자면, 돈 문제는 여전히 빈번한 이혼 사유 중 하나다. 다음 달 월세 내기도 급급한 상황에서 마음 편히 사랑하며 행복해 하기란 쉬운 일이 아니다. 즉, 돈이 많고 여유로울 때보다는 돈 걱정이 있을 때 가정의 행복에 그림자가 드리울 확률이 더 크다. 가난은 범죄율 또한 상대적으로 더 높일 것이다.

지금까지 우리는 당신에게 불편한 감정을 유발할 수 있는 질문도 몇 가지 해보았다. 경우에 따라 당신의 뿌리 깊은 확신이나 고정관념과 충돌할 수도 있는 질문들이다. 이제 우리 함께 돈에 대한 각자의 관점에 대해 이야기해 볼 시간이 왔다.

돈에 대한 당신의 관점이 어떠한지 한번 파악해 보자. 그리고 당신에게 해로울 관점이 있으면 이를 재고해 보고 당신에게 이로운 관점으로 바꿀 수 있는 길을 함께 모색하자.

제3장　**돈에 대한
관점**

> 한 사람의 관점은 그 사람의 과거,
> 교육, 돈, 환경, 실패와 성공, 타인들의
> 생각이나 말보다 더 중요하다.
> 우리가 유일하게 할 수 있는 일은
> 삶의 한 편에서 우리의 손 안에 있는 것,
> 우리의 관점을 움직이는 것이다.
>
> — 찰스 스윈돌Charles Swindoll

　아마도 당신은 마이다스 왕의 전설을 들어본 적이 있을 것이다. 마이다스 왕이 만지는 것은 무엇이든 금으로 변했다. 세상에는 마이다스 왕 같은 사람들이 있다. 또한 마법처럼 돈을 끌어당기는 여성도 많다. 반면 죽을 둥 살 둥 노력해도 월말이면 빈손인 여성들도 있다. 이 둘의 차이점은 무엇일까?

　타고난 능력과 재능 때문은 아니다. 타고난 조건이 좋지 않아도 막대한 부를 획득한 수많은 여성(그리고 남성)의 사례가 있기 때문이다. 분명 '의지'의 문제도 아니다. 대다수의 사람이 부자가 되고자 하는 의지는 갖고 있다. 그렇지만 부자가 되는 사람은 극소수에 불과하다. 단지

　　　　　제1부　돈에 다가갈 용기―중요한 건 돈을 바라보는 관점이다

극소수만이 자신이 원하는 결과에 도달한다. 그 이유를 찾기 위해 과정을 확인하는 게 필요하다. 왜냐하면 부라는 결과는 수많은 과정의 결과니까 말이다. 사람들이 목표로 하는 결과는 사슬처럼 맞물려 있는 인과관계의 가장 끝자락에 있다.

이 인과관계 사슬을 끝에서부터 살펴보자. 우리가 마주하는 결과는 우리가 수행하는 행동과 관련 있다. 우리의 행동은 우리의 결정에 의해 좌우된다. 우리의 결정은 우리가 집중하는 것에 따라 정해진다. 우리가 무엇에 집중하는지는 우리의 내적 대화에 따른 것이다. 우리는 끊임없이 자신과 이야기한다. 자신에게 질문을 던지고 자신에게 대답한다.

가령 『머니 파워』라는 제목의 책을 예로 들어보자. 이 제목에 관해 나는 다음과 같은 내적 대화를 상상할 수 있다.

'흥미롭군!'

'그러네. 하지만 사실일까? 돈이 내게도 곧 힘일까?'

'흠, 지금보다 조금 더 돈이 많으면 좋을 것 같긴 해.'

물론 이와는 완전히 다른 다음과 같은 내적 대화도 가능할 것이다.

'이런 책이 무슨 쓸모가 있겠어?'

'전혀 쓸모없지, 애초에 난 돈 따위엔 관심이 없잖아. 어차피 읽어봐도 이해하지도 못할걸. 분명히 엄청 따분하고 지루할 거야.'

'시도라도 해볼까?'

'제발 관둬! 생각 안 나? 비싼 돈을 주고 산 책이 집 안에서 먼지만 뒤집어쓰고 있잖아.'

두 대화의 질문하고 대답하는 과정을 살펴보면, 집중하는 것에 따라 결정되는 내용이 다르다. 여기에서 책은 단순히 책이 아니다. 여기에서 우리는 책과 자신을 연관 짓는다. 객관적인 현실이란 존재하지 않는다. 사람들은 특정한 것에 주의를 기울이고 나머지는 무시함으로써 비로소 '자신의 현실'을 창조한다. 그래서 아인슈타인은 이렇게 말했다. "관찰자가 자신의 현실을 창조한다."

자문자답을 하면서 임의의 상황에 관한 특정한 이미지가 자신의 내면에 생성되기 때문에 사람들은 대부분 논리적인 귀결에 따라 결정을 내린다. 책의 차례에 자신에게 유용한 메시지가 담겨 있는 경우, 그 책을 구입하는 것이 논리적이다. 하지만 그 책이 자신에게 어차피 흥미롭지도 않고 먼지만 쌓인 상태로 방 한구석에 처박혀 있으리라는 것을 알고 있다면, 그 책을 구입하지 않는 편이 논리적이다. 즉, 사람은 무엇에 집중하느냐에 따라 다양한 행동을 하게 되고, 그 행동은 다시 지극히 상이한 결과를 초래한다.

내적 대화에 관해 다시 한번 살펴보자. 사람은 누구나 하루 종일 자신과 대화를 나눈다. 끊임없이 질문을 하고 그 질문에 스스로 대답한다. 이때 관건은 어떤 질문을 하느냐다. 자신에게 던지는 질문의 질이 자신의 삶의 질을 결정하기 때문이다.

예컨대 어떤 어려운 상황에 직면하여 '내가 이걸 해낼 수 있을까' 라고 자문한다면, 이는 자신을 의문시하는 것이며, 자신이 실패할 가능성을 염두에 두는 것이다. 반면 '어떻게 하면 이걸 가장 멋지게 해낼까'라고 자문한다면, 자신이 결국은 그 일을 해낼 거라고 가정하는 것이다. 이 경우 그 일을 해낼 방법을 찾기만 하면 된다. 앞서 언급한 사례처럼, 자신에게 던지는 질문의 차이는 집중하는 대상의 차이를 만드는 것이다.

## 사람들의 내적 대화를 결정짓는 것은 무엇인가

사람들은 왜 때때로 '내가 정말 이 일을 해낼 만큼 괜찮은 사람인가?'처럼 자신감을 갉아먹는 부정적인 질문을 자신에게 던지는가. 사람들은 왜, '이 일이 리스크가 없다는 게 정말 확실한가?'처럼 자신을 멈칫거리게 만들고, '잘못되면 어떤 일이 벌어질까?'처럼 마음속에 두려움을 불러일으키는 질문을 던지는가.

한편, 사람들은 '이 기회는 절대 놓치면 안 돼. 나는 지금 왜 이렇게 머뭇거리고 있지?'처럼 적극적인 행동에 나서도록 자신을 압박하는 질문을 던지기도 한다. 이 밖에도 '이 문제의 장점은 무엇이지?'처럼 자신의 시선을 성공과 행복을 향해 돌리는 질문도 하고, '이러한 문제의 재발을 막으려면 무얼 어떻게 해야 하지?'처럼 자신의 상황을 긍정적으로 바꾸도록 격려하는 질문을 던지기도 한다.

각 질문의 방향에 따라 우리는 각자 무엇에 집중할지를 결정짓고, 이를 바탕으로 결단을 내리고, 그 결단을 통해 행동 하고, 그 행동은 각자의 결과를 결정한다.

그런데 이러한 질문과 내적 대화의 내용을 결정짓는 것은 누구 혹은 무엇인가? 그것은 각자의 신념, 각자의 가치관, 그리고 어떤 상황에 대한 태도다. 여기에서 우리는 이를 간략하게 '고정관념'이라고 부르기로 하자.


## 고정관념은 어떻게 형성되는가


고정관념은 대부분 우연히 형성된다. 사람은 누구나 여러 가지 체험을 하고 다양한 인상을 받으며, 이를 바탕으로 각자의 특징이 형성된다. 사람은 주변의 모든 것, 즉 사람·행위·말 등에 영향을 받는다. 그중에서 실패는 각자의 기억 속에 오랫동안 남는다. 자신의 실패뿐 아니라 주변인들의 실패 또한 마찬가지다. 위험과 실패를 잘 기억하는 이러한 능력은 인간의 생존에 도움을 주었다. 옛 조상들이 동굴 안에는 검치 호랑이와 곰이 숨어 있을 수도 있으니 무턱대고 동굴 안에 들어가서는 안 된다는 것을 깨우쳤다면, 그것은 생존에 필요한 지식이었다.

그런데 현대 사회에서는 생존이 인간의 일차적인 관건이 아니다. 이제는 자신의 실패를 또렷하게 기억하는 능력이 자신에게 해로울 수도 있다. 이처럼 일정한 학습 효과를 넘어서는 기억력은 우리 자신에게 도움이 되기보다는 우리의 발전을 저해한다. 과도한 기억력은 자신감을 높이는 데에 방해가 되기 때문이다.

지나간 실패를 되씹는 사람은 건강한 자신감을 지닐 수 없다. 이런 사람은 무력감에 시달리며, 긍정적인 결과를 달성할 수 없다. 이처럼 한때 인간에게 생존을 가능하게 해주었던 능력이 이제는 해가 되기도 한다.


## 사람은 종종 자신의 경험을 잘못 해석한다

사람들의 개인사, 즉 사람들이 직접 체험하고 느끼는 것들과 주변 사람들을 통해 보고 듣는 것들이 어우러져 '고정관념'이 된다. 누구나 자신의 실수를 통해 배울 수 있다. 이런 점에서 볼 때 '고정관념'은 예나 지금이나 유용한 존재다. 단지 유감스럽게도 사람은 누구나 이따금씩 그릇된 결론에 다다를 때가 있다. 소파 위에서 기어가던 아기가 소파 끝자락까지 계속 기어가다 보면 어느 순간 소파 아래로 풀썩 떨어지게 된다. 소파에서 떨어진 아기는 깜짝 놀라고 몸을 다치기도 한다. 이 경험을 한 아기는 소파 때문에 자신이 다쳤다고 생각할 수 있다. 이 경우 아기에게 소파는 위험하고 나쁜 물건이 된다. 그리고 아기는 앞으로 절대로 소파 옆에는 가까이 가지도 말아야겠다고 생각한다.

하지만 사실상 아기는 소파 끝까지 기어가진 말아야 한다는 것을 배워야 한다. 그렇지 않으면 아기는 평생 소파를 피해야 한다는 자신만의 논리 속에서 생활할 것이다. 우습지 않은가?

소파에서 떨어진 아기의 이야기를 '리스크가 큰' 투자 상품에 적용해 보자. 예컨대 어떤 사람이, 아시아 개발도상국들이 향후 25년간 막대한 경제 성장을 거듭하리라는 희망을 품고, 아시아 펀드에 가입했다고 가정하자. 이 사람은 개발도상국들이 항상 일정한 사이클을 반복한다는 너무나 단순한 법칙을 한 번도 들은 적이 없었던 것이다.

얼마 후 해당 지역의 주가가 50퍼센트 이상 폭락했다. 아시아 경제가 완전히 침체될 거라며 우려하는 목소리에 전 세계가 떠들썩했다. 이러한 주가 폭락이 지극히 정상적인 경제 사이클이라는 사실을 이른바 '전문가'들이 간과한 것이다. 언론은 세상을 패닉 상태로 몰아넣었다.

그리고 그 투자자는 반토막 나버린 펀드를 헐레벌떡 매각했고, 50

제1부 돈에 다가갈 용기—중요한 건 돈을 바라보는 관점이다

퍼센트의 손실을 입었다. 이는 좀처럼 쉽게 잊어버리기 힘든 체험이며, 특정한 고정관념을 탄생시킬 수 있는 개인사다. 예컨대, '펀드는 위험해', '난 마이너스의 손이야', '내가 어딘가에 투자하기만 하면, 그지역 전체가 무너져버려'라는 고정관념이 생길 수 있는 것이다.

## 개인의 환경도 고정관념을 만든다

하지만 우리 개개인의 고정관념은 경험만을 토대로 형성되지는 않는다. 주변 사람들의 확신 또한 개개인을 물들게 한다. 우리는 주변 사람들이 믿는 바를 맹목적으로 수용하지는 않지만, 주변 사람들의 고정관념 중 일부는 '의견'이라는 형태로 우리의 내면에 저장된다. 하나의 의견이 곧바로 믿음이 되지는 않지만, 점차 믿음으로 굳어지는 경향이 있다. 이는 단지 몇 가지 사례만 살펴보아도 알 수 있다.

아시아 펀드의 사례로 다시 돌아가 보자. 아는 것이 별로 없는 그 투자자가 당신의 여동생 수잔이라고 가정해 보자. 수잔은 그 사건을 통해 펀드가 리스크가 엄청나게 큰, 믿을 수 없는 존재라는 사실을 '학습'했다. 어느 날 수잔이 당신에게 자신의 펀드 투자 실패담을 전했다. 그녀의 목소리에 절실함이 담겨 있기에, 그녀의 이야기는 당신에게 강력한 인상을 남긴다. 이로써 당신의 기억 속에는 '펀드는 정말

머니 파워

로 위험하다'라는 하나의 의견이 자리 잡는다.

그 순간부터 당신의 뇌는 이 의견에 대한 증거를 수집하기 시작한다. 예컨대 당신이 친구를 만난 자리에서 수잔의 펀드 투자 스토리를 화제로 삼는다. 당신의 친구도 누군가에게서 들은 비슷한 내용의 이야기를 당신에게 들려준다. 이로써 '펀드는 위험하다'라는 당신의 '의견'은 한층 더 견고해진다.

이 상태에서 당신은 마치 무언가에 홀리기라도 한 듯 거래 은행의 고객 상담 직원을 만나 펀드에 관한 이야기를 꺼낸다. 직원은 양손을 과장된 제스처를 취하며 다음과 같이 말한다. '펀드는 러시안룰렛이나 다름없어요. 투자는 우선 안전해야 합니다. 기대수익률이 아무리 높더라도 돈을 날리면 무슨 소용이 있겠습니까(그 직원이 말하고자 하는 바는 다음과 같다. '펀드에 가입하시느니 저희 은행의 수익률 낮은 상품에 가입하십시오. 확실하게 보장해 드립니다. 세금을 내고 물가상승률을 고려하면 고객님에겐 아무 이윤이 남지 않는다는 것 하나는 확실히 보장해 드리지요. 하지만 저희 은행에는 남는 것이 아주 많지요).' 이런 '전문가의 상담'을 거치고 나면, 위험한 펀드에 대한 당신의 의견은 한층 더 굳건해진다.

## 증거가 네 개면 충분하다

임의의 의견이 '정확한 것'이 되기 위해서는 모두 네 가지 '증거'면 충분하다. 그러면 당신에게는 평생 지속될 수도 있는 하나의 믿음이 생겨난다. 인간의 뇌는 주어진 의견을 검증하고자 애쓰기 때문에, 상응하는 증거를 수집하려고 노력한다. 사람들은 이것을 선택적 인식이라고 칭한다. 선택적 인식을 할 때 인간의 뇌는 왜곡의 여지가 있는 시각적 자료나 경험도 개의치 않고 증거로 채택하려 든다. 이번에는 당신이 여성 직장 동료와 펀드에 관한 이야기를 나눈다고 가정해 보자.

동료는 당신에게 자신이 여러 해 전부터 일곱 개의 펀드상품에 투자했고, 연평균 수익률이 9퍼센트에 달한다고 신나게 설명한다. 이때 당신은 동료의 설명을 다음과 같이 평가 절하할 것이다. '어쩌다 운이 좋았나 보지. 좀 있으면 저 사람도 분명히 손실이 날 거야.', '나한테는 없는 능력이 저 사람한테는 있나 보지. 나같이 평범한 사람은 처음부터 투자 따위엔 손도 대지 않는 것이 상책이야.', '내 여동생도 투자 초기에는 전망이 좋았지만, 좀 있다가 엄청난 손실을 보았지.'

자신이 믿고자 하는 의견에 상충하는 반대 증거들은 각자가 머릿속에 정해놓은 틀에 맞지 않기 때문에 대부분 묵살당하고 만다. 단, 반대 증거 중 정말로 특별한 사건들, 세상의 이목을 끄는 인상적인 현안들, 끊임없이 반복되는 사건들은 예외다.

사람은 누구나 자신의 의견을 토대로 자신이 보고 싶은 부분만 본다. 따라서 각자에게 세상은 각자가 믿는 그대로의 모습을 하고 있다. 사람들은 일단 무언가를 믿고자 하면, 이를 뒷받침하는 증거를 찾아내고야 만다. 믿고자 하는 대상이 무엇이든 상관없다. 그래서 세상에는 그토록 다양한 믿음, 종교, 철학, 정치적 분파가 존재한다. 누구나 선택적 인식을 통해 자신에게 필요한 증거를 수집했기 때문에, 사람은 누구나 각자가 믿고자 하는 바를 믿는다.

요약하자면, 우리의 내면에는 다음과 같은 인과관계 사슬이 형성된다.

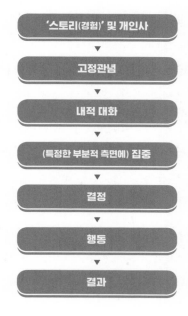

## 어떻게 하면 가장 효율적으로 변화를 이끌어낼 수 있을까

문제를 하나 제기해 보자. 진정한 변화를 이루고자 한다면, 가장 먼저 무엇이 필요할까? 과거 많은 사람들은 이에 대해 '자기 제어력이 필요하다'라고 간단하게 대답하도록 교육받았다. 과거(와 현재의 일부) 사람들은 자제력과 끈기를 만병통치약이라고 여겼다. 자제력을 갖춘 사람은 성공한 부자가 되었다. 반면 자제력이 부족한 사람은 아무것도 해내지 못했다. 물론 나는 자제력과 끈기가 성공한 인생을 위한 가장 강력한 수단이라고 생각지 않는다. 나는 이보다는 열정과 열광이 성공에 더 중요하다고 생각한다. 개인적인 관계에서 예를 들어보자면, 당신은 시계를 바라보며 '벌써 오후 3시 55분이네. 남편에게 키스를 해줄 시간이 되었군'이라 말하진 않을 것이다. 키스하고 싶은 열정이 당신을 사로잡지 않으면 키스를 하지 않을 것이다.

인과관계 사슬 내에서 자신의 행동을 변화시킨다면, 우리는 분명히 변화를 이끌어 낼 수 있다. 하지만 이를 위해서는 많은 노력과 자제력이 요구된다. 노력과 자제를 한다고 해서 성공 자체가 보장된 것도 결코 아니다. 설사 성공을 하더라도 본인이 즐거움을 느낄지도 의문이다. 결국 사람들이 추구하는 것은 행복한 삶을 사는 것이 아닌가.

우리 사회에서 자제력은 흔히 최고의 미덕이자 성공의 어머니로 칭송받는다. 하지만 나는 누구도 자신을 괴롭히면서까지 성공해야 한다고 생각하지 않는다. 나는 삶이 힘겹기보다는 경쾌해야 한다고 생각한다. 물론 내가 이런 생각을 예전부터 갖고 있었던 것은 아니다. 나는 부단히 노력하고 자제함으로써 돈을 벌었고, 어느 정도 성공도 했다. 하지만 그것이 과연 성공이었을까? 오늘날 나의 관점으로 볼 때 그것은 성공이 아니었다. 왜냐하면 나는 내적 목소리에 반하는 행동을 했고, 건강을 소홀히 여겼고, 소소한 즐거움까지 잊고 살았기 때문이다. 선택의 여지가 있다면 나는 자신을 부단히 제어하는 길을 또다시 걷지는 않을 것이다. 이제 나는 이보다 근본적으로 더 편안한 길, 힘들지 않은 길이 있다는 걸 알기 때문이다.

당신의 삶 속에 드러나는 결과들을 가장 효과적으로 바꾸는 방법은 당신의 고정관념들을 바꾸는 것이다. 그러면 모든 것이 힘겹지 않게 작동한다. 아주 즐겁고 경쾌하게 굴러간다. 그러면 우리를 '사로잡는' 일이 생겨난다. 이는 자제력과는 아무 상관이 없다.

다시 말해서 변화의 열쇠는 고정관념이다. 여기에는 세 가지 이유가 있다. 첫째, 고정관념을 바꾸기 시작하면 인과관계 사슬의 다른 부분을 바꾸기 시작하는 것보다 더 많은 것을 이뤄낼 수 있다. 둘째, 고정관념을 바꾸면 변화가 힘겹지 않고 즐겁게 일어난다. 셋째, 이 경우 예컨대 35분 이내에, 즉 지극히 짧은 시간 내에 자신에게 가장 필요한 변화를 이루어 낼 수 있다. 당신이 원하기만 한다면 당신의 삶을 완전히 바꿔버릴 수 있다.

제1부  돈에 다가갈 용기—중요한 건 돈을 바라보는 관점이다

믿기지 않는가? 그렇다 하더라도 당신을 비판할 생각은 없다. 지금까지 우리는 무언가를 얻기 위해서는 열심히 일해야 한다고 배워왔으니까. 지금까지 우리는 '열심히 일하지 않으면 아무런 대가도 누릴 수 없다(당신도 이미 인식했겠지만, 이것도 그다지 쓸모없는 하나의 고정관념일 뿐이다)'라고 배워왔다.

이 대목에서 내 세미나에 참석했던 심리학자가 떠오른다. 그는 세미나 참석 후 내게 편지를 한 통 보내왔다. 그가 경험한 바로는 '변화란 그리 쉽게, 그리 빨리 이룰 수가 없다(이 또한 하나의 고정관념이다)'는 내용이었다. 그의 말이 옳은가? 앞에서 살펴본 바와 같이 사람은 누구나 자신이 믿는 바에 대한 증거를 선택적 인식을 통해 어떻게든 찾아낸다. 이제 우리는 이러한 사실을 정확히 인지하고 있다.

그는 내가 제시한 해법, 즉 고정관념을 바꿈으로써 변화를 유도하는 해법을 거부할 수밖에 없었을 것이다. 그렇지 않으면 피상담인 한 명당 평균 27개월간 진행되는 그의 심리 상담 기간이 35분으로 줄어버릴 테니까. 사람들은 복잡하고 까다로운 해법만을 수용하는 경향이 있다. 하지만 실상 모든 위대한 것의 토대는 지극히 간단한 하나의 초석이다. 나는 세미나 참석자 수천 명과 이야기를 나누는 과정에서 이 해법이 잘 작동한다는 사실을 수없이 확인했다. 이 해법을 통해 당신은 돈에 관한 자신의 관점을 쉽게 바꿀 수 있다.

고정관념이란 어찌 보면 당신의 삶에서 소프트웨어 역할을 한다.

당신은 자신의 생각을 매개로 특정한 내적 대화를 나누도록 '프로그래밍' 되어 있다. 그리고 이 내적 대화는 당신으로 하여금 특정한 것들에 집중할 수밖에 없도록 만든다.

즉, 만일 당신이 특정 영역과 연관된 고정관념을 바꾼다면, 당신은 자신이 원하는 결과를 얻을 것이다. 요컨대 당신의 고정관념을 바꾸면, 다른 모든 것은 '저절로' 바뀐다.

제1부 돈에 다가갈 용기─중요한 건 돈을 바라보는 관점이다

## 당신의 기본 욕구는 당신이
## 어떤 관점을 갖고 있는지 알려준다

문제는 어떻게 하면 자신의 고정관념을 정확히 인식할 수 있느냐다. 부모님을 비롯해 당신의 유년기에 당신에게 결정적인 영향을 끼친 사람들이 돈에 관해 어떤 생각을 가졌고 어떤 말을 했었는지 생각해 보고, 이들이 돈을 어떤 방식으로 대했는지를 떠올려 보는 것도 돈에 대한 당신의 고정관념을 인식하는 한 가지 방법이다.

또 다른 방법은 당신의 욕구를 정확하게 파악하는 것이다. 돈이 당신의 개별적 욕구를 어느 정도로 충족시켜 주었는지 생각해 보라. 인간에게는 돈이 많든 적든 누구나 여섯 가지 기본 욕구가 있다.

이제부터 인간의 여섯 가지 기본 욕구를 돈과 관련시켜 살펴보겠다. 그러면 당신은 돈에 관한 자신의 관점을 분명하게 파악하게 될 것이며, 기존의 관점을 계속 유지하고자 하는지 결정하게 될 것이다. 자신의 기본 욕구를 파악하면 돈에 대한 어떤 관점이 부의 축적에 유리한지가 당신에게 아주 분명해지기 때문이다.

## 돈은 욕구 충족을 위한 수단에 불과하다

인간은 누구나 특정한 욕구가 있다. 어떤 사람이 행복한지의 여부는 행복에 대한 그 사람의 욕구가 어느 정도 충족되었는지에 좌우된다. 그러므로 사람들은 부지불식간에 자신의 욕구를 충족시키고 싶어 한다. 흔히 돈이 없는 경우가 돈이 있는 경우보다 욕구 충족에 유리하게 보이기도 한다. 예컨대 사람은 누구나 사랑과 애착관계에 대한 욕구가 있다. 저마다 타인과의 관계를 원하며, 누군가와 하나가 되고 싶어 하고, 무언가를 남과 나누고자 하며, 친밀한 관계를 형성하길 원하며, 집단의 구성원이 되길 원하고, '원팀' 정신을 형성하며, 타인과 연결된 상태를 원한다.

오히려 돈이 이러한 욕구 충족에 저해되는 것처럼 보일 때도 많다. 예를 들면, 돈이 가족을 하나로 모으기보다는 가족을 해체할 수도 있다는 생각을 하는 것이다. 내가 이야기를 나눈 대부분의 여성은 돈과 가족에 관해 다음과 같이 생각한다. '사람들은 돈을 벌기 위해 각자의 일을 하면서 서로 소원해지지요. 이 과정에서 가정은 등한시되고요. 부모들이 온종일 회사에 있어서 아이들은 부모의 얼굴을 보기도 힘들지요.'

이 때문에 많은 이들이 이런 결론을 내린다. '내 삶을 영위하기 위해선 충분한 돈이 필요해. 하지만 내 가정이 망가질 정도로 많은 돈은

제1부 돈에 다가갈 용기 — 중요한 건 돈을 바라보는 관점이다

필요치 않아.' 그 결과 다음과 같은 상황도 생긴다. 즉, '굶어죽지 않을 만큼의 돈은 있지만, 제대로 보란 듯이 살기에 충분한 돈은 없는 상황', '찬란한 삶, 자유로운 삶을 영위하는 것과는 거리가 먼 상황' 등이 생긴다.

돈과 가정에 관한 자신의 고정관념에 전형적인 '부에 대한 방어 기제'가 장착되어 있다는 사실을 인식하고 있는 사람은 매우 적다. 이에 관해 좀 더 자세히 살펴보기에 앞서, 인간의 여섯 가지 기본 욕구에 관해 알아보자.

## 인간의 여섯 가지 기본 욕구

### 기본 욕구 1: 안정

첫 번째 욕구는 안정, 안락함, 불변에 관한 욕구다. 우리가 스트레스를 피하고, 휴식을 취하고, 아무 생각 없이 시간을 보내며 평화를 즐기고, 변함없는 일상을 보내고, 누군가와 오랜 관계를 유지할 때 우리는 안정에 대한 욕구를 달성할 수 있다.

돈이 안정에 대한 욕구를 어떻게 충족시키는가? 이에 대한 대답은 그다지 어려워 보이지 않는다. 어쩌면 당신은 "난 돈이 많을수록 마음이 편안해져"라고 말할 것이다. 당신에겐 그럴 수도 있을 것이다. 하지만 내가 만난 다수의 여성은 돈이 많을수록 더 불안해했다. 이들은 자신에게 돈이 많아질수록 걱정이 늘기만 하고, 돈이 다시 없어질까 봐 두렵다고 했다.

또한, 예기치 않은 부는 여성에게 기쁨만을 선사하지는 않는다. 이에 대한 이유로 많은 여성들은 두려움을 꼽는다. 질투에 대한 두려움, 압박에 대한 두려움, 도움을 청해 오는 많은 사람들 중 누군가를 선별해야 한다는 두려움으로 인해 자신에게 주어진 예기치 않은 부를 기뻐할 수만은 없는 것이다.

그렇다면 돈이 당신의 삶을 더 평화롭게 만들어 주는가? 사람들은 이 질문에 대부분 '분명 그렇지 않다'라고 대답할 것이다. 실제로 돈은 당신에게 일련의 새로운 고민을 안겨줄 것이다. 하지만 그렇더라도 그것은 '사치스러운' 고민이라 할 수 있다. 종합적으로 볼 때 돈이 많아지면 삶의 수준이 한 차원 높아진다.

돈이 많아진 삶을 학습에 빗대어 설명해 보겠다. 뭔가를 학습한다고 해서 당신이 품고 있던 질문들이 한 번에 해결되지는 않는다. 어떤 세미나에 참석하거나 좋은 책을 읽고 나면, 당신에게는 새로운 질문들이 생긴다. 세미나 참석 전이나 책을 읽기 전보다 더 많은 질문이 생기기도 한다. 하지만 이 질문들은 예전에 비해 한 차원 높은 질문들이다.

돈이 많아지면 새로운 질문, 새로운 문제, 새로운 도전과 마주하게 된다. 또한 컨설턴트, 자산 관리인 등 새로운 사람들도 만나게 되는데, 그중에는 좋은 사람도 나쁜 사람도 있다. 또한 이런저런 실수도 하게 될 것이다. 내가 아는 모든 사람들이 이런 과정을 겪었다. 하지만 이 책에 소개되어 있는 규칙을 지킨다면, 손실을 최소화할 수 있을 것이다.

조금 손실을 보면 또 어떤가. 많이 얻고 조금 잃는다면 전체적으로는 이득이다. 아주 간단한 원리다. 하지만 여전히 많은 여성이 이것을 아직 체득하지 못하고 있다.

무언가가 살아 있는지의 여부를 당신은 무엇을 보고 판단하는가? 살아 있는 산호와 돌멩이는 어떤 차이가 있는가? 대답은 간단하다. 살아 있는 모든 것은 성장한다. 자연 속에서 정지 상태란 있을 수가 없다. 당신이 새로운 도전에 응하고 부를 축적하는 법을 배울 때 일어나는 일, 이것을 나는 삶이라고 부른다. 성장하고 그 과정에서 새로운 것을 배우고 알아가는 것, 그것이 삶이다. 성장하는 과정에서 또다시 새로운 문제에 직면하기도 하지만, 그것이 삶이다. 자신의 익숙하고 안락한 '홈그라운드'를 벗어날 준비가 되어 있는 것, 그것이 제대로 된 삶이다.

지금까지 살아오면서 당신이 이룬 성공을 한번 되돌아보라. 뭔가가 떠오르는가? 좋다. 확신컨대 분명 당신은 그 성공을 거머쥐기 위해 당신의 '홈그라운드'를 벗어나야 했을 것이다. 여기에는 예외가 없다. 처음에는 두렵게만 느껴졌던 그 낯선 지역에 당신이 발을 들여놓았기 때문에, 그 자랑스러운 성공을 이룬 것이다.

앞에서도 언급한 것처럼 당신에게 갑자기 상당히 많은 돈이 생기면 당신의 마음이 불안해지고 불편해질 수도 있다. 그럼에도 나는 돈이 인간의 안정에 대한 욕구를 충족시키리라 믿는다. 그것은 사람은 돈을 통해 성장하기 (성장해야만 하기) 때문이다. 사람은 이러한 과정을 통해 더욱 강해진다. 궁극적으로 이 세상에는 절대 안정이란 존재하지 않으며, 여러 가지 기회가 있을 뿐이다. 사람은 누구나 강해질수록 마음이 더 안정된다. 마음이 안정된 사람은 자신에게 주어진 기회를 정확히 포착한다.

인간은 무의식적으로 항상 자신에게 최선의 것을 추구한다. 따라서 인간은 자신도 모르는 사이에 자신의 욕구를 충족하려 든다. 돈은 안정에 대한 인간의 욕구를 충족시킬 수 있다. 하지만 돈은 안정에 대한 욕구 충족을 저해할 수도 있다. 돈이 안정에 대한 개인의 욕구를 충족시키는지의 여부는 개인이 돈을 어떻게 해석하는지에 달려 있다. 다시 말해서 그것은 개인이 어떤 내적 대화를 나누는지에 달려 있다. 이는 각각의 사람들이 무엇에 집중하는지, 즉 어떤 고정관념을 지니고 있는지와 다시금 연관되어 있다. 앞에서 살펴보았던 인과관계 사슬의 순환이 여기에도 적용된다.

돈은 그 자체로는 인간의 욕구를 충족시키지도, 저해하지도 않는다. 각자가 돈에 대해 어떤 고정관념을 가지고 있느냐가 관건인 것이

제1부 돈에 다가갈 용기─중요한 건 돈을 바라보는 관점이다

다. 이 점을 명심하라.

## 기본 욕구 2: 모험

두 번째 욕구는 첫 번째 욕구와 모순되는 것처럼 보인다. 두 번째 욕구를 표현하는 단어들인 불안정, 변화, 모험이 첫 번째 욕구를 표현하는 단어들, 즉 안정, 안락함, 불변과 정반대로 보이기 때문이다. 모험에 대한 인간의 욕구를 충족시키는 특징은 놀람, 다양한 차이점, 변화, 도전, 흥분, 새로운 관계 등이다. 사실 인간의 첫 번째 욕구와 두 번째 욕구는 동전의 양면에 불과하다. 서로 반대라기보다는 역설에 가깝다. 서로 모순되지 않고 서로를 보완하는 관계다.

안정에 대한 욕구를 다시 한번 살펴보자. 당신의 직업 활동이 절대적으로 안락하고 안정되어 있고 동일한 행위만 끊임없이 반복해야 한다면, 매우 지루해질 것이다. 반면 직업 활동을 할 때 막중한 도전적 과제가 계속 주어지고, 모험적 요소가 넘치고, 모든 것이 쉴 새 없이 바뀐다면 당신은 스트레스를 받을 것이다.

따라서 진정한 행복을 누리고 충만한 삶을 살기 위해서는 이 두 가지 기본 욕구가 충족되어야 한다. 우리는 각자 이 두 가지 욕구의 적절한 비율을 찾아내야 한다. 행복하게 살기 위해 자신이 이 두 가지 욕구를 각기 얼마만큼 필요로 하는지를 찾아내야 한다.

그렇다면 모험에 대한 욕구를 돈이 어떻게 충족시킬 수 있을까? 표

머니 파워

면상으로는, 모험에 대한 욕구의 충족은 안정과 안락함에 대한 욕구와 마찬가지로 돈이 많지 않을 때 좀 더 수월해 보인다. 부채가 많은 친구 한 명이 내게 다음과 같이 말한 적이 있다. "자네의 삶은 아주 지루해 보여. 너무 빤하잖아. 부자들의 삶이란 스릴도 모험도 없어." 당장 다음 달 집세 내기도 빠듯한 그 친구는 내게 자신은 인생이라는 예술을 창조하는 예술가이자 모험가라고 말했다. 그리고 자신의 삶에 비해 내 삶은 지루하기 짝이 없다고 말했다.

많은 사람에게 돈은 모험 욕구를 충족시키는 데에 중요한 역할을 한다. 여기에는 몇 가지 이유가 있다. 돈이 있는 사람은 자신의 시간을 자신이 좋아하는 일에만 쓸 수 있다. 생계유지를 위해 일할 필요가 없어지면 새로운 도전을 하기가 쉬워진다. 서로 흥미를 느끼는 사람끼리 만나기도 쉬워진다. 세상에는 돈을 운용하는 능력이 뛰어난 사람들과 그렇지 않은 사람들이 있다. 당신이라면 이 둘 중 누구와 함께 사업을 하겠는가? 다른 사람들도 당신과 비슷하게 판단하지 않겠는가?

사업을 하고 사회생활을 하면서 진정한 모험을 맛보려면 우선 자격을 갖추어야 한다. 여기에서 돈은 훌륭한 입장권이자, 공인된 자격이다. 고정관념과 관련해 여기에 소개된 사례들이 절대적으로 옳다는 건 아니다. 앞에서 살펴본 바와 같이 고정관념 자체가 '올바른 것'도 아니고, '잘못된 것'도 아니기 때문이다. 고정관념은 여러 '믿음'이 모여서 만들어진 것이다.

제1부 돈에 다가갈 용기―중요한 건 돈을 바라보는 관점이다

하지만 돈이 개인의 기본 욕구 충족에 유용하다는 '믿음'은 돈이 기본 욕구 충족에 저해된다는 '믿음'보다는 각자의 부의 축적에 분명히 도움이 된다.

## 기본 욕구 3: 특별함

인간의 세 번째 기본 욕구는 의미, 특별함, 중요성에 대한 욕구다. 이 욕구에서는 사회에서 필요하고 의미 있는 중요한 존재로서 활동하는 것, 자신의 정체성을 지니고, 개인적인 성공을 거두고, 자신의 생활 양식을 드러내고, 자신의 가치관에 따라 사는 것 등이 중요하다.

이 욕구의 충족에 지나치게 비중을 두는 사람은 지나치게 자기중심적으로 살 위험성이 있다. 특별함에 과도한 비중을 두는 사람은 외로워지기 쉽다. 많은 여성이 우려하는 점이 바로 여기에 있다. 이러한 생각의 배후에는 특별함에 대한 욕구를 부정하려는 욕구가 숨겨져 있다. 그렇기 때문에 사람들은 이 욕구와 정반대인 욕구, 즉 사랑과 애착에 대한 욕구 안으로 피신하기도 한다. 사랑과 애착에 대한 욕구가 특별함에 대한 욕구보다 훨씬 여성적 특징을 지니는 것처럼 보이기 때문이다.

하지만 이러한 인식의 위험성은 명백하다. 이러한 인식은 인간의 가장 중요한 욕구 중 하나를 무시한다. 결과적으로 개인의 행복과 멀어진다. 사람들에게 사랑과 애착이 절실하게 필요한 만큼 개인적인 성공과 특별함 또한 절실하게 필요하기 때문이다. 이것이 확보되지 않으면 아무런 의미 없는 삶이 되고 만다.

어쩌면 당신도 다른 많은 여성처럼 자아실현과 개인적인 성공을 향한 노력은 뒷전으로 미루어야 하고, 타인을 위해 살고 타인을 돌보는 것이 개인적인 성공보다 훨씬 소중한 일이라는 얘기를 많이 들었을 수 있다. 하지만 어느 한쪽에 과도하게 치우치는 사람은 진정 행복할 수가 없다. 우리는 여기에서도 앞에서 언급한 기본 욕구들과 마찬가지로 적절한 균형점을 찾아내야 한다.

단, 특별함이라는 욕구를 충족하기 위해서는 돈이 매우 유용하다. 우리 사회에서 성공은 많은 경우 돈으로 측정된다. 돈이 없으면 삶의 의미를 확보하고 영향력이 있는 사람이 되기가 훨씬 힘들다. 돈이 있으면 자신만의 라이프 스타일을 마음껏 드러내며 살기도 훨씬 쉽다. 자신을 위한 비전과 남을 위한 비전 또한 돈이 있으면 실행하기가 훨씬 수월하다. 돈이 있으면 사회에서 차지하는 비중이 더 커지고, 말의 무게가 커진다. 주변 사람들에게도 더 존중받는다.

누구든 돈이 이렇게 유용하다는 이야기를 하면, 돈의 가치를 확대 해석한다는 비판을 받기 십상이다. 하지만 돈이 이런 중요한 의미를 갖는 것은 물질사회가 피상적으로 과도하게 팽창했기 때문이 아니라, 돈이 그럴 만한 장점이 있기 때문이다. 예컨대 돈은 '측정할 수 있다'라는 장점이 있다. 반면 아름다운 말과 고상한 의도는 측정할 수가 없

제1부  돈에 다가갈 용기—중요한 건 돈을 바라보는 관점이다

다. 사람은 누구나 자신을 보호하기 위해 때로는 세상의 여러 가지 것들을 단순화하고, 측정할 수 있는 단위로 환산해야만 한다. 바로 이때 돈이 측정의 기준이 되어준다. 이러한 맥락에서 사람을 그가 지닌 재산으로 평가하는 것은 인간이 자신을 보호하는 일종의 수단이다.

다음 질문에 대해 생각해 보라. 돈이 특별함과 중요성에 대한 당신의 욕구를 충족시켜 주는가 아니면 이러한 욕구 충족에 방해가 되는가? 이 책을 여기까지 읽은 상태에서 당신은 특별함에 대한 욕구를 (돈을 들여서라도) 충족하고자 하는 것이 바람직하다고 생각하는가? 그렇게 생각하는 이유는 무엇인가? 혹은 그렇게 생각하지 않는 이유는 무엇인가?

앞서 제시된 질문에 실제로 답을 해보았는가? 그렇지 않다면 이 책에서 얻을 수 있는 가장 중요한 효과를 누릴 수가 없다. 이제 당신의 실천 방안에 관해 이야기해 보자.

돈이 특별함과 중요성에 관한 당신의 욕구를 충족시킨다는 것을 당신이 증명할 방법은 무엇인가? 당신이 구체적으로 행할 수 있는 것은 무엇인가? 어떻게 하면 당신에게 재미있고 진정으로 의미 있는 일에 더 집중할 수 있을까? 지금보다 더 키워갈 수 있는 당신의 재능과 능력은 무엇인가?

당신에게만 있는 특성은 무엇인가? 당신만이 할 수 있는 일이 있는가? 당신만이 해낼 수 있는 과제가 있는가? 이 질문들에 대답하다 보면 당신의 특별함이 무엇인지 찾아낼 수 있을 것이다.

### 기본 욕구 4: 사랑과 애착

네 번째 기본 욕구인 사랑과 애착에 대한 욕구는 특별함에 대한 욕구와는 모순된다. 이 네 번째 욕구의 특성은 타인과 연결되고, 하나가 되어 무언가를 공유하고, 친밀함을 느끼고, 어딘가에 속하는 결속감을 느끼고자 하는 것이다. 이와 관련해 사람들이 선호하는 특성은 '원팀 정신'이다.

많은 여성은 바로 여기에 자신의 삶의 의미가 있다고 여겨 타인을 위해 자신을 희생한다. 이는 분명 삶의 소중한 부분이긴 하지만 이 때문에 수많은 기회와 가능성을 지닌 자신의 인생을 하나의 측면만 바라보며 흘려 보내버리는 것은 아닌지 곰곰이 생각해야 한다. 또한 당신이 삶을 이렇게 보내더라도 고맙다고 말해주는 사람도 거의 없다. 같은 일이 반복되면 사람들은 당신의 희생을 당연시하게 된다. 바로 여기에 다음과 같은 위험이 도사리고 있다. 사랑하고 희생하기 위해 사는 사람은 삶의 무의미함에 탄식할 수밖에 없는 운명이다.

그러므로 이 기본 욕구의 경우에도 적절한 균형점을 찾아야 할 것이다. 이 네 번째 욕구, 즉 사랑에 대한 욕구를 무시하는 사람은 고독해지고, 삶의 다양한 얼굴을 마주할 수 없기 때문이다.

대부분의 여성은 돈이 사랑에 대한 욕구까지 충족시킬 수 있다는

제1부 돈에 다가갈 용기─중요한 건 돈을 바라보는 관점이다

것을 인정하지 않으려 한다. 그들의 눈에는 오히려 이와는 정반대처럼 보일 때가 많기 때문이다. 앞에서 언급한 것처럼 흔히 돈은 가족을 결속시키고 강화하기보다는, 가족을 파괴하는 것처럼 보인다. 많은 사람의 눈에 돈은 인간을 무정하고 무자비하게 만든다.

적어도 돈이 없는 사람들은 대부분 이렇게 말한다. 그런데 흥미롭게도 돈이 많은 사람들 가운데 이렇게 말하는 사람은 좀처럼 찾아보기가 힘들다. 오히려 이들은 정반대로 말한다. 내가 만나본 수많은 부자는 자신의 재산이 많아지고 나서야 비로소 가정이 훨씬 더 행복해졌다고 단언했다.

돈이 많아지면 서로 더 많은 시간을 함께 보낼 수 있다. 돈 때문에 머리를 쥐어뜯고 싸울 일도 없어진다. 자신의 마음을 충만하게 만드는 일에 몰두할 수 있어 마음이 더 조화로워지고, 결과적으로 파트너에게도 예전보다 더 많은 것을 줄 수 있게 된다. 돈이 많아지면 재미없게 느껴지는 일을 할 필요가 없어진다. 전체적으로 볼 때 가정에서 전보다 삶의 기쁨을 훨씬 더 많이 느끼게 된다.

돈은 자신감에도 긍정적인 영향을 미친다. 자신을 존중하고 사랑하는 마음도 커진다. 스스로를 사랑하는 법을 배우고 난 후 자신의 파트너를 좀 더 깊이 사랑할 수 있게 되었다는 말을 하는 사람이 많았다. 사랑이 좀 더 성숙해지고 충만해졌다고 했다.

경제적으로 독립하지 못한 사람들은 삶의 다른 영역에서도 독립적이지 못하다. 인생의 동반자에게도 종속적이다. 진정한 사랑은 두 사람이 서로를 필요로 하지 않을 때 가능하다고 나는 생각한다. 다시 말해서 각자가 독립적인 존재일 때 서로를 진정한 마음으로 사랑할 수 있다. 이는 경제적 상황에도 해당된다.

물론 우리는 다양한 주장에 의문을 제기하며 열띤 토론을 벌일 수 있다. 분명한 것은 토론을 벌일 때 언급되는 논거들 또한 고정관념에 불과하다는 것이다. 따라서 어느 쪽의 주장도 절대적으로 옳거나 그르지 않다. 우리는 각자 '선택적 인지'를 함으로써 양쪽 의견을 각기 뒷받침하는 증거들을 찾아낼 수 있다.

어쨌든 만일 우리가 돈이 사랑에 대한 욕구 충족에 유용하다고 확신할 방법을 찾는다면, 이는 우리의 부의 축적에 반드시 도움이 될 것이다. 그러려면 기존의 고정관념을 버리고 새로운 것을 받아들여야 할 것이다.

그러기 위해서 무엇보다 중요한 것은 자신이 새로운 고정관념을 수용할 수 있다고 확신하는 것이다. 당신은 언제든 고정관념을 바꿀 수 있다. 기존의 고정관념을 바꾸더라도 당신의 정체성이 바뀌지는 않는다. 기존의 고정관념을 바꾸더라도 당신은 여전히 당신이다. 당신의 내면에는 당신에게 이런 능력을 부여하는 '기관'이 있다. 당신과 당신의 의견, 생각은 별개의 것이다. 당신 내면의 무언가가 당신의 생각을 떠올린다. 생각을 떠올리는 무언가, 그것이 바로 당신이다. 자신이 무

제1부 돈에 다가갈 용기—중요한 건 돈을 바라보는 관점이다

엇을 믿고자 하는지를 결정하는 무언가, 그것이 바로 당신이다.

앞에서 살펴본 바와 같이 사람들은 대부분의 고정관념을 '주변 상황에 의해' 임의의 의견이라는 형태로 받아들인다. 그리고 나서 자신이 수용한 고정관념을 뒷받침하는 증거를 수집한다. 대다수의 사람은 이러한 증거 수집 단계에서 벗어나지 못한다. 어떤 면에서 이들은 평생 남들에 의해 결정된 수동적인 삶을 살아간다. 남들이 써준 원고에 따라 삶을 살아간다. 아무런 비판 없이 무작정 수용했던 고정관념과 가치에 따라 인생을 살아간다. 한 번도 의문시하지 않았던 고정관념에 따라 인생을 살기 때문에 결코 자신의 삶의 주인이 아니다.

이에 반해 새로운 고정관념을 접하고, 필요하다고 판단되면 기존의 고정관념을 버리고 그것보다 유용한 것으로 대체하는 사람은 자신의 삶을 통제할 수 있게 된다. 이를 실천하는 순간 우리는 삶의 디자이너가 되고, 진정으로 성숙한 인간이 되어 자신의 미래를 주체적으로 구축할 수 있다. 그러면 그동안 자신을 빚어낸 교육, 환경의 수동적인 산물로 머물지 않고, 자신을 스스로 발전시키는 주체가 된다.

사람은 누구나 사랑, 특별함, 모험, 안정에 대한 욕구 충족에 돈이 얼마만큼 영향을 미칠지를 스스로 결정한다. 결정권은 각자에게 주어져 있다. 진정한 부를 누리는 것은 인간의 천부적인 권리이기 때문이다. 단, 이 권리를 누리기 위해서는 각자가 노력해야 한다.

지금까지 살펴본 사항을 바탕으로 돈이 사랑과 애착에 대한 당신의 욕구 충족에 얼마나 유용한지 생각해 보자.

1 당신의 (과거 혹은 현재의) 남녀관계의 어떤 부분이 돈으로 인해 개선되거나, 수월해지거나, 충만해지는가? 그 이유는 무엇인가?

2 돈이 당신의 네 번째 욕구 충족에 유용하게 작용하려면, 무엇을 어떻게 해야 할까? 당신이 더 많은 친밀감을 느끼기 위해서는 어떤 부분에 어떤 방식으로 돈을 사용해야 할까? 돈이 당신의 애착관계를 심화시키기 위해서는 당신이 무엇을 해야 할까? 당신에게 소중한 사람들에게 이런 생각을 전해주려면 당신이 무엇을 어떻게 해야 할까?

재력이 없는 사람이 숭고한 목표를 세우면 대책 없는 몽상가라는 말을 들을 뿐이다. 반면 재력가가 세상을 개선하겠다고 나서면 존경과 인정을 받는다. 누구도 혼자 힘으로 위대한 일을 해낼 수는 없으므로, 세상 사람들에게 이목을 끌고 존중을 받는 것이 중요하다. 그렇지 않으면 어떻게 전문가들로 이루어진 네트워크를 구축하겠는가?

돈은 일종의 확대경처럼 작용한다. 이는 이성 간의 파트너 관계에도 해당된다. 원래부터 삐걱대던 파트너 관계는 경제적인 이유로 완전히 끝날 수도 있다. 행복하고 원만한 파트너 관계는 돈으로 인해 더욱 행복해지고 강화될 것이다. 돈은 마치 확대경처럼 사랑을 확대할 수 있다. 명심해야 할 것은 돈이 사랑을 대체할 수도 없고, 대체해서도 안 된다는 점이다. 하지만 사랑 또한 돈의 역할을 대신할 수도 없고, 대신해서도 안 된다.

좀 더 유용하고 새로운 고정관념을 입증하려면 구체적으로 무엇을 해야 할까? 돈이 자신의 남녀관계에 유용하다는 것을 구체적으로 입증해 주는 사람들을 어디에서 찾을 수 있을까? 성공을 거둔 남녀들의 자서전을 읽어보라. 당신이 원하는 모습의 삶을 영위하는 사람들과 친분을 맺으라. 이들과 교제하면서 부의 축적에 유용한 고정관념 기제가 당신에게 작동하도록 여러 가지 증거를 수집하라.

만일 당신이 예전부터 돈이 가정의 행복을 파괴한다고 믿어왔다면, 당신은 돈이 가정의 행복에 유용하다는 사실을 입증하는 여러 증거를 간과했을 것이며, 돈이 모든 것을 망가뜨리는 사례들을 수집하는 데에 집중했을 것이다.

이 때문에 새로운 고정관념을 뒷받침하는 증거를 찾는 일이 당신에게 더 힘이 들 수도 있다. 하지만 이는 어려운 만큼 더욱 노력해 볼 가치가 충분히 있는 일이다.

## 기본 욕구 5: 성장

다섯 번째 욕구는 성장에 대한 욕구다. 이는 배우고 탐구하고자 하는 인간의 타고난 열망으로 표현된다. 사람은 누구나 변화하고 싶어 하고, 기회와 영향력을 확장하고 싶어 하며, 더 성장하고 더 나아지고 싶어 한다.

어쩌면 당신은 성장에 대한 욕구가 과연 인간의 선천적인 욕구인지 의구심이 들 수도 있다. 이는 실제로 지금 이 자리에 멈추고 더는 성장하기를 원치 않는 사람들 또한 많기 때문이기도 하다.

하지만 진화를 생각해 보라. 성장을 확보하기 위해 자연이 만들어낸 수많은 방식을 생각해 보라. 단순히 살아남는 것이 관건이 아니다. 모든 생명체는 더 커지고 더 강력해지길 갈망하며, 삶의 공간을 제어할 더 큰 힘을 얻고 삶의 공간을 확장하기를 갈망한다. 성장에 대한 이러한 갈망은 유사한 성장을 지향하는 다른 생명체들의 갈망과 충돌하며 제약을 받는다.

우리는 이미 강한 자가 뜻을 관철한다는 사실을 알고 있다. 현실이 이렇기에 우리는 더 성장하고 더 강해지려는 욕구가 있다. 그러나 이 점은 분명히 알고 있어야 한다. 누구든 더 많이 성장하고 더 많은 힘을 부여받고 획득할수록 더 많은 책임을 져야 한다. 우리 혼자만 사는 세상이 아니기 때문이다. 누구도 타인들의 어려움이나 궁핍을 무시하고서 온전한 행복을 누릴 수는 없다. 이런 점에서 성장에 대한 욕구의 가장 중요한 측면은 다음과 같다. 우리는 더 많은 선행을 하기 위해서라도 성장해야 한다. 물론 우리의 재정도 성장해야 한다. 나는 다음과 같은 질문을 자주 받는다. "부는 어느 정도가 정당한가요? 그 선이 있나요? 어느 정도로 만족해야 하지요?"

제1부  돈에 다가갈 용기—중요한 건 돈을 바라보는 관점이다

내 대답은 간단하고 명료하다. 부를 추구할 때 '이쯤이면 충분해'라고 멈춰야 할 '상한선'은 '결코 없다'는 것이다. 사람은 누구나 점점 더 많은 부를 원한다. 이것은 지극히 정상적이고, 인간의 천성에도 부합한다. 이것은 모든 생명체의 본능이다.

인간은 살아 있는 한 새로운 목표를 설정할 것이며, 이 목표를 이루기 위해서라도 더 많은 부를 추구할 것이다. 앞에서도 언급한 것처럼 더 많은 재산과 더 많은 힘, 더 많은 영향력을 지닐수록 그만큼 책임도 더 커진다. 이는 더 많은 기회와 방법이 주어지기 때문이다. 우리는 세상의 부조리를 외면할 수 없다. 돈만 있다고 해서 행복해질 수는 없다는 사실을 명심하라. 우리에게 돈보다 더 필요한 것은 삶의 의미다. 우리 자신에게 주어진 책임과 과제를 직시해야 한다.

## 기본 욕구 6: 선행

여섯 번째 욕구는 남에게 내어주고 선행을 하는 것이다. 많은 사람들이 서로 부대끼며 살다 보니 별의별 일이 일어나는 세상이긴 하지만 사람에겐 누구나 선행을 하고자 하는 욕구가 있다.

사람은 누구나 남을 돕고 싶어 하며, 그들의 삶을 아름답게 만들어주고 싶어 한다. 사람은 누구나 어려움에 처한 이웃에게 마음을 열고 다가가고 싶어 한다. 사람은 누구나 이 세상이 자신으로 인해 조금이라도 달라지길 원하고, 더 나은 세상을 만드는 데에 이바지하고 싶어 한다. 사람은 누구나 유산을 남기고 싶어 하며, 자신이 세상을 떠나도 이 세상에 남을 작품을 만들고 싶어 한다. 인간의 이러한 기본 욕구에 초점을 맞추지 않으면 우리는 행복할 수가 없다.

앞선 다섯 가지 욕구를 충족하고 나면 그만큼 선행에 대한 욕구를 충족하기가 쉬워진다. 자신이 더 안정된 상태일수록 타인을 돌볼 여력도 더 많아진다. 타인의 어려움에 마음을 열고 다가갈수록 특별함에 대한 욕구가 더 힘을 얻는다. 사랑에 대한 욕구 또한 이에 상응한다. 우선 개인적인 성숙을 통해 능력을 갖추어야만 큰일도 할 수 있다.

선행에 대한 욕구는 나머지 다섯 가지 기본 욕구들이 집대성된 결정판이라고 볼 수 있다. 선행에 대한 욕구 충족에 더 많이 집중할수록, 무언가를 달성하기 위해서는 다른 다섯 가지 욕구들이 먼저 충족되어야 한다는 사실을 더 확실하게 인식하게 된다.

만일 당신의 삶이 돈에 좌우되지 않는다면 당신은 어떤 선행을 할 것인가? 당신이 한 나라의 여왕이고 돈을 무한대로 사용할 수 있다고 상상해 보라. 당신은 이 돈으로 무엇을 할 것인가? 당신의 나라에서 무엇을 변화시킬 것인가? 누구를 도울 것인가? 어떤 식으로 학교를 운영할 것인가? 연금제도는 어떤 방식으로 운영할 것인가? 실업 문제는 어떻게 해결할 것인가? 어떤 폐해를 제거하거나 줄여야 한다고 생각하는가?

제1부 돈에 다가갈 용기 — 중요한 건 돈을 바라보는 관점이다

돈이 얼마나 의미 있는 존재가 될 수 있는지 분명히 인지했는가? 돈이 얼마나 중요한지 인지했는가? 돈은 실제로 삶에서 우리를 지지해주는 힘이다. 돈이 있으면 그만큼 기회가 많아진다. 돈은 아주 많은 새로운 길을 열어준다.

한 가지 전하고 싶은 말은 바로 당신이 여왕이라는 것이다. 아마 당신을 비롯한 많은 사람이 이를 제대로 의식하지 못하고 있을 것이다. 당신은 아주 특별하고 유일한 존재다. 누구도 당신과 같지 않다. 미래는 당신의 것이다. 당신은 오늘부터 자신의 인생을 설계하는 디자이너다. 당신의 미래를 당신의 생각대로 빚을 수 있다. 자신을 위해, 사랑하는 사람들을 위해, 성취하려는 과업을 위해 당신의 미래를 빚을 수 있는 것이다.

하지만 이를 위해서는 자신의 권리를 행사하는 게 먼저다. 주변 생활반경을 당신의 '왕국'으로 여겨라. 그곳에서 당신은 지금까지 당신이 인식한 것보다 훨씬 강력한 존재다. 그곳에서 당신은 훨씬 큰 책임을 감당할 수 있고, 훨씬 많은 일을 해낼 수 있다. 그러니 행동하라. 그곳에서 뭔가를 변화시키기 시작해 보라. 그리고 무엇보다도 자존감을 갖고 살아가라!

돈을 기부하는 것은 자신이 풍요롭다는 것을 알리는 신호다. 기부를 하면 기분이 좋아진다. 어쩌면 당신은 내가 자신의 복을 바라는 이기적인 마음에서 남에게 내어주라 요구한다고 느꼈을 수도 있다. 맞다. 이기적인 마음에서라도 남에게 내어주라. 남을 돕는 것은 본인의 기분이 좋아지기 때문이기도 하지 않은가? 설령 자신의 기쁨을 위해 돈을 기부한다 해도 그 기부의 가치가 없어지지 않는다.

약간의 이기적인 마음은 나쁜 것이 아니다. 선행을 할 때도 마찬가지다. 지금 당장 당신이 할 수 있는 일은 무엇일까? 아주 간단한 팁 한 가지를 주겠다. '비우면 채워진다'라는 말을 들어본 적이 있는가? 사람은 누구나 쓰지도 않는 물건을 집 안에 여러 해 동안 쌓아두고 산다. 이것 자체는 심각한 문제가 아니다.

하지만 이런 습관이 초래하게 될 두 가지 결과에 대해 생각해보자. 첫째, 쓰지 않는 물건들을 집 안에 쌓아두면 더 많은 것이 들어올 자리가 없어진다. 필요한 물건을 찾기도 힘들고, 자신에게 어떤 물건이 있는지 정확히 알 수도 없고, 소중한 물건을 제대로 간수하기도 힘들고, 뭔가 없어져도 알아채지 못한다. 반면 필요한 물건들만 질서 있게 정리되어 있으면 항상 자리가 넉넉하다. 둘째, 우리가 사용하지 않는 물건들을 남들은 잘 사용할 수도 있다. 우리 집 서랍장과 상자 속에 방치된 물건은 누군가에게 정말로 필요한 물건일 수도 있다.

제1부 돈에 다가갈 용기—중요한 건 돈을 바라보는 관점이다

# 잡동사니를 치워라.
# 사용하지 않는 물건들을 샅샅이 뒤져보라.

- 일 년 동안 한 번도 입지 않은 옷들은 남에게 주는 편이 낫다.
- 당신보다 남들이 더 잘 사용할 수 있는 물건을 25개 이상 골라 보라.
- 골라낸 물건들을 구호기관에 가지고 가서, 판매가 아니라 기부하려 한다는 메모와 함께 전달하라.
- 혹은 그 물건들을 중고 시장에서 판매하고 거기서 나온 돈을 기부하라.
- 옷가지부터 가재도구 순으로 정리하라. 주말에 시간을 내어 잡동사니를 정리하라. 정리를 마치고 나면 가슴이 뻥 뚫리듯 마음이 가벼워질 것이다.
- 이제 당신이 정말로 좋아하는 물건들을 위한 자리가 생길 것이다.

모든 물건을 한자리에 모은 뒤, 즉 옷가지는 포대에 넣고 사용하지 않는 잡동사니는 상자에 넣은 뒤, 잠시 자리에 앉아보라. 당신의 물건들은 당신을 대표한다. 이 물건들은 당신이 어떤 사람인

지, 무엇을 중요시하는지, 자신을 어떤 모습으로 드러내고 싶어
하는지를 보여준다. 이 물건들은 당신의 취향이자 가치였다. 당신
이 가치를 두는 것들이 어떻게 바뀔 수 있는지 똑똑히 눈에 들어
오는가?

혹시 포대와 상자에 담긴 것들이 한때는 당신이 '이건 꼭 가져야
만 해'라고 여겼던 물건은 아닌지 되돌아보라. 한때는 당신이 없
어서는 안 된다고 여겼던 물건이 아닌지 되돌아보라. 이 물건들
을 실제로 얼마나 자주 사용했었나? 최종적으로 이 물건에 얼마
를 지불했는가? 어쩌면 요즘도 당신이 '이건 꼭 가져야만 해'라고
생각하는 물건이 있을 것이다. 어쩌면 그것 또한 시간이 지나면서
달라질 수 있다.

곰곰이 생각해 보면 우리는 남에게 받은 것을 토대로 살아가고 있
음을 알 수 있다. 하지만 우리는 받은 것을 타인에게 다시 건넴으로써
우리의 삶을 걸작으로 만든다. 가진 것을 내어주는 사람은 더 많은 것
을 갖게 된다. 물론 누구도 이것을 수학적으로 증명해 보일 수는 없지
만, 이는 자명한 사실이다.

## 만족은 바람직한 개념인가

나는 만족이라는 개념은 해로운 것이라 생각한다. 나를 비롯해 많은 이가 아주 어릴 때부터 "지금 네가 가진 것에 만족해라"라는 말을 들으며 자랐다. 이런 말을 들을 때마다 나는 "도대체 왜?"라고 물었다. "그래야 착한 사람이지"라는 대답만으로는 잘 수긍이 가지 않았다. 이는 부모님이 좋은 의도로 건넨 말이었겠지만, 내가 보기에는 단어 선택이 잘못되었던 것 같다. 부모님들은 우리에게 이렇게 말했어야 한다. "우리는 감사한 마음을 가져야 해. 우리에게 주어진 모든 것에 감사해야지. 가진 것이 많지 않더라도 우리에겐 언제든 감사할 이유가 충분하단다."

오늘 자신이 가진 것에 감사하지 못하는 사람은 이보다 훨씬 많은 것에도 감사하지 못할 것이다. 그리고 더 행복해지지도 않을 것이다. 하지만 누구도 만족해서는 안 된다. 만족은 사람을 멈추게 만들고 서서히 죽어가도록 만든다. 각자의 상황이 달라지고 최종적인 결과가 갈리는 이유는 각자가 지금 가진 것에 만족하느냐에 달려 있다. 이와 관련해 나의 멘토는 다음과 같이 말한 적이 있다.

"어쩌면 우리 모두는 '욕구 충족'이라는 목적지를 향해 달리는 기차에 타고 있는 셈입니다. 달리던 기차가 역에 멈출 때마다 몇 명의 사람들이 기차에서 내립니다. 이제 그만 편히 쉬려는 거죠. 지금까지 '충분히' 여행했다고 생각하거나 아니면 어떤 역이 특별히 마음에 들어서 기차 여행을 끝내는 겁니다. 그런데 이들은 그 기차가 자신을 훨씬 아름답고 멋진 곳으로 데려다 줄 수 있다는 사실을 간과합니다. 지금 기차에서 내리는 것은 자신의 삶을 고귀하게 만들어 줄 것들을 스스로 내려놓는 행위입니다. 자신의 삶을 정말로 가치 있게 만들어주는 것들을 스스로 내려놓는 행위지요."

만족감은 책임감을 마비시키기도 한다. 자신의 상황에 만족하는 사람은 주변 사람들의 상황에도 만족하기 마련이다. 자신의 상황에 만족하는 사람은 자신과 상관없는 사람의 상황에 만족할 확률도 매우 크며, 어려움에 처한 사람의 상황도 쉽게 외면한다. 이런 점에서 볼 때 만족감은 무관심의 표현이며, 이기적인 방향으로 흘러갈 소지가 있다.

사실상 '만족'이라는 멋들어진 단어는 게으름을 포장하고, 성장을 방해하고, 무관심을 조장하고, 재능과 능력을 사장시킨다. 게다가 만족이라는 허울 좋은 덫에 걸린 사람은 자신을 선량하고 품위 있는 사람이라 착각하기까지 한다. 그렇다. 만족은 위험하고, 우리에게서 삶의 진정한 보물들을 도둑질해 간다.

# 크리스천이 부를 추구해도 되는가

이제 기독교적 사상에 근거한 부에 대한 선입견을 살펴보자. 성경은 서구 기독교 문화권에 다른 어떤 책보다 많은 영향을 끼쳤다. 성경에 대해 저마다 어떻게 생각하든 현명한 지식을 담아놓은 책이라는 점에는 이견이 없을 것이다. 유감스럽게도 우리 사회에는 돈과 관련하여 성경에 적혀 있지도 않은 많은 편견이 존재한다. 이러한 편견은 성경의 내용과는 정반대지만, 신앙심이 투철하지 않은 사람에게도 영향을 미쳐왔다. 이들은 양심, 윤리, 도덕이라는 단어를 사용하지만, 실상 모두 편견에 지나지 않는다.

아마 당신도 "부자가 천국에 들어가는 것보다 낙타가 바늘귀에 들어가는 것이 더 쉽다"라는 말을 들어보았을 것이다. 이는 실생활에서 매우 자주 인용되는 성경 구절이다. 이미 제1장에서 언급한 것처럼 이 구절의 의미는 완전히 잘못 해석되었다. 그로 인해 사람들은 가난을 신이 원하는 것으로 포장하고 정당화했다.

여기서 '바늘귀'는 과거 동방 도시들의 성곽에 나 있던 작은 문을 가리킨다. 저녁이 되면 성 안에 있는 시민의 안전을 위해 성곽의 대문들을 닫았다. 하지만 대문이 닫혀 있는 매우 늦은 시각에 도시에 도착하는 상인이나 농민에게 성곽 밖에서 잠을 자라고 할 수는 없는 노릇이었다. 늦은 시각에 도착한 사람은 작은 문을 사용할 수 있었다. 하지만 잔뜩 짐을 실은 낙타는 똑바로 선 상태로는 작은 문을 통과할 수가 없어 무릎을 굽혀야 했다. 이것은 무엇보다도 자존심이 강한 낙타에게 매우 불편한 일이었다.

이 메시지는 사람들로 하여금 많은 생각을 하게 만든다. 자고로 부자는 겸손해야 한다는 것이다. 부자가 되었다고 해서 더 나은 사람이 되는 것은 아니기 때문이다. 오히려 부자는 가난한 자에게 봉사할 의무가 있다. 부자는 하늘로부터 부여받은 재산을 사회가 필요로 하는 곳에 환원할 의무가 있다. 그렇게 해야만 비로소 진정한 부자가 되며, 한 걸음 더 나아가 행복한 부자가 된다.


## 겸손은 부자에게 필요하다

무엇보다도 이해하기 힘든 최악의 유형은 콧대 높고 거만한 사람이다. 거만한 사람은 더 이상 배울 필요가 없다고 생각한다. 반면 겸손한 사람은 평생 학생의 자세로 살아간다. 겸손은 사람의 마음을 열어주고, 사람으로 하여금 기회와 가능성을 보게 한다. 겸손은 사람의 마음을 서로 이어준다.

겸손한 자세를 유지하는 좋은 방법은 다음과 같다. 날마다 스스로에게 감사할 만한 것이 무엇인지 물어보라. 아주 '간단한' 것이라도

제1부 돈에 다가갈 용기─중요한 건 돈을 바라보는 관점이다

좋다. 예컨대 눈으로 볼 수 있는 것, 두 다리로 걸을 수 있는 것, 귀로 들을 수 있는 것, 편안히 잘 수 있는 것, 누군가를 사랑할 수 있고 누군가로부터 사랑받는 것, 자유를 누리며 사는 것 등을 떠올려 볼 수 있다. 감사한 마음을 지니면 무엇보다도 다음과 같은 두 가지 장점이 있다.

첫째, 감사한 마음을 지니면 두려움이 찾아오지 않는다. 잘 생각해 보면 두려움의 반대는 용기가 아니다. 용기가 있다는 것은 두려움에도 앞으로 나아가는 것이기 때문이다. 두려움의 반대는 감사하는 마음이다. 두려움은 떨치려 할수록 더 강해지기 때문에, 누구도 두려움을 떨칠 수 없다. 어둠을 밖으로 몰아낼 수 없는 것처럼, 누구도 두려움을 자신의 삶 밖으로 송두리째 뽑아낼 수 없다. 하지만 누구나 감사한 마음을 가질 수는 있다. 빛이 어둠을 덮는 것처럼, 감사하는 마음은 두려움을 덮는다.

둘째, 감사하는 마음은 우리가 거만하지 않고 온유하며 겸손하게 만든다. 그리고 삶이 주는 선물을 기쁘게 받아들이도록 만든다. 하루하루를 맞이할 수 있다는 것에 기뻐하고, 그 하루가 선사하는 기회를 기뻐하도록 만든다. 지난날 우리가 배울 수 있었던 것에 대해, 그리고 앞으로 우리가 배울 수 있는 수많은 것들에 대해 기뻐하도록 만든다. 이런 생각을 가진 사람은 평생 학생으로 살아간다. 그래서 단 한 순간도 지루하지 않다.

## 돈을 섬기지 말고, 돈으로 섬기라

'돈을 섬겨서는 안 된다'라는 말도 같은 맥락으로 이해할 수 있다. 우리는 돈을 섬겨서는 안 되며, 사람들을 섬기기 위해, 즉 사람들을 돕기 위해 돈을 사용해야 한다. 이를 기꺼이 행할 수 있는 사람만이 자신의 소명대로 살면서 진정한 행복을 누린다.

성경에는 부에 관한 명확한 선이 제시되어 있다. 예컨대 여행을 떠나면서 자신의 종 세 명에게 각자의 능력에 따라 금 열 달란트, 다섯 달란트, 한 달란트를 맡기는 부자의 비유가 있다. 오랜 후에 주인이 여행에서 돌아와 종들과 결산했다. 열 달란트를 맡았던 자는 그것으로 장사를 해 열 달란트를 더 벌었다. 주인은 매우 만족하여 이렇게 말했다. "착하고 신실한 종아, 잘했다. 네가 적은 일에 신실하였으니 내가 많은 일을 네게 맡기겠다." 다섯 달란트를 맡아두었던 자 또한 그것으로 장사하여 다섯 달란트를 더 벌었다. 주인은 그에게도 똑같이 칭찬하고, 더 책임 있는 일을 맡기겠다고 했다.

하지만 세 번째 종은 자신이 맡은 한 달란트를 잃어버릴까 봐 두려웠다. 그래서 그는 한 달란트를 땅에 묻어 두었다(오늘날로 치자면 주인에게 받았던 한 달란트를 저축통장에 넣어둔 것이다). 그의 주된 목표는 '있는 돈이라도 잃어버리지 말자'는 것이었다. 어차피 지닌 것이 몇 푼 되지도 않으니 말이다.

제1부 돈에 다가갈 용기─중요한 건 돈을 바라보는 관점이다

세 번째 종의 행동에 대해 주인이 보인 반응은 매우 흥미롭다. 주인은 조심스럽게 행동한 세 번째 종을 '악하고 게으른 종'이라고 부른다. 그리고는 그에게 맡겨두었던 한 달란트를 빼앗아 열 달란트를 맡겼던 첫 번째 종에게 주며 이렇게 말한다. "가진 사람에게는 더 주어서 넘치게 하고, 없는 사람에게는 있는 것마저 빼앗을 것이다."

이는 마치 재산을 모으는 것이 전혀 나쁜 것이 아니라는 말처럼 들린다. 그렇지 않은가? 그렇다. 오히려 부자가 더 큰 부를 통해 보상받는다. 다소 이상하게 들릴 수 있겠지만, 돈을 존중하고 돈에 대해 열린 마음을 지닌 유능한 사람은 돈을 끌어당기는 힘이 있다.

나는 다음과 같은 확신을 갖고 있으며, 이를 반복적으로 나 자신에게 말해왔다. "돈은 마치 사람처럼 '행동'하고 '대답'을 한단다. 네가 돈을 잘 대해주고 환영해 주면 돈은 네게 다가와서 네 곁에 머물 거야. 하지만 네가 돈을 소홀히 하고 함부로 대하면 돈은 네 삶에 들어오기 싫어할 거야. 어쩌다가 잠깐 네게 왔다가도 금세 다시 떠나갈 거야."

이와 같이 부는 '하나님이 허락한' 것이다. 성경에 등장하는 훌륭한 인물들은 대부분 매우 부자였다. 가난은 결코 고귀한 것이 아니다. 우선 당신이 뭔가를 갖고 있어야만, 당신이 남에게 뭔가를 주고자 할 때도 마음껏 줄 수 있다.

마지막으로 한마디를 덧붙이자면, 성경과 교회가 전하는 핵심적인 메시지는 하나님을 본받으라는 것이다. 우리가 하나님을 어떤 모습으로 떠올리든, 하나님은 가진 것이 아주 많다.


## 누군가가 뭔가를 얻으면 다른 누군가는 그만큼 잃는가

여기서 성장과 부에 대한 욕구와 관련한 중요한 질문이 제기된다. 바로 누군가가 뭔가를 얻으려면 다른 누군가가 뭔가를 빼앗길 수밖에 없는가이다. 만약 '그렇다'라고 한다면 책임감이 있는 사람은 부유함을 기뻐하며 살기가 그다지 쉽지 않을 것이다. 예컨대 한 사람이 1유로(약, 1400원)를 더 갖게 되면 다른 한 사람은 1유로를 덜 갖게 될 테니까.

이 질문에 대답하기 전에 먼저 이 질문의 이면에는 어떤 논리가 숨어 있는지 알아보자. 이 논리의 이론적 토대가 되는 것은 바로 '부존자원의 유한성'이다. 이 논리가 타당한 이론으로 성립하려면 이 세상의 모든 돈과 물질, 모든 아이디어와 기회가 유한하고, 따라서 이 모든 것들의 총량이 각기 제한되어 있어야 한다.

그리고 그 제한적인 양은 끊임없이 재분배되어야 할 것이고, 사람들은 분배가 공정하게 이루어지는지를 지켜보아야 할 것이다. 이 논리라면, 모든 부자는 다수의 가난한 사람의 희생으로 사는 것이며, 부

　　　　　제1부 돈에 다가갈 용기—중요한 건 돈을 바라보는 관점이다

자들이 최소한의 분별력과 인간성을 지니고 있다면 양심의 가책을 느낄 것이다.

지난날 매우 많은 사람이 이 이론을 추종한 바 있다. 특히 과거의 몇몇 경제학자들은 이 이론을 올바른 것이라고 수용했고, 그중 일부는 오늘날까지도 이러한 경향을 보인다. 근래 들어 다수의 경제학자들은 이와는 다른 이론을 주창하며 이 해묵은 암울한 이론에 반론을 제기한다.

우리는 구체적인 사례를 통해 이러한 반론 제기가 올바른 것임을 확인할 수 있다. 그렇다면 끊임없이 토론의 대상이 되어온 천연자원의 유한성에 대해 살펴보자. 여기서 '천연자원은 정말로 유한한가?'가 핵심 질문이 된다.

부존자원의 유한성을 주장한 사례로는 1970년대 '로마 클럽'을 들 수 있다. 이들은 지구상에 매장된 원유는 20년 안에 완전히 고갈될 것이라며 세상의 종말을 예언했다. 이들은 석유를 포함해 세상의 모든 자원이 머지않아 완전히 고갈될 것이며, 이와 동시에 전 세계의 인구가 폭발적으로 늘어나 지구가 그 많은 인구를 먹여 살릴 수 없으므로 점점 더 많은 사람들이 기아에 허덕이다 굶어죽을 것이라고 주장했다. 결국 절망에 빠진 사람들이 전쟁을 일으킬 거라는 주장도 있었다.

오늘날에도 많은 사람이 이와 동일한 주장을 하는데, 다만 새로운 논거를 제시하는 차이가 있을 뿐이다. 이들은 식량 부족도 문제지만 물 부족 사태가 대두될 것이라고 말한다. 이들에 따르면 물 부족 문제는 지역적으로는 이미 시작되었으며, 계속 확대될 것이다. 그리고 열대우림의 파괴적인 남벌로 인해 인류에게는 시간이 얼마 남지 않았다고 한다. 전 세계에서 1분마다 축구장 서른다섯 개 면적의 열대우림이 파괴되고 있다고 한다. 당신도 전혀 근거가 없지는 않은 이런 암울한 전망에 대해 들어본 적이 있을 것이다. 사실 누구도 이런 암울한 전망을 완전히 부인하기는 힘들다. 따라서 대부분의 사람은 이런 생각을 떨쳐버리려 애쓴다.

결과적으로 로마 클럽의 진단은 완전히 잘못된 것이었다. 석유는 1990년에 고갈되지 않았을 뿐 아니라, 실제로 원유 채굴량은 1970년대보다 증가했다. 도대체 어떻게 된 영문일까? 로마 클럽은 인류의 성장 잠재력을 간과했던 것이다. 지난 수년간 인류의 기술은 놀랄 만큼 발전을 거듭했다. 이로 인해 인류는 새로운 석유 매장지를 찾았고, 과거에는 생각지도 못했던 채굴 방법을 개발했다.

이는 인류에게 무한정으로 주어진 것이 있기 때문이다. 그것은 바로 다양한 기회, 기술, 발전을 이루어낼 수 있는 잠재력이다. 이처럼 사람들이 점점 더 좋은 기회를 발견하고 끊임없이 발전해 나가는 것은 인간의 성장 욕구에 부합하기 때문이다.

자원의 유한성을 믿는 사람들은 모든 것이 유한하다고 믿는다. 따라서 이들은 기존의 것들을 다시 분배하는 데에서 해법의 단초를 모

제1부 돈에 다가갈 용기—중요한 건 돈을 바라보는 관점이다

색한다. 이러한 해법은 인간의 잠재력을 막대하게 제한한다. 또한 이러한 사고 모델의 결과는 그다지 고무적이지 않다. 자원의 재분배 이론은 대부분 부자에게 뭔가를 빼앗아 오는 것으로 귀결된다.

하지만 나는 부자에게 뭔가를 빼앗는 것이 결코 가난한 사람을 돕는 길이라고 생각하지 않는다. 설령 그런 돈을 가난한 사람에게 분배한다고 하더라도, 이는 잠깐 동안 가난을 완화하는 것에 불과하다. 시간이 지나면 문제만 더욱 커질 뿐이다.

무엇보다도 돈에 대한 관점이 바뀌어야 하는 게 우선이다. 무언가가 변화해야 한다면, 우리가 먼저 변화해야 한다. 세상에는 책임의식을 가진 부자가 필요하다. 본보기 역할을 해주는 사람들, 방향을 제시하는 사람들, 삶이 얼마나 아름답고 충만할 수 있는지를 보여주는 사람들이 세상에는 꼭 필요하다.

어떤 관점이 올바른가에 대한 문제에서도 대부분의 사람은 자신이 갖고 있는 관점을 뒷받침하는 증거들을 찾아다닐 수 있다. 각자가 내리는 결정은 각자의 기본적 관점을 반영하는 것이다. 당신은 긍정적인 관점을 지닌 여성인가 혹은 부정적이고 비관적인 관점을 지닌 여성인가?

둘 중 어느 쪽이든 당신의 관점을 언제든지 바꿀 수 있다는 사실을 잊지 말라. 따라서 어떤 관점이 더 유용한지 스스로에게 물어보라. 어떤 관점이 당신의 목표를 달성하고 행복한 삶을 사는 데에 더 유용한가? 스스로 부정적인 생각에만 집착해 예컨대 '희망도 없는 형편없는 세상에서 아이를 낳아 키우는 것은 범죄나 다름없다'는 결론에 도달한다면, 이것이 우리에게 무슨 도움이 되겠는가?

이보다는 스스로 삶의 행복을 찾아 나서는 편이 우리 자신과 우리 아이들에게 훨씬 바람직하지 않겠는가? 스스로가 마음을 열고 우리의 아이들이 즐겁게 뛰어놀며 삶을 즐기는 모습을 지켜보는 편이 훨씬 바람직하지 않겠는가? 이런 온전한 행복의 순간에 우리가 인간으로서 얼마나 많은 잠재력을 지니고 얼마나 많은 아름다움을 누리는지 깨닫는 편이 훨씬 바람직하지 않겠는가?


## 돈의 양은 한정되어 있는가

오랜동안 화폐량, 즉 돈의 양은 실제로 '한정되어' 있었다. 금의 비축량에 맞추어 화폐가 발행되었기 때문이다. 그래서 오래된 달러 지폐에는 'Paid to the Bearers Value'라는 문구가 표기되어 있었다. 다시 말해서 달러 화폐에 표기된 금액에 해당하는 양의 금이 존재했고, 화폐 소지자는 그 화폐를 금으로 교환할 수 있었다.

오늘날 달러 화폐에는 그 문구 대신 'In God We Trust'라고 표기되어 있다. 오늘날에는 금과 등가인 화폐, 즉 금과 동일한 가치를 지닌

제1부 돈에 다가갈 용기—중요한 건 돈을 바라보는 관점이다

화폐가 존재하지 않기 때문이다. 오늘날의 장부가액은 현금의 약 일곱 배에 달한다. 다시 말해서 한 나라의 사람들이 모두 동시에 자신의 계좌에서 돈을 인출하려 한다면, 약 7분의 1에 해당하는 액수만 출금할 수 있다. 그 이상의 현금이 없기 때문이다.

주식도 마찬가지다. 주식이 한 회사의 물질적 가치만을 나타내던 시대는 이미 오래전에 지났다. 오늘날 기업의 가치를 평가할 때는 물질적 가치뿐 아니라 그 회사가 보유하고 있는 아이디어, 사업 계획, 노하우, 고객층 등도 필수적인 고려 대상이다. 기업의 주가 추세에는 여러 가지 소문 및 기업 전망 또한 일정한 역할을 한다. 기업의 실질적 가치가 주가총액의 작은 토막에 불과한 기업도 많다.

이런 점에서 볼 때, 돈은 '가상의 거대한 존재'가 되어버렸다. 이는 한편으로는 몹시 우려스러운 일이지만, 다른 한편으로는 우리에게 막대한 기회를 제공하는 것이기도 하다. 돈이 더는 금과 등가일 필요가 없으므로, 우리가 돈을 얼마든지 창의적으로 창조할 수 있기 때문이다.

돈은 일종의 에너지다. 에너지는 무한대로 존재한다. 따라서 에너지를 얻기 위해 누군가의 에너지를 빼앗을 필요는 없다. 단지 에너지를 자신의 삶에 받아들이기만 하면 된다. 그리고 에너지가 더 많아질 수 있도록 에너지를 놓아줄 준비만 하면 된다. 삶의 중요한 영역에 더 많은 에너지를 투입할 준비가 되어 있을수록, 더 많은 에너지가 우리

머니 파워

에게 흘러든다.

하지만 이를 위해서는 마음을 열고 준비해야 한다. 우리의 다양한 기본 욕구를 인정하고 수용해야 한다. 이와 함께 부를 추구하는 것이 누군가의 부를 빼앗는 것과 무관하다는 사실을 알아야 한다.


## 어린 시절 내가 경험했던 일들

나는 동독에서 넘어온 나의 조부모에게 돼지 저금통을 자랑스럽게 보여드렸을 때의 일을 결코 잊지 못할 것이다. 조부모는 나에게 칭찬 대신 다음과 같이 말하셨다. "저축을 해서는 안 돼. 하나님이 자신의 자녀들을 돌보아주시니까. 네가 어려움에 처하면 하나님이 너를 도와 주실 거야. 네가 돈을 모은다는 것은 하나님을 신뢰하지 않는다는 거 란다."

이 말은 오랫동안 나에게 영향을 끼쳤다. 많은 세월이 지나고 나서 야 비로소 나는 조부모가 이런 조언을 한 것은 무엇보다도 자신의 상 황을 합리화시키기 위해서였다는 것을 깨달았다. 조부모는 아무것도 가진 것이 없었다. 그 책임은 분명히 과거 동독의 상황에도 있었다. 하지만 일차적인 책임은 두 분의 관점에 있었다. 그들의 내면에 입력 되어 있던 '부에 대한 방어 기제'에 책임이 있었다.

사람들은 부를 추구하는 문제에 관해 나름대로 결정을 내릴 수 있다. 하지만 우리는 이 세상에서 혼자가 아니라는 사실을 잊어서는 안 된다. 우리가 내리는 결정들은 항상 다른 사람들에게 영향을 미친다. 어쩌면 우리가 사랑하는 사람들이 우리가 놓친 것들, 우리의 실수에 대한 대가를 치러야 할 수도 있다.

할아버지가 더는 혼자 지내기가 힘들어지고 아들들과 사이가 좋지 않아 요양원에 들어가려고 했을 때, 아들들이 그 비용을 부담해야 했다. 다행히 아들들은 돈에 관한 아버지의 조언을 따르지 않았었다. 만일 그 조언을 따랐더라면 할아버지의 요양원 입소 비용을 감당할 수 없었을 것이다. 할아버지는 평생 아들들이 '탐욕적'이라는 이유로 서로 사이가 좋지 않았지만, 결국 그 덕을 제대로 보셨다.

당신의 어린 시절로 한번 되돌아 가보라. 부모님을 비롯하여 당신에게 영향을 미친 사람들은 돈에 관해 어떤 생각을 심어 주었는가? 몇 년 전 나는 스스로에게 이 질문을 해봤는데 결과는 참담했다. 오랫동안 내 마음속 깊이 선명하게 자리 잡고 있던 대다수의 광경과 교훈들은 '부에 대한 방어 기제'에 기반을 두고 있었다. 돈과 관련된 경험들 가운데 어린 시절 내게 특히 선명하게 영향을 끼친 사건들이다.

✎ 나는 어머니와 아버지가 다투는 모습을 본 적이 있다. 이유는 어머니는 밍크코트를 사고 싶어 했는데, 아버지가 밍크코트 살 돈을 주지 않아서

였다. 나는 아버지에게 돈을 달라고 요청하는 어머니의 모습이 비참하게 느껴졌다. 어머니와 아버지의 대화는 점점 격해졌고, 어머니는 도자기를 집어 던졌다(내가 느꼈던 점: '돈'이라는 주제는 즐겁게 대화를 나눌 만한 주제가 아니구나).

- 나는 항상 가죽 바지를 입어야 했다. 일반 천으로 된 바지는 금방 구멍이 났기 때문이다. 나는 가죽 바지가 아주 불편했다(내가 얻은 교훈: 돈이 편안함보다 더 중요한 거구나).

- 조부모는 내게 약간의 돈이 예금된 통장을 선물하셨다. 나는 몇 년 동안 수시로 이 통장에 관해 들었지만, 통장을 실물로 처음 본 것은 19세가 되었을 때였다(내가 얻은 교훈: 나이가 어리면 돈을 직접 관리할 수 없구나).

- 어머니는 자주 휴가를 떠났다. 어머니는 휴가 비용을 줄이기 위해 농가를 숙소로 잡았다. 어머니가 휴가를 떠나 있는 동안 아버지는 집에서 계속 일하셨다(내가 얻은 교훈: 돈이 넉넉지 않으면 한 사람이 쓰는 동안 다른 사람은 열심히 일해서 메워야 하는구나).

- 어느 날 아버지의 지인이 우리 집을 방문했다. 그는 자신이 판매하는 멋진 아동용 시계를 여러 개 가지고 왔다. 어른들은 내게 마음에 드는 시계를 골라보라고 했다. 나는 아무 망설임 없이 가장 돋보이는 시계를 골랐다. 알고 보니 내가 고른 시계가 그중에서 제일 비싼 물건이었다. 아버지는 아들의 높은 안목에 만족하시고는 시계를 기꺼이 사주셨다(내가 얻은 교훈: 선물을 할 때는 상대방의 마음에 드는 것을 고른다).

✓ 나는 한동안 일요일 교회에 다녀온 다음 점심 먹기 전에 찬송가를 하나
씩 배워야만 했다. 그날 배운 찬송가를 외워야만 점심을 먹을 수 있었다
(내가 얻은 교훈: 성과를 내면 보상이 뒤따른다. 하지만 때로는 정말로 마음에
내키지 않는 성과를 내야 할 때도 있다).

이 모든 사건들이 내게 영향을 끼쳤다. 그로 인해 내 내면에 형성된
'부에 대한 방어 기제' 때문에 나는 스물여섯 살에 파산을 했다. 그때
까지 내게 돈은 '좋지 않은 것'이었다.

인생의 전환점에 선 나는 나의 길을 찾아야 했고, 성장이라는 인간
의 기본 욕구에 관하여 나의 주체적인 관점을 정립해야만 했다. 이때
조부모의 극단적 관점이 자신들에게 어떤 결과를 초래했는지를 지켜
보았던 것이 내게는 많은 도움이 되었다.

'부에 대한 방어 기제'는 사람들을 무력하게 만들어 스스로 뭔가를
달성할 능력이 없다고 생각하도록 만든다. 돈에 관한 당신의 관점을
정확히 인식하고 바꾸지 않는 한, 어떤 재테크 서적도 당신에겐 무
용지물이다. 살면서 골치 아픈 문제와 맞닥뜨렸을 때 그 누구도 도
망가거나 외면할 수 없다. 그처럼 돈도 외면할 수 없다. 돈에 등을
돌리고 외면하는 것은 많은 돈을 벌 수 있는 자신의 잠재력을 외면
하는 것이다.

우리의 기본 욕구 중 어느 한 가지가 충족되지 않을 때 어떤 일이

벌어질까? 대답은 명백하다. 기본 욕구가 충족되지 않으면 누구든 불행해진다. 무언가가 채워지지 않아 마음의 결핍을 느낄 것이다. 지속적인 행복을 누리기 위해서는 우리의 모든 기본 욕구가 존중받아야 한다. 이 모든 것을 경험한 후 나는 삶의 모토를 정했다. 그것은 '끊임없이 배우고 성장하자'이다. 이는 성장에 대한 인간의 욕구를 달리 표

---

보도 섀퍼의 제안 3

## 삶의 각 영역에서 지식을 업데이트하고 성장할 수 있는 방안을 고민해 보라.

- 당신의 삶을 여러 영역으로 나눠보라. 예를 들어 당신의 삶을 건강, 인간관계, 재정, 감정, 직업/삶의 의미/영적인 부분과 같이 다섯 영역으로 분류할 수 있다.
- 당신의 삶의 각 영역을 1년 단위로 이윤을 달성하고 결산해야 하는 기업이라고 설정해 보라.
- 각 영역의 1년 계획을 수립하라.
- 실천 방안을 모색하라. 1년 계획을 매주 들여다보고, 1년 목표 달성을 위해 1주일 단위로 무엇을 해야 할지 숙고해 보라.

---

제1부 돈에 다가갈 용기—중요한 건 돈을 바라보는 관점이다

- 각 영역에 관한 책을 규칙적으로 읽고, 관련 주제의 세미나에 참석해 보라. 각 영역에서 당신에게 멘토 역할을 하는 사람들과 함께 시간을 보내라.

현한 것일 뿐이다.

무엇보다도 성장에 대한 당신의 욕구와 관련해 어떤 행동을 취할지 결정하라. 성장에 대한 욕구가 당신에게 무엇을 의미하는지 정의를 내려보라. 이에 대한 개인적 철학을 수립하라. 당신의 잠재력을 최대한 효율적으로 발휘할 방법을 정하라. 활력을 한껏 유지하라. 여유를 누리며 천천히 나아가라. 절대로 자신을 하찮은 존재로 낮추지 말라. 최소한의 것으로 만족하지 말라. 의미 없는 존재로 머물기에는 당신의 삶이 너무 짧다. 자신을 더없이 가치 있는 존재로 존중하라.

인생은 당신을 위해 수많은 보물을 준비해 두었다. 그러니 만족감에 굴복해서는 안 된다. 당신을 위해 한없이 멋진 일과 행복이 기다리고 있다. 당신에게는 진정한 부를 누릴 천부적인 권리가 있다. 당신의 몫을 챙겨라. 일단 결심했으면 일관성을 유지하라. 우왕좌왕하지 말라. 물론 이를 위해서는 우선 차분히 숙고하고 자신의 관점과 자신의 길을 확정해야 한다.

누구나 좀처럼 인정하고 싶어 하지 않겠지만, 사람은 누구나 타인들의 영향을 많이 받는다는 사실을 간과하지 말라. 흔들리지 말고 당신의 길을 걸어라. 이것이 바로 당신과 당신의 계획, 당신을 사랑하는 이들에게 책임을 다하는 방법이다. 자신의 상황을 정당화시키는 데 급급한 사람들의 목소리에 귀 기울이지 말라. 당신이 지향하는 모습의 삶을 영위하는 사람들의 목소리에만 귀를 기울여라. 그 외에는 누구도 당신에게 충고할 권리가 없다. 설사 '당신을 위해서 하는 말'이라고 속삭여도 귀 기울이지 말라. 이런 말에 귀 기울여서는 안 된다.

당신의 실천 방안을 수립하는 데에 시간을 할애하라. 먼저 스스로에게 이렇게 물어보라. 어떻게 하면 내가 끊임없이 성장하고 배울 수 있도록 내 삶에 돈을 끌어당겨 올 수 있을까? 지금 내가 '홈그라운드'를 벗어나 새로운 발걸음을 내디뎌야 할 영역은 어디일까? 내가 지금 어떤 영역으로 확장해 나가야 성장할 수 있을까?

내가 두려워하는 것은 어떤 영역에서인가? 나의 마지막 멘토는 항상 이렇게 말했다. "새로운 발걸음을 내디딜 때 두렵지 않다면 그것이 당신에게 너무 작은 도전이라는 신호입니다."

합리적인 선에서 어느 정도의 두려움은 바람직하다. 두렵다는 것은 당신이 새로운 곳으로 몸을 펼친다는 증거다. 또한 당신이 안락한 홈그라운드를 벗어나, 더 강해지고, 끊임없이 배우고 성장한다는

제1부 돈에 다가갈 용기─중요한 건 돈을 바라보는 관점이다

증거다.

두려움은 주의를 환기하는 효과가 있다. 두려움은 우리에게 교훈을 준다. 적절한 정도의 두려움을 느끼는 사람은 경각심을 갖고 수용할 태세가 되어 있다. 따라서 당신이 어떤 결정을 앞두고 새로운 발걸음을 내딛기 전에 두려움이 느껴진다면, 그것은 축하받을 일이다.

## 우리의 도움이 필요하다

나는 세미나 참석자나 독자로부터 선물을 받을 때가 종종 있다. 어느 날 내 책상 위에 편지봉투 하나가 놓여 있었다. 봉투 안에는 행주 한 장과 직접 만든 것으로 보이는 책갈피가 들어 있었다. 분명 눈에 띄게 멋진 선물은 아니지만, 동봉된 편지를 읽고 난 후 내 생각은 완전히 바뀌었다.

편지는 마치 달리는 차 안에서 쓴 것처럼 삐뚤삐뚤한 글씨로 쓰여 있었다. 하지만 알고 보니 편지를 쓴 사람은 차 안에 앉아 있지 않았고, 중병으로 오랜 투병 생활 중인 나이 많은 여성이었다. 그녀는 통증이 잦아드는 짧은 시간 동안에만 겨우 힘겹게 편지를 쓸 수 있었다. 평생 병을 달고 살았고, 늘 통증이 있었기에 그녀에게 행복한 날이란 통증이 조금 덜한 날이었다. 게다가 그녀는 매우 가난했다. 그런 그녀가 내 책이 너무나도 마음에 닿아 고마움을 꼭 전하고 싶었다고 했다. 가진 것이 없어 행주 한 장과 몇 달에 걸쳐 직접 만든 책갈피를 선물한 것이었다.

편지를 읽고 나는 어떤 말도 할 수 없었다. 세상에 이런 여성이 있다니, 세상에 이런 삶이 있다니! 그녀는 나와는 완전히 다른 세상을 살고 있었다. 어느 누구도 그녀가 짊어진 삶의 무게를 가늠하지 못할 것이다. 나 또한 그녀의 고통의 만분의 일도 헤아리지 못할 것이다.

행주를 손에 든 채 한참을 책상에 앉아 있었다. 언젠가 때가 되면 설립하려 했던 재단에 관한 생각이 불현듯 떠올랐다. 그 '언젠가'는 언제일까? 누구나 알다시피 '적절한 때가 오면'이다. 그 적절한 때가 언제일까? 그 순간, 내가 사람들에게 말하고 다녔던 것을 지키지 않았다는 사실을 알았다. 뭔가를 하기에 완벽한 순간은 절대로 오지 않는다. 옳다고 느낀 것은 즉시 시작해야 한다. 선행을 할 최고의 순간은 지금이다.

그리하여 나는 재단을 설립할 준비를 시작했다. 처음에는 구체적인 아이디어가 없었는데, 막상 목표가 정해지자 실현하기가 만만치 않았다. 하지만 일단 시작하는 것이 중요했다.

몇 년 전, 나는 위르겐 횔러와 3일에 걸친 재테크 세미나의 공동 개최를 추진 중이었다. 세미나의 주제는 '경제적 성공을 위한 돌파구'였다. 나는 "아주 성공적인 세미나가 될 겁니다. 세미나 참가비 일부를 기부하면 어떻겠습니까?"라고 그에게 제안했다. 그는 그 자리에서 내 제안에 승낙했다.

한 가지 우리가 결정해야 할 사항이 있었다. 우리의 도움을 가장 필요로 하는 곳을 선정하는 것이었다. 나는 아프리카에 학교를 설립하고 싶었다. 하지만 기부 프로젝트 초반에 우리는 사기를 당했다. 이후 위르겐 휠러는 '세계 기아 지원' 측과 계약을 맺었다. '세계 기아 지원'은 아프리카의 전반적인 상황에 정통한 기관으로 직원들이 아프리카 현지에 파견을 나가 있었다.

(제1차 공동 세미나 이후) 우리는 세미나를 할 때마다 그 참가비를 재원 삼아 아프리카에 학교를 하나씩 설립하고 있다. 이렇게 설립된 아프리카의 학교마다 300~500명의 현지 학생이 무료로 수업을 받고 따뜻한 급식을 공급받고 있다. 이미 아시다시피, 당신이 읽고 있는 이 책의 총 판매 수익의 50퍼센트도 새로운 학교를 설립하는 데에 사용된다.

이 모든 것은 선물을 살 여력이 없었는데도 내게 값진 선물을 건넨 병약하고 나이 많은 여성의 편지 한 장으로 시작된 것이다.

나는 우리 자신이 실제로 얼마나 유복한 사람인지 알기 위해서라도 이런 계기가 필요하다고 생각한다. 전 세계 인구의 3분의 2는 자신이 처한 경제적 상황을 지금 당장이라도 바꾸고 싶을 것이다. 당신의 재산이 어느 정도인지는 전혀 상관없다. 전 세계의 대다수 사람과 비교해 보면 우리는 부자다.

다음 수치들을 한번 살펴보자. 극빈자 구제기관인 옥스팜에 따르면, 전 세계 인구의 1퍼센트가 전 세계 부의 절반가량을 소유하고 있다. 그리고 인구의 20퍼센트가 나머지 부의 절반을 소유하고 있다. 그리고 인구의 80퍼센트가 약 5.5퍼센트의 부를 나누어 소유하고 있다. 전 세계 인구의 16퍼센트가 문맹이고, 13퍼센트가 기아에 허덕인다. 빈민가에 거주하는 사람들은 10억 명에 달한다. 내가 이러한 수치를 인용하는 것은 부의 축적에 반대하기 위해서가 아니다. 오히려 나는 "부자를 박멸하는 것은 가난한 자를 돕는 길이 아니다"라는 링컨의 말에 동의한다.

위와 같은 통계적 수치는 다음과 같은 사실을 분명하게 시사한다. 재산이 불어나면 책임도 불어난다. 부에는 의무가 뒤따른다. 전 세계가 하나의 마을이라면 이 마을에 거주하는 우리가 각자 서로를 도와야만 우리 마을이 진정 행복해질 수 있다.

지금까지 당신은 긴 시간을 할애하여 내가 하는 얘기들을 읽었다. 우리는 사람들의 내면에서 가장 빈번하게 작동하는 '부에 대한 방어 기제'와 '가난을 유발하는 고정관념'에 대해 살펴보았다. 그리고 나는 근거를 통해 '가난을 유발하는 기제'가 갖고 있는 비합리성을 이야기했다.

우리는 앞에서 고정관념과 인간의 기본 욕구에 관하여 집중적으로 분석함으로써 이 둘의 연관성을 조명했다. 그다음 우리는 자신의 내면을 들여다보았다. 자신에게 새로운 관점이 필요하다고 생각하지 않으면, 기존의 고정관념을 바꿀 의지가 생기지 않기 때문이다.

이런 점에서 볼 때 우리가 지금까지 이행한 작업은 성과가 있었다. 이제 당신은 자신의 욕구 충족에 돈이 어떤 유용한 역할을 하는지 알게 되었으니 말이다. 당신은 이제 돈이 자신에게 '유용'하고 중요한 역할을 하려면 자신이 어떤 고정관념을 지녀야 하는지 잘 알고 있다.

돈에 관한 당신의 고정관념이 당신의 목표와 꿈에 상응하지 않는 한, 당신은 돈을 끊임없이 밀어내고 당신의 삶에서 멀리 쫓아버릴 것이다. 하지만 만일 당신이 기존의 고정관념을 바꿈으로써 돈이 자신의 기본 욕구 충족에 유용하다고 생각하게 되었다면, 당신은 마술사처럼 돈을 끌어당기는 사람이 될 것이다.


## 경제적 '야심'은 훈련을 통해 기를 수 있는가

어느 날 세미나가 끝난 후 한 여성이 매우 혼란스럽다는 얼굴로 나에게 이렇게 말했다. "선생님, 저는 정말로 부자가 되고 싶습니다. 하지만 저는 제가 마음먹은 바를 실천할 정도의 야심은 없다는 걸 잘 알고 있어요."

일반적으로 야심이 없다는 것은 개선의 여지가 없다고 여겨진다. 대다수 자기계발서의 저자들은 야심을 훈련을 통해 길러줄 수는 없다고 주장한다. 이들의 주장에 따르면 야심은 타고난 것이며, 타고난 야심이 없는 사람은 그저 운이 없다는 것이다. 나는 이 주장에 강력하게 반대한다. 나는 누구든 훈련을 통해 야심을 키울 수 있다는 것을 잘 안다.

인간을 움직이는 모든 요소와 마찬가지로 야심의 원동력은 두 가지뿐이다. 한 가지는 고통을 피하려는 마음이고, 다른 한 가지는 기쁨을 누리려는 마음이다. 이것이 전부다. 인간을 움직이는 모든 동기와 행위는 이 두 가지로 압축된다. 근본적으로 인간을 움직이는 '운영 체제'의 구조는 매우 간단하다. 모든 것은 고통을 피하고 기쁨을 누리고자 하는 마음과 연관되어 있다. 돈을 운용하는 것도 마찬가지다.

돈에 대한 평가는 지극히 상이하다. 어떤 이들에게 돈은 즐거움을 유발하는 (기쁨을 누리려는 마음과 연관 있음) 존재이고, 어떤 이들에게 돈은 고통을 유발하는 (고통을 피하려는 마음과 연관 있음) 존재이다. 이처럼 어떤 이들은 돈을 편안하게 느껴 끌어당기는 반면, 다른 이들은 돈과 관련된 주제와 돈 자체를 최대한 피하려 든다.

이제 우리는 일단 자신의 고정관념을 바꾸겠다고 마음을 먹었으므로, 자신이 언제 고통을 느끼고 언제 기쁨을 느낄지 그 타이밍도 바꿀 수 있다. 다시 말해서 당신은 돈과 연관된 '고정관념과 인식'을 바

제1부 돈에 다가갈 용기—중요한 건 돈을 바라보는 관점이다

꿀 수 있고, 기쁨, 재미, 아름다움, 충만감, 평화, 가정의 행복, 성, 자유, 안정감, 모험, 선행, 인격적 발전 등을 돈과 연계시킬 수 있다. 한마디로 당신은 자신을 새롭게 '프로그래밍'할 수 있다.

이런 변화를 실천하는 순간, 우리는 새로운 동기를 부여받을 것이다. 즉, 이런 변화를 실천하는 순간, 우리는 야심을 갖게 될 것이다. 야심이 전혀 없는 사람은 없다. 다만 개개인에게 뭔가를 하지 않을 때 얼마나 많은 고통이 느껴지고, 뭔가를 할 때 얼마나 많은 기쁨이 느껴지는지가 관건일 뿐이다. 사람은 누구나 뭔가가 무척 마음에 들 때 야심이 발동할 수 있다. 그리고 뭔가를 하지 않아 커다란 고통을 겪게 될 때도 야심이 발동할 수 있다. 즉, 인간의 야심을 발동시키는 열쇠는 두 개다. 첫 번째 열쇠는 뭔가를 원하는 마음이고, 두 번째 열쇠는 뭔가를 피하려는 마음이다.

나는 아주 어렸을 때부터 부자들을 가까운 곳에서 관찰할 기회가 많이 있었다. 이를 계기로 나는 부자들이 돈에 대해 어떻게 생각하는지를 계속 분석해 왔다. 그리고 부자들이 돈이 없는 상태에 대해 어떻게 생각하는지도 분석해 보았다. 여러 해에 걸친 분석 결과 이들의 전반적인 성향을 파악하게 되었다. 이를 통해 '부자들에게 돈은 없어서는 안 되는 존재'라는 것을 분명히 알게 되었다. 만일 부자들에게 돈이 없다면 그들은 삶의 다양한 영역에서 온전한 기쁨을 느끼지 못할 것이며, 자신을 패배자라고 여길 것이다. 단지 돈이 없는 사람이 아니라, 인간으로서 완전한 패배자로 여기는 것이다. 돈이 없다는 것은 부자들에게 막대한 고통을 의미한다.


## 부자들에게 돈이 없다는 것의 의미

부자들은 돈이 없다는 것을 다음의 항목들과 연관시킨다.

- 깊은 인상을 남기기가 힘들어짐
- 선행을 하고 내어줄 기회가 적어짐
- 외부에 영향을 끼칠 기회가 적어짐
- 다툼, 분노, 좌절, 고통
- 대인관계에서 마음의 상처를 주거나 받기 쉬움
- 남녀관계가 예민해짐
- 이혼으로 이어짐
- 견디기 힘들고 절대로 허용해서는 안 되는 상황
- 나의 소명을 따를 수 없게 됨
- 내가 절대로 견딜 수 없는 환경
- 멍청한 짓을 반복하여 생긴 결과
- 세상을 개선할 힘이 없어짐

제1부 돈에 다가갈 용기 ― 중요한 건 돈을 바라보는 관점이다

- 자의식 저하와 자기 회의감
- 이 같은 상황을 다시는 반복하지 않겠다고 다짐하는 기회
- 이별, 외로움, 결핍감
- 내게 중요한 사람들에게 존중받지 못하게 됨
- 삶이 의미 없이 지나갈 거라는 확신
- 중요하지 않은 일에 집중하게 됨
- 인간에게 내재된 부정적 요소가 표출됨
- 시기와 질투, 범죄가 유발됨
- 자녀들이 마땅히 누려야 할 기회를 누리지 못한 채 성장하게 됨
- 남들이 정한 규칙에 통제를 당함
- 나의 중요성이 줄어듦
- 삶 속에서 열정이 상실됨
- 도약할 발판이 없음
- 삶이 지루해지고 기분 전환 거리가 없음
- 선택의 여지가 줄어듦
- 시간을 비참할 정도로 착취당함
- 재미없는 일을 해야 함
- 삶의 질이 저하됨
- 눈물과 슬픔
- 생계를 겨우 유지하는 정도의 삶

- 안정감이 없음
- 자신이 전혀 의미 없는 존재라고 느껴짐
- 성장할 수 없는 정체 상태

나는 이 목록이 부자가 느끼는 것을 정확하게 정리했다고 주장할 생각은 전혀 없다. 몇 가지는 각자의 가치관과 고정관념에 따라 크게 상충할 수 있다. 이는 수많은 부자와 대화를 하는 과정에서 취합한 목록일 뿐이다.

많은 사람들은 "그래도 돈이 전부는 아니다"라고 반론을 제기한다. 물론 이들의 말이 맞다. 하지만 위의 목록을 주의 깊게 보면, 당신은 부자들이 돈이 없는 삶을 비참한 삶으로 여긴다는 사실을 알게 될 것이다. 그리고 당신은 부자들이 돈과 무관한 것들조차도 돈이 없으면 제대로 즐기지 못할 거라고 여긴다는 사실도 알게 될 것이다. 이런 부자들의 관점을 당신의 것으로 만들 때, 당신에게 어떤 동력이 될지 한번 생각해 보라. 부자들이 부유한 것은 그저 기적일까?

## 부자들에게 돈이 있다는 것의 의미

이번에는 부자들이 돈이 있다는 것을 어떻게 생각하는지 찬찬히 읽어 내려가 보라. 사람은 누구나 고통을 피하고 싶어 할 뿐만 아니라, 기쁨도 누리고 싶어 한다. 부자들이 돈이 있다는 것을 무엇과 연관시키는지 다음의 목록을 통해 알아보자.

- 감사하는 마음
- 멋진 기분
- 라이프 스타일 드러내기
- 도드라진 자유
- 내 삶에서 사람 다음으로 중요한 것
- 우아함, 안정감, 온전한 재미
- 내가 원하는 방향으로 살 수 있는 특권
- 다양한 기회, 선택의 기회
- 기분 전환, 짜릿함
- 매력 있는 사람들과 사귈 수 있는 기회
- 나만의 특성을 발현시켜 줌
- 차원 높은 결정을 내릴 수 있게 보장해 줌
- 다양한 방식으로 남을 도울 수 있는 기회
- 생산성을 높여줌
- 관점이 달라짐, 수준이 한 차원 높아져서 더욱 통찰력 있는 시각을 갖게 됨
- 다양한 결과물을 동시에 얻을 수 있음

- 여가 활동
- 나의 잠재력을 최대한 발휘할 수 있는 환경이 조성됨
- 강렬한 인상을 남길 수 있음
- 진정으로 남다른 삶을 살 수 있음
- 나의 시간을 좀 더 효율적으로 사용할 수 있음
- 더 많은 잠재력을 발굴해 낼 수 있음
- 남들에게 다양한 기회를 제공해줄 수 있음
- 베풀고 도울 기회
- 삶 속에서 나를 지지해주는 힘
- 타고난 권리, 의무와 책임
- 가족과 나의 안전을 보장해 줌
- 나의 이성관계의 수준을 높여줌
- 사람이 얼마나 자신에게 집중할 수 있는지 보여줌
- 각자의 성과를 가늠하게 해주는 척도
- 우리 각자가 남들에게 얼마나 유용한 사람인지 보여줌
- 개개인의 고정관념을 비추어주는 거울
- 개개인의 가치관을 반영해주는 장치
- 새로운 영역으로 들어가는 문을 열어줌
- 내가 특정한 일을 하지 않아도 된다는 것을 의미함
- 지렛대, 에너지, 삶의 질

- 절대적인 선택권
- 책임을 감당함
- 삶의 모든 영역을 원활하게 작동시키는 터보 엔진
- 개개인의 성장을 가능하게 해주는 척도
- 수준 높은 삶을 살 기회

위에 열거한 항목에 관해서 모두 동의하지 않을 수 있다. 하지만 이 항목들을 단순히 부자들의 '생각'을 잠깐 들여다볼 수 있는 하나의 창으로 생각하라. 부자들은 돈을 섬기지 않으며, 돈을 자신의 시녀로 만드는 데 성공한 사람들이다. 부자들에게 돈이란 자신의 삶에 더 많은 아름다움과 더 많은 기회를 부여해 주는 조력자다.

당신은 자신을 부자로 만들어주는 이런 '고정관념과 인식'을 놔두고 다른 선택을 할 수는 없다는 걸 느꼈을 것이다. 당신은 부자가 되어야 한다. 이런 '고정관념과 인식'을 인지하지 못한다면, 당신은 계속 고통을 피하기 힘들 것이다. 반면 이러한 고정관념을 내면화할 때 주어지는 보상에 대한 기대감, 즉 부의 축적에 대한 기대감이 매우 크기 때문에, 당신에게는 온전한 기쁨이 샘솟을 것이다. 이처럼 부자들은 삶 속의 모든 기쁨을 돈과 연계시킨다. 그리고 부자들은 삶 속의 다양한 기쁨이 돈과 어우러질 때 훨씬 더 삶이 아름답고, 더 심오하고, 더 강력하고, 더 상쾌하다고 여긴다.

바로 이런 관점이 사람에게 야심을 불어넣고, 부자로 만든다. 이런 관점이 당신을 앞으로 나아가게 만들고, 당신으로 하여금 돈에 관심을 갖도록 만든다. 부자가 되려는 야심은 습득할 수 있다. 사람은 누구나 원하는 방향으로 나아갈 수 있도록 자신을 프로그래밍할 수 있다.

하지만 다시 한번 강조하건대, 조심하라! 이제 당신이 돈을 새롭게 인식하게 되었다고 해서 당신의 고정관념이 자동적으로 바뀐 것은 아니다. 고정관념을 바꾸려면 당신의 감정에 호소해야 하기 때문이다.


## 고정관념을 바꾸는 방법

다음의 항목들은 당신의 고정관념을 변화시킬 수 있는 하나의 제안이다. 어쩌면 당신은 아래의 제안을 실천한 바 있으며, 그 효과 또한 경험한 바 있을 것이다. 당신의 기억을 되살려 계속 실천함으로써 당신이 원하는 삶을 누려보라.

1 각자의 삶이 각자의 고정관념을 반영하는 거울이라는 사실을 기억하라. 삶에서 무언가 정말로 마음에 들지 않는 일이 생긴다면, 인과관계 사슬 내 어떤 고정관념에서 비롯된 것인지 찾아라.
2 다음과 같은 사실을 떠올려라.

- 한 사람과 그 사람의 믿음은 별개다.
- 누구나 자신의 고정관념을 바꿀 수 있다.
- 누구나 자신의 현실을 창조해 낸다.

3 고정관념은 대부분 주변 상황에 의해 형성된 것이다.

4 '옳은' 고정관념도 '틀린' 고정관념도 존재하지 않는다. 단, 삶의 목표를 달성하는 데 유용한 고정관념과 유용하지 않은 고정관념은 있다.

5 의도적인 질문으로 기존 의견을 의심해 보고, 그것에서 의견과 증거를 구분하라.

6 (흔히 기존의 고정관념과 정반대인) 새로운 유용한 고정관념을 명확하게 표현해 보라.

7 새로운 유용한 고정관념을 뒷받침하는 증거 네 가지를 찾아보라. 다른 사람들의 삶에서 나온 결과들을 근거로 삼아도 좋다.

8 감정적 증거를 확보함으로써 새로운 믿음을 확정하라.

9 새로운 믿음이 자리 잡을 수 있도록 즉시 첫걸음을 내디뎌라.


만일 당신이 이러한 모든 프로세스를 이행했는데도 원하는 결과를 얻지 못했다면, 논리적 근거를 동원해 자신을 설득하려 했기 때문이다. 감정이 아닌 이성에 호소하려 했고, 논리적 근거를 '주요 토대'로 사용하려 했기 때문이다. 그렇게 해서는 원하는 결과를 얻을 수가 없다. 논리적 근거로 고정관념을 바꾸려 해서는 안 된다는 것을 명심하

라. 그렇게 해서는 당신의 무의식에 도달할 수가 없다. 그보다는 구체적인 이야기와 사례가 중심이 되어야 한다. 구체적인 사례들은 인간의 무의식이 이해할 수 있는 '이미지'이기 때문이다.

따라서 우리에게 필요한 것은 실제 사례다. 당신이 기꺼이 도입하려는 고정관념의 '살아 있는 증거'가 될 만한 사람들의 구체적인 사례가 필요하다. 이를 위해 당신이 원하는 고정관념이 옳다는 증거가 되는 사람들, 당신이 언젠가는 자신의 삶 속에 이루고자 하는 것을 먼저 이룬 사람들의 전기가 있다면 그것을 읽는 것도 하나의 방법이다.

세미나 참석자들과 이야기를 하다보면, 돈이 가정을 파괴한다고 믿는 여성이 매우 많다. 이와 정반대인 유용한 고정관념은 다음과 같을 것이다. '돈이 있으면 나의 가정생활이 훨씬 멋있어질 거야.' 세미나에서 우리는 이처럼 한 가지 고정관념을 선정한 뒤 이를 뒷받침하는 증거를 함께 찾아본다. 당신도 알다시피 고정관념이 자리를 잡으려면 이를 지탱해 줄 '주요 토대'가 필요하다. 간혹 세미나 참석자 300여 명이 함께 앞에서 설정한 '돈이 있으면 가정생활이 멋있어진다'는 고정관념의 증거를 찾았는데도, 몇 분 동안 단 한 가지도 찾아내지 못할 때가 있다. 경제적 성공과 가정의 행복 두 가지 모두를 이룬 여성이 없기 때문일까? 그렇지 않다. 이것을 이뤄낸 여성들은 수천 명에 달하는데 우리가 그들을 알지 못할 뿐이다.

기존의 '부에 대한 방어 기제'에 맞서는 것이 이토록 힘들다면 저들

제1부 돈에 다가갈 용기 — 중요한 건 돈을 바라보는 관점이다

은 과연 기적을 이루어낸 것인가? 다시 한번 강조하건대, 책을 읽어 보라. 서점에서 당신이 원하는 고정관념의 수립에 도움이 될 만한 인생 스토리를 찾아보라. 경제적 성공과 가정의 행복이라는 두 마리 토끼를 모두 잡은 여성에 관한 책이 있는지 문의해 보라. 그리고 당신이 원하는 삶을 사는 사람들과 가까이 지내라. 이것은 개인이 수용하고자 하는 각종 고정관념 모두에 적용된다.

당신이 반드시 글로써 이행해야 할 앞의 실천 연습 과정은 총 35분 정도가 소요된다. 자존감과 관련 없는 고정관념이라면, 당신은 35분 안에 어떤 고정관념이든 바꿀 수 있다. 단, 그렇게 되려면 새로운 고정관념을 입증하는 증거 네 가지를 수집해야 한다.

예전에 내가 인터뷰를 진행했던 한 여성을 소개하고자 한다. 경제적으로 매우 커다란 성공을 거두었고, 몇 가지 영역에서 많은 여성들에게 본보기로 꼽힐 만한 여성이다.


## 앙겔리카 야르 씨의 인터뷰


나는 야르 씨의 사무실을 나서면서 매우 인상적인 장면 하나를 목격했다. 사무실 밖 복도에는 열두 명가량의 남성이 차분하게 여성 상사와의 회의 시간을 기다리고 있었다. 그들의 표정에는 예정된 회의

머니 파워

에 대한 기대감이 엿보였고, 자신들의 상사가 여성인 것을 자연스럽게 여기는 것 같았다.

야르 씨는 두 가지 직을 겸하고 있다. 저널리스트 겸 사업가로 활동 중이다. 그리고 아내이자 어머니이기도 하다. 한마디로 대단한 인물이다.

야르 씨는 왜 아내와 어머니로 사는 것에 만족하지 않았을까? 전업주부로만 살기에는 그녀의 야심이 너무 컸다. 지금도 그녀는 대단한 야심을 갖고 있는데, 여기에는 한 가지 이유가 있다. 그녀의 아버지는 지배적인 성격이었고, 자신의 딸에게 의도치 않게 지대한 영향을 미쳤다. 하지만 그녀는 아버지의 장단에 따라 춤추진 않았다. 어렸을 때부터 그녀는 독립에 대한 남다른 열망을 키워왔다.

야르 씨는 자신의 자녀들이 다른 가정에 비해 엄마 얼굴을 덜 보며 자랐다는 것을 어떻게 생각할까? 그녀는 이와 관련하여 아무런 죄책감도 느끼지 않는 것 같았다.

"어머니가 항상 자녀들 곁에 머물 필요는 없습니다. 저와 자녀들 사이가 아주 좋은 것은 서로를 자주 보지 못해서이기도 하지요. 집을 비우는 동안 모든 것이 잘 돌아가도록 관리하는 것은 쉬운 일이 아니었습니다. 제가 중요하게 생각한 건 엄마가 바쁘더라도 아이들이 잘 지낼 수 있는 환경을 만들어주는 것이었어요. 그래서 저는 편집장의 위치에 올라 제 근무 시간을 스스로 결정할 수 있도록 열심히 일했습니

제1부  돈에 다가갈 용기 — 중요한 건 돈을 바라보는 관점이다

다. 편집장이 되자 저를 체크하는 상관이 없어졌지요. 한 가지 덧붙이자면 아이들을 돌보는 베이비시터를 둘 수 있도록 돈을 많이 벌고 싶었습니다.

자녀 양육과 직장 일을 병행하려면 당연히 모든 걸 체계적으로 계획하고 관리해야 합니다.

하지만 제 아이들에겐 제가 스스로에 대해 불만인 상태로 항상 집에 있는 것보다는 지금처럼 사는 편이 결코 더 나쁘진 않았습니다. 집에는 항상 차분하게 아이들에게 위안이 되어주는 한 사람이 있었습니다. 그 사람은 집에서 전적으로 제 아이들만 돌봐주었고, 주부와 엄마의 역할을 동시에 해내는 사람보다 아이들에게 더 많은 관심을 기울여주었어요. 그리고 저는 마음 편히 일할 수 있었지요.

더욱이 제 아이들은 언제든지 엄마와 직접 연락할 수 있었어요. 아이들은 엄마에겐 자신들이 항상 1순위라는 걸 알고 있었지요. 예컨대 아이들이 아플 때면 제가 재택근무를 하며 아이들을 간호해 주었어요."

세 명의 오빠가 있는 야르 씨는 남성 위주의 가정에서 자라났다. 이로 인해 힘들 때도 있었지만, 그녀는 이 같은 환경을 항상 장점이라고 여겨왔다. 그녀는 집안에서 자신의 뜻을 관철시키는 법을 자연스럽게 배우며 자랐다.

그녀는 여성으로서 직업 전선에서 커리어를 쌓는 것을 단 한 번도 핸디캡이라고 여기지 않았다. "남자들은 저를 항상 예의바르게 대해주었어요. 남자들은 숙녀에게는 늘 기사도를 발휘하기 마련이지요." 야르 씨는 이 때문에 직장에서 남녀 직원들이 한 팀을 이뤄 함께 일하는 것을 반긴다.

야르 씨는 돈을 어떻게 생각하고, 어떻게 관리하고, 어떻게 운용할까? 그녀는 근검절약을 배우며 자랐다. 어렸을 때부터 돈을 아끼고 신중하게 다뤄야 한다고 배웠다. 그녀는 일과 커리어, 성과에 대해 원만한 관계를 유지해온 것처럼 돈과도 자연스럽고 원만한 관계를 유지했다. 그녀는 돈을 부정적으로 생각하지 않았다. 하지만 지나치게 돈 관리에 신경 쓰고 싶지도 않았다. 그래서 자신의 돈을 관리해 주는 금융 전문가를 찾아냈다.

이로써 그녀는 돈이 가진 긍정적인 면에 집중할 수 있었다. "저는 마음이 내키면 돈을 씁니다. 하지만 비교적 작은 액수만 쓰지요." 분명 그녀는 아주 잘산다. 하지만 사치를 부리지는 않는다. 이는 그녀의 자녀들에게도 그대로 전수되었다.

내가 보기에 야르 씨에게는 세 가지 특성이 있으며, 이는 그녀를 성공으로 이끌었다. 첫째, 그녀는 솔직하게 사람을 대한다. 그녀를 만나자마자 내 마음이 편안해졌다. 이런 진솔한 태도로 인해 그녀는 처음부터 자기 생각을 정확하게 표현한다. 다양한 문제를 신속하게 분석하고, 이를 통해 적절한 해법을 금세 찾아낸다. 둘째, 그녀는 매우 창

제1부 돈에 다가갈 용기—중요한 건 돈을 바라보는 관점이다

의적이다. 그녀의 사무실에 놓여있는 회의 테이블에는 의자가 열 개 있는데, 열 개 모두 모양이 제각각이다. 그녀의 세 번째 특징이자 가장 두드러지는 특징은 자신감이다. 그녀의 모토는 '나를 사랑하지 않는 사람은 사람 보는 눈이 없는 사람이다'이다. 오늘날 여성들에게 그녀는 이렇게 조언한다.

"자신을 너무 비판적인 눈으로 바라보지 마세요. 남성들은 여러분보다 훨씬 자신감이 강하고 자신을 멋진 사람이라고 여깁니다. 파괴적인 자기비판은 쓸데없는 짓입니다."

우수한 실적을 거두면 좋은 보수가 뒤따른다. 하지만 자신감이 없는 상태로 우수한 실적을 거두는 것은 불가능하다. 자신감이 있어야 목표에 다가가고 그것을 이룬다. 그녀에게 훗날 어떤 사람으로 기억되고 싶은지 물었을 때, 그녀의 대답에서는 이러한 자신감이 감지되었다. "자신감이 강하고, 긍정적이고, 사랑스럽고, 창의적인 사람으로 기억되고 싶네요." 자신에게 만족하고 건강한 자부심을 지닌 여성은 이렇게 말했다.


## 자신에게 유용하지 않은 고정관념은 모두 교체하라

지금까지 고정관념을 바꾸는 것의 중요성에 대해 누누이 설명했지

머니 파워

만, 다시금 강조하건대, 당신이 찾아낸 유용하지 않은 고정관념을 모두 지금 교체하라. 나중으로 미루지 말고 지금 당장 행하라. 그럴 만한 가치가 있는 일이다. 이를 행하고 나면 당신은 자신의 삶을 디자인하는 디자이너가 된다. 그리고 그 보상으로 진정으로 부유한 삶을 살게 된다.

마지막 질문을 하겠다. 당신에게는 무엇이 더 중요한가? 돈이 더 중요한가, 아니면 돈으로 살 수 있는 물건이 더 중요한가? 어느 쪽이든 이 질문에 대한 당신의 대답은 당신의 개인적인 부에 지대한 영향을 미친다. 이 질문 또한 당신의 관점과 연관이 있다. 이 질문에 대해서는 부채에 관해 이야기할 때 다루고자 한다.

제1부 돈에 다가갈 용기—중요한 건 돈을 바라보는 관점이다

우리는 길을 찾을 것이다.
길을 찾지 못하면,
우리가 새로운 길을 만들 것이다.

_ 한니발Hannibal

제2부

# 더 많은
# 돈을 벌고
# 지키는 방법

✔ 부채 줄여나가기

✔ 즐겁게 저축하기

✔ 소득 늘리기

# 제4장  소비로 인한 부채, 담보, 은행과의 거래

소비하느라 빚을 지는 사람의
삶은 거짓이다.

— 보도 섀퍼Bodo Schäfer

집을 담보로 대출을 받는 것, 신용 대출을 받아 자신의 회사에 투자
하는 것은 매우 합리적일 수 있지만, 소비하느라 빚을 지는 것은 매우
불합리하다.

소비하느라 빚을 지면 부자가 되기 힘들다. 소비용 부채만큼 부의
축적을 가로막는 것은 없다. 이는 부채로 인한 마이너스 재정도 문제
지만 사실 그것이 미치는 영향이 훨씬 더 심각하기 때문이다. 가장 치
명적인 것은 부채의 배후에 숨겨진 당사자의 관점이다. 이번 장에서
살펴볼 내용을 요약하면 다음과 같다.

1 무엇보다 먼저 소비로 인한 부채의 위험성을 정확히 알아볼 것이다. 소비용 부채의 배후에 어떤 관점이 숨겨져 있는지를 분명히 인식하는 게 가장 중요하다.

2 그러고 나서는 자꾸만 빚을 지도록 유도하는 관점을 어떻게 하면 바꿀 수 있는지 살펴볼 것이다.

3 그 다음에는 부채를 실질적으로 관리하는 방법에 대해 알아볼 것이다. 여기에서 당신은 왜 항상 대출 상환 비율을 최소로 잡아야 하는지 알게 될 것이다.

4 이어서 당신의 담보 상황을 살펴볼 것이다. 담보대출 상환 비율을 최대한 낮추거나(1퍼센트) 심지어 당신의 집에 대한 담보율을 더 높게 잡는 편이 현명할 수도 있다는 이야기를 들으면 많이 놀랄 수도 있을 것이다. 담보로 잡아 놓은 집에 대한 부채를 빠른 시일 내에 변제하는 것은 엄청난 실수일 수도 있다.

5 마지막으로 은행과 거래할 때 유의해야 할 중요한 팁 몇 가지를 알려주겠다.

만일 당신에게 부채가 있다면, 다음에 다룰 내용들이 당신의 아픈 상처를 건드릴 것이다. 부채의 배후에 숨겨져 있는 모든 것을 알게 됨으로써 당신의 부채가 더욱 뼈아프게 느껴질 수도 있다. 나는 이 장에서 당신에게 전달하려는 메시지를 매우 적나라하게 표현하려 한다.

제2부 더 많은 돈을 벌고 지키는 방법

이로 인해 당신의 마음이 불편해진다면, 그것은 좋은 현상이다. 대다수의 사람은 이런 얘기를 들으면 자신과 상관없는 일로 치부하고 만다. 따라서 내가 하는 말에 마음이 불편해진다면 오히려 다행한 일이다. 돈에 관해 많이 알수록 당신에게 해가 될 일이 절대 없으니 말이다.

## 소비하느라 빚을 지는 것은 위험하다

이제부터 나는 당신에게 부채에 대한 적나라한 사실을 이야기하려 하는데, 거기에는 두 가지 이유가 있다. 첫째, 나 또한 한때는 부채가 심각할 정도로 많았으므로 나로서는 이런 말을 터놓고 할 자격이 있는 셈이다. 부채를 비판하는 말들은 모두 과거의 나 자신에게 건네는 말이기도 하다. 둘째, 나는 최근에 사람들이 너무 쉽게 빚을 지는 경우를 자주 목격한다. 그리고 번번이 그 결과를 옆에서 지켜볼 수밖에 없었다.

부채 때문에 자신들의 삶이 얼마나 비참해졌는지, 너무나 많은 이들이 내게 고통을 호소한다. 이들에게는 부채의 어두운 그림자가 드리워져 있다. 어느 것도 꿈꿀 수 없는 그들에게 삶의 목표는 서글플 정도로 하찮기 그지없다. 자의식도 바닥을 친 상태다.

부채가 있는 사람들은 빚에서 헤어나기 전에는 즐거움을 누릴 자격

머니 파워

이 없다고까지 생각한다. 관련 연구에 따르면 부채가 있는 사람들은 더 많이 일해야겠다는 건강한 동기도 없다고 한다. 결국 이들은 어제 진 부채를 갚느라 오늘 일하는 지경이 된다. 자신이 삶의 어떤 목표를 이룰 수 있다고 생각하지도 않는다. 자신감도 은행 잔고와 마찬가지로 마이너스 상태다. 무엇보다도 이들은 자신이 가치 없고 쓸모없는 존재라고 여긴다. 부채를 진 사람은 글자 그대로 '덜 가진 사람'이다. 그런데 이로 인해 스스로를 '덜 값진 사람'이라고 느끼는 것이다.

## 빚이 만든 가짜 인생

빚을 조장하는 관점에 대해 살펴보자. 가진 돈보다 쓰는 돈이 더 많은 것은 대부분 '더 가진 사람'이 되고 싶어서가 아니라, '더 값진 사람'이 되고 싶어서다. 일반적으로 자존감이 낮은 사람일수록 더 많은 빚을 지며 사는 경향이 있다. 소비를 위해 빚을 지는 사람은 은연중 자신의 삶이 거짓이라고 느끼게 된다.

만일 당신에게 빚이 있다면, 당신은 빚 외에는 자기 것이 하나도 없다는 희한한 기분을 느낀다. 부채는 채무자의 정체성까지 바꾼다. 자신에게 남아 있는 것은 빚뿐이라고 느끼고, 자신의 삶 자체가 거짓이며, 스스로를 겉만 그럴싸한 속 빈 강정이라고 느낀다.

부채란 바로 0보다 작은 마이너스다. 소비를 위해 빚을 진 사람들은 스스로를 '마이너스 인간'이라고 느낀다. 얼마나 서글픈 자기인식인가.

인간에게 가장 비천하고, 무력하고 하찮은 삶은 거짓된 삶이다. 자신의 물욕을 제어하지 못하고, 자신의 능력으로 감당할 수 없으면서 자신의 처지에 어울리지도 않는 물건들을 빚을 내 사들이는 것은 거짓된 삶을 사는 것이다. 당신은 분수에 넘치는 물건들을 걸치고 다님으로써 자신이 아닌 전혀 다른 존재로 인정받으려 하는 것이다.

빚으로 '구제불능 상태'인 사람들은 남에게 책임을 전가하는 경향이 있다. "은행이 내게 얼마든지 돈을 가져다 쓰라고 대출을 권장했어요", "리스 계약이 사기나 다름없었다니까요", "작은 글씨로 인쇄되어 있는 대출 약관을 못 봤어요", "상황이 너무 급박해서 사채업자를 찾아갈 수밖에 없었어요. 그들이 내 돈을 탈탈 털어갔다고요" 혹은 아주 진부하게도 "내가 뭔가에 홀렸었나 봐요"라고 말한다. 이런 말을 들으면 도대체 무엇에 홀렸다는 소리인지 정말 궁금하다.

많은 이들은 이렇게 남 탓을 하는 데 그치지 않고, 자신도 똑같이 남을 '등쳐먹을' 권리가 있다고 주장하기까지 한다. 당신도 분명 이런 사람들을 만난 적이 있을 것이다.

## 자기기만

분수에 넘치는 물건을 사들이는 사람은 남을 속이는 것이나 다름없다. 이런 사람은 거짓된 겉모양으로 자신을 치장한다. 이는 바람직하지 않은 행태다. 그런데 보다 더 심각한 문제는 이러한 행태가 당사자 자신을 속인다는 것이다. 이들은 자신이 차고 다니는 시계와 타고 다니는 자동차를 내세워 자신이 남보다 값진 존재라고 우긴다. 자신의 실제보다 더 값진 존재로 인정받고 싶어 한다. 자신의 실체를 자신이 아닌 겉모습 뒤에 감춘다. 소비를 위한 부채는 자신의 미래를 위협하므로, 이는 자신과 자신의 미래를 무시하는 무례한 행위다.

개인의 무분별한 소비를 보여주는 것 중에서 대표적인 것이 자동차다. 많은 이에게 자동차는 남에게 성공을 부풀려서 과시하고자 하는 수단이 된다. 흔히 사람들은 자동차를 보면서 자신의 성공을 확인하고 싶어 한다. 분수에 넘치는 자동차를 타고 다님으로써 주변 사람은 물론 당사자도 자신이 실제보다 더 성공한 사람이라고 착각하게 된다. 이러한 겉치레를 위해 각자의 미래가 희생된다. 분수에 넘치는 차를 유지하려면 미래를 위한 돈을 모을 수가 없기 때문이다. 수중에 지닌 돈과 어딘가에서 빌린 돈이 모두 자동차에 들어가는 것이다.

물론 사람들에게는 자동차가 필요하다. 하지만 꼭 값비싼 자동차가 필요할까? 하나만 당부하고 싶다. 오늘 당신이 타고 다니는 자동차

제2부 더 많은 돈을 벌고 지키는 방법

때문에 당신의 내일을 망쳐버리지 말라.

저축에 관한 장에서 당신에게 자동차 구입에 관한 몇 가지 팁을 제공할 것이다. 새 자동차를 구입하지 말라. 현금으로 결제하라. 당신의 연봉보다 비싼 자동차를 구입하지 말라. 그리고 지금 타는 차를 원래 계획했던 것보다 몇 년 더 사용하라. 당신은 많은 돈을 절약할 수 있을 것이다.

소비를 위해 빚을 지는 사람들은 대부분 뚜렷한 목표와 비전이 없다. 목표가 없으니 절제하고 배우고 성장해야 할 이유도 없다. 어찌 보면 이들에게는 미래가 없다. 이들이 자신의 미래를 함부로 하는 것은 이 때문이기도 하다. 비전과 목표가 들어서야 할 자리가 비어 있으면, 돈을 쓰고 싶은 마음이 그 자리를 꿰찬다.

진부하게 들리겠지만, 미래에 빚을 지지 않기 위한 가장 효과적인 방법은 목표를 설정하고 계획하는 것이다. 따라서 꿈과 목표를 갖는 것이 무엇보다도 중요하다. 단, 스스로에게 힘을 채워주는 목표여야 한다. 그리고 목표를 '올바르게' 설정해야 한다.

최근 들어 '목표'라는 개념은 이해하기도 힘든 여러 아이디어를 섞어 놓은 '잡탕'이 되어버렸다. 내가 말하는 목표란 모호한 희망이 아니다. 뭔가를 사고 싶어 하는 마음도 아니고, 섣부른 기대도 아니다. 내게 목표란 '계획된 꿈'이다. 이런 목표를 추구할 때 돈은 부수적으로 따라온다.

이런 목표를 추구하는 사람에게는 오랫동안 꿈꾸었던 고급 자동차를 운전하고 멋진 집에서 사는 것이 우선순위가 아니다. 이런 목표에 다가갈 때 당신의 머릿속은 멋진 집이나 자동차에 관한 생각이 아니라, 멋진 아이디어로 가득 차 있다. 이런 목표에 다가갈 때 열정으로 가득한 비전이 생기고, 당신은 모든 힘을 기울여 그 멋진 아이디어를 실현시킬 것이다.

## 현실적인 목표와 비현실적인 목표

목표를 설정하는 데에는 두 가지 서로 다른 방법이 있다. 예를 들어, 당신이 3년 뒤에 어디에서 무엇을 하면서 얼마나 많은 부를 축적할 수 있을지 목표를 세운다고 해보자. 첫 번째 방법은 현재의 자신을 기준으로 3년 뒤에는 이런저런 것들을 이룰 수 있다고 가정하는 것이다. 즉, '현실적으로' 생각하는 것이다.

나는 이런 식의 목표 설정은 잘못된 것이라 생각한다. 왜 현재의 자신을 기준으로 목표를 설정하려고 하는가? 3년 뒤에 당신은 지금과는 완전히 다른 여성이 되어 있을 수도 있다. 좀 더 강하고, 좀 더 재산이 많고, 좀 더 자부심이 강하고, 좀 더 영향력이 많은 여성이 되어 있을 수도 있다. 현재의 자신을 기준으로 목표를 설정하는 것은 자신의 한계를 설정하고, 자신의 잠재력을 최소화하고, 지금 이 자리에

제2부 더 많은 돈을 벌고 지키는 방법

계속 머물겠다고 마음먹는 것이나 다름없다. 현재의 자신을 기준으로 목표를 설정하는 것은 지는 게임만 피하겠다는 심산이다.

목표를 설정하는 두 번째 방법은 '꿈을 꾸는' 것이다. 달성 가능성과 전혀 상관없이 하나의 목표를 세우는 것이다. 엄밀히 볼 때 이것은 완전히 '비현실적'이고, 세상물정을 모르는 것 같기도 하다. 하지만 이렇게 목표를 세우고 나서는 어떻게 하면 이 목표를 달성할 수 있을지 숙고해 볼 수 있다. 그러면 자신이 '날마다' 성장해야 한다는 것이 확실해진다. 최선을 다해야 하고, 기존의 '홈그라운드'를 떠나 새로운 걸음을 내디뎌야 한다는 것이 확실해진다. 그리고 이기기 위한 게임을 해야 한다는 것이 확실해진다.

요약을 하면 다음과 같다. 첫째, 현재의 자신을 기준으로 목표를 설정할 수 있다. 이 경우 우리는 지금 이 자리에 머문다. 둘째, 자신의 목표를 기준으로 한다. 이 경우 우리는 성장하고 발전해야만 한다.

가장 좋은 것은 원대한 목표를 세우는 것이다. 그러면 우리 자신이 변해야 한다는 것이 확실해진다. 무엇보다 이 목표를 달성할 수 있는 사람이 되어야 한다. 이를 확실하게 의식할수록 외양을 치장하여 현재 자신의 본모습을 속이고 싶은 마음이 작아진다.

자신의 미래를 설계하지 않는 사람은 타인이 설계한 삶을 살 수밖에 없다. 따라서 스스로의 미래를 설계하는 것이 중요하다. 그렇다면 미래를 어떻게 설계해야 하는가? 당신은 그 대답을 이미 잘 알고 있다. 미래를 원대하게 설계하라.

미래를 설계하지 않는 사람은 사회, 광고, 불분명한 소망에 의해 좌우된다. 이런 사람들은 주체적인 삶을 살지 못하는 꼭두각시나 다름없다.


## 당신의 미래를 설계하라


이제 다음에 제시하는 실천 연습을 통해 미래를 설계해 보라. 당신이 설계하는 미래가 현실적일지 의문을 품지 말라. 현재의 당신을 기준으로 삼지 말고, 당신의 목표에 시선을 두어라. 당신의 한계를 설정하지 말라. 마치 당신의 사전에 실패라는 단어가 존재하지 않는 것처럼 행동하라. 당신이 생각하는 모든 것을 이룰 수 있다고 간주하라. 당신은 이를 해낼 수 있다.

순서 또한 유의하라. 존재가 가장 우선이고, 그 다음이 행위, 마지막이 소유다. 대부분의 사람들은 이와는 완전히 다른 순서로 미래를 설계한다. 이들은 자신이 무엇을 갖고 싶어 하는지에 중점을 둔다. 하지만 에리히 프롬Erich Fromm이 그의 저서에서 상세하게 설명했듯이, 우리의 소유는 우리의 행동에서 나온다. 그리고 우리의 행동은 우리의 존재에서 나온다.

물론 '소유'를 '존재'보다 우위에 두는 사람은 원하는 것을 소비하기 위해 빚을 질 것이다. 이런 사람은 자신이 소유하는 물건을 통해 자신의 중요성을 부각시키려 한다. 하지만 엄밀히 볼 때 이는 일종의 도피에 불과하다. 사람들은 물질적 목표에 중점을 둠으로써 자신의 인격적 미성숙을 외면하려 한다.

'존재'에서 시작하는 편이 훨씬 현명하다. 자신의 인격을 개선하려 노력하는 사람에게는 다른 모든 것들이 저절로 주어지기 때문이다. 그러므로 당신이 어떤 존재가 되고자 하는지부터 생각하라.

### 1 존재

당신은 미래에 어떤 사람이 되고 싶은가? 신문기사에서 당신을 묘사한다면 어떤 내용이면 좋겠는가? 예를 들어, 유명인이 축사를 하는 자리에서 당신을 어떤 사람으로 소개하면 좋겠는가?

    a 3년 후에

    b 7년 후에

    c 20년 후에

### 2 행동

당신은 미래에 무엇을 하고 싶은가? 당신의 전형적인 하루 일과가 어떤 모습이면 좋겠는가? 당신의 1년을 어떻게 나누고 싶은가? 당신이 결단코 더는 행하고 싶지 않은 일이 무엇인지도 숙고해 보라.

　a 3년 후에

　b 7년 후에

　c 20년 후에


### 3 소유

당신은 미래에 무엇을 갖고 싶은가? 어떤 물건들을 갖고 싶으며 또 물려주고 싶은가? 어떤 집, 어떤 자동차, 어떤 사람을 원하는가?

　a 3년 후에

　b 7년 후에

　c 20년 후에


어쩌면 이 질문들에 대답할 말이 많지 않을 수도 있다. 이는 이런 연습이 생소하기 때문일 수 있다. 연습을 자주 할수록 당신에게 익숙해질 것이다. 가장 좋은 것은 일주일에 한 번 이상 연습하는 것이다. 목표 설정 능력은 근육과 같아서 훈련을 통해 키울 수 있다. 어쩌면 자신이 위대한 목표를 달성할 수 있다는 것을 믿지 못할 수도 있다. 그렇다면 당신의 자신감을 키우는 것에 매진할 때다.

부디 오늘부터 규칙적으로 목표를 설정하고 미래를 계획하겠다고 결심하라. 겸손과 만족은 당신의 잠재력 발휘에 저해가 된다. 인생에서 많은 것을 기대하라. 긍정적인 의미에서, 욕심쟁이가 되라. 이것이 인간의 기본 욕구 중 하나라는 것을 염두에 두어라. 조너선 스위프트Jonathan Swift는 "아무것도 기대하지 않는 자는 복이 있을지어다. 이들은 실망할 필요가 없기 때문이다"라고 풍자했다. 단, 욕심의 대상을 소비에 두지 말고, 인격적 성장에 두어라. 그러면 다른 모든 것은 저절로 주어진다.

한 가지 질문이 더 있다. 이렇게 자신의 목표에 관심을 기울이고 시간을 할애하는 것이 가치 있는 일이라 생각하지 않는가? 이를 위해 지금 여러 가지를 포기해야만 해도 감수하겠는가? 당신의 목표 달성에 가장 방해가 되는 것이 소비를 위한 부채라는 사실을 명심하라. 부채는 당신을 과거에 묶어두기 때문이다.

소비용 부채를 방지하는 최선의 방법은 원대한 목표를 세우는 것이다.

## 어떻게 하면 그 지경까지 갈 수 있는가

사람들이 빚을 지는 이유에는 또 다른 측면이 있는데, 이는 개인의 관점에 의한 것이다. 빚을 질 때의 사고 과정은 지극히 단순하지만, 그 결과는 엄청나다. 빚을 지는 사람은 돈보다 물건을 더 중요하게 여긴다. 소비용 부채를 지고 안 지고는 그 사람이 사람, 물건, 돈에 어떤

머니 파워

의미를 두는지에 의해 좌우된다.

당신의 경우는 어떠한지 숙고해 보라. 무엇이 당신에게 가장 중요하고, 무엇이 가장 덜 중요한가? 이와 관련하여 당신을 파악하는 데 도움이 될 몇 가지 질문이 있다. 다음 중 무엇이 당신에게 더 중요한가?

- 집 아니면 돈?
- 부부간 관계 아니면 돈?
- 안전하고 풍요로운 삶 아니면 돈?
- 건강 아니면 돈?
- 멋진 자동차와 환상적인 세계여행 아니면 돈?

대부분의 사람들은 다음의 순서대로 우선순위를 둔다. 1순위가 사람, 2순위가 자신이 매우 좋아하는 물건, 3순위가 돈이다. '사람'이 항상 1순위라는 것은 나의 생각과 일치한다. 하지만 나는 물건보다는 돈이 앞 순위여야 한다고 생각한다. 돈을 지혜롭게 다루기 위해서는 '사람', '돈', '물건'의 순서로 우선순위를 두어야 한다.

사람들은 대부분 돈 자체를 좋아하지는 않고, 돈으로 얻을 수 있는 것을 좋아한다. 하지만 돈을 물건보다 더 좋아한다면, 뭔가를 사기 위해 돈을 쉽게 내놓지 않을 테고, 빚을 질 마음은 더욱이 없을 것이다. 그러면 물건보다는 돈이 더 많아질 것이다. 그리고 자신의 돈이 불어

제2부 더 많은 돈을 벌고 지키는 방법

나는 모습을 지켜보는 것을 더 즐거워할 것이다.

앞에서 말한 바와 같이 이 관점은 그다지 호응을 얻지 못한다. 우리는 소비 중심의 문화 속에서 살고 있다. 이런 환경 속에서 사람들은 뭔가를 한 번 소유하는 것만으로는 만족하지 않는다. 기존의 물건을 업그레이드한 새로운 모델이 계속 나오기 때문이다. 더 크고 더 눈에 띄는 모델, 더 작고 더 가벼워진 모델, 성능이 개선된 모델, 작동이 더 쉬워진 모델, 최신 모델, 더 세련된 모델, 유행에 앞서는 모델 등이 끊임없이 쏟아지기 때문이다.

누구나 당연히 이런 현상으로부터 자유롭지 못하다. 이로 인해 자신에게 별로 필요하지 않은 물건을 구입하기도 한다. 쉬운 대출로 인해 물건 값을 한참 뒤에 지불하는 식으로 많은 물건을 너무나 쉽게 소유할 수 있다.

이제 우리는 "그만"이라고 외쳐야 한다. 남들이 한다는 이유만으로 이런 물결에 휩쓸려서는 안 된다. 우리는 자신에게 본보기가 될 만한 사람을 찾을 수 있고, 찾아야 한다. 단, 대중을 본보기로 삼아서는 안 된다. 아무런 열정도, 진정한 삶의 기쁨도 없이 행복하지 않은 상태로 삶을 살아가는 대중을 본보기로 삼을 수는 없지 않은가.

알다시피, 남들이 행하는 것을 행하는 사람은 남들이 갖고 있는 것을 갖게 된다. 당신은 이것으로 충분한가? 그렇지 않은가? 그렇지 않다면 남들과는 다르게 행해야 한다. 즉, 돈의 가치를 물건의 가치보다

머니 파워

더 높이 평가해야 한다. 돈은 단순히 목적을 위한 수단이 아니며, 돈은 단순히 당신이 원하는 물건에 접근하게 해주는 통로도 아니다.

나는 돈이 목적을 이루는 수단일 뿐이라 주장하는 사람이 많다는 것을 안다. 하지만 이들은 대부분 부자가 아니다. 우리는 가능하면 전문가들의 의견을 따르면 좋다. 돈에 관한 전문가는 부자들이다. 돈을 벌고자 할 때, 돈이 없는 사람들의 의견을 따르는 것은 아무런 도움이 되지 않는다. 이들의 생각이 일정 부분 그럴 듯하게 들릴지라도, 바로 그 생각이 위험할 수도 있다. 어떤 사람이 돈이 없는 것은 어쩌면 바로 그 사람의 생각 때문일 수도 있으니 말이다.

부자들이 중요하게 여기는 것 가운데 돈은 우선순위가 높다. 이것은 매우 당연한 것이기도 하다. 왜냐하면 돈이 있는 사람에겐 선택권이 있기 때문이다. 돈이 있는 사람들은 마음이 내킬 때 많은 물건을 구입할 수 있다. 하지만 돈이 있는 사람들은 그 돈으로 돈을 더 많이 불어나게 할 수도 있다. 돈은 어디에도 속박되지 않은 자유로운 에너지다.


## 돈을 사랑하라

당신에게 돈이 물건보다 우선순위를 차지하려면 어떻게 해야 할

제2부 더 많은 돈을 벌고 지키는 방법

까? 대답은 간단하다. 돈에 관심을 기울여 보라. 돈을 절약하고 투자하라. 지금 자신에게 그럴 돈이 없다는 생각이 들더라도 일단 시작하라.

쓸 일이 없더라도 500유로(약 70만 원) 지폐를 항상 지니고 다녀라. 어쩌면 자신이 부자라고 느껴질 것이다. 가정용 금고를 구입하거나 은행 금고를 대여하라. 그리고 현금을 금고에 넣어두라. 할 수 있다면 작은 골드바를 몇 개 사서 현금 옆에 놓아두라. 가끔씩 현금을 세며 즐겨보라. 돈을 들여다보고, 돈을 갖고 있다는 것을 즐겨라.

그리고 돈을 기부해 보라. 당신보다 가진 게 훨씬 적은 사람에게 돈을 선물해 보면, 그 돈의 가치를 한눈에 인식할 수 있다. 우리에게 30유로(약 4만 원)는 그다지 큰돈이 아닐 수 있지만, 아프리카의 일부 국가에서는 30유로만 있으면 백내장과 녹내장 수술을 하여 시력을 되찾을 수 있다. 다음과 같은 사실을 명심하자. 30유로는 한 사람의 시력을 되찾아 줄 힘이 있다.

## 빚을 제대로 갚는 요령

『경제적 자유로 가는 길』에서 빚을 관리하는 여러 방법을 이미 소개했다. 그중 가장 중요한 것이 '50 대 50 원칙'이다. 매달 수입의 최대 50퍼센트까지만 빚을 갚는 데 사용하고, 나머지 50퍼센트는 저축해야 한다는 내용이다. 좀 더 자세하게 살펴보자.

대출을 할 때는 가능한 최소한의 금액을 변제하기로 약정하면 좋다. 반드시 최소한의 비율에 해당하는 금액만을 갚아 나가라. 소비로 인한 부채든, 부동산 담보대출이든 마찬가지다. 이 원칙을 소개하면 꼭 듣는 말이다.

"무책임하고 말도 안 돼."

"그러면 평생 빚이나 갚아야 할 텐데."

"이자가 어마어마할걸."

"빚을 다 갚을 때까지 너무 오래 걸려. 되도록 빨리 빚에서 벗어나고 싶은데."

먼저 부채에서 벗어나겠다는 당신의 생각은 존중받아 마땅하다는 점을 분명히 말씀드린다. 한 번에 빚을 다 갚을 수 있다면 가장 이상적일 것이다. 순식간에 빚이 사라진다니 정말 상상만 해도 기분이 좋아진다. 그러나 인생은 이렇게 흘러가진 않는다. 또 그럴듯하게 들리지만 실제로는 함정인 경우도 많다.

빚을 진 수많은 사람의 사연을 들어보자면 끝도 없을 것이다. "아무리 노력하고 아껴도 끝이 보이지 않는다. 오히려 한두 해가 지나갈수록 빚이 커져만 간다." 이들이 빚을 갚고 재산을 모으기란 쉽지 않다는 사실은 분명하다. 아래는 내가 생각하는 최소 금액을 상환할 때 얼는 열 가지 장점이다.

### 1  수중에 돈이 많아진다

이 돈은 저축할 수도 있고 쓸 수도 있다. 수중에 돈이 있으면 어디에 돈을 쓸지를 선택할 수 있다. 그래서 새로운 대안을 찾을 수 있다.

### 2  빚보다 당신이 1순위가 된다

자신에게 쓸 수 있는 돈이 생긴다. 이때부터 빚을 갚는 일도 기쁜 일이 된다. 이제 기분 좋게 일하러 갈 마음이 생겼기 때문이다. 이제 당신은 빚에 휘둘리지 않는다.

### 3  악순환을 끊어낸다

최소 금액을 변제하기 때문에 새로운 빚을 지지 않게 된다. 수중에 돈이 더 있기 때문에 물건을 또 다른 빚인 할부로 구매할 필요가 없어진다. 예상치 못한 일에 대비해 여분의 돈을 남겨둘 수도 있다. 예상치 못한 일은 늘 일어나는 법이니까.

### 4  내세울 변명 한 가지가 사라진다

빚이 많아서 생활이 어렵다는 변명 말이다. 이제 더는 남에게 "매달 내는 이 지긋지긋한 대출금만 다 갚으면"이라고 변명을 늘어놓을 수 없다. 이제 바로 당신이 얼마나 돈을 잘 관리하는지를 보여주고 이 책에서 권하는 내용을 실천할 수도 있다.

### 5 에너지를 현재로 옮길 수 있다

당신의 꿈을 실현하게 해줄 새로운 에너지를 얻게 된다. 빚은 당신을 과거에 묶어 둔다. 대출금 상환 비율이 높을수록 더욱 더 과거를 위해 살아가는 셈이다. 그러면 삶의 질이 떨어지고 사는 게 즐겁지 않다.

### 6 진부한 부채 상환 프로그램을 타파하라

소비를 위해 빚을 진 것은 어리석은 짓이었다. 부담이 될 만큼 높은 비율로 부채를 변제하는 것이 '고상한' 일처럼 들릴지 모르지만 긍정적인 것만은 아니다. 과거의 실수로 인해 미래의 삶의 질을 망가뜨리지 마라.

### 7 돈에 대한 부정적인 생각이 사라진다

이제부터 돈은 당신에게 긍정적인 것이 될 수 있다. 이제 당신은 더는 돈의 노예가 되거나 돈 때문에 절망하지 않는다. 오히려 돈은 이제 품격 있는 삶의 상징이 된다.

### 8 다시 꿈을 꿀 수 있다

사람들은 대부분 빚을 다 갚을 때까지 꿈을 미뤄둔다. 사실 이런 생각은 위험한데, 꿈을 갖고 사는 것만큼 빚에서 빨리 벗어날 방법은 없기 때문이다. 그러므로 매달 대출금을 갚는 데 집중하기보다는 삶에 활력을 주는 일에 몰두하라.

### 9 다시 중요한 일에 집중하라

사실 문제는 빚이 아니다. 실제 문제는 당신이 원하는 바를 이룰 수 없다는 사실이다. 당신이 가진 돈에서 나오는 이자로 생활할 만큼 자산이 없다는 게 문제라는 말이다. 못 믿겠는가? 그렇다면 당신의 예금 잔고가 500만 유로(약 70억 원)이고 빚이 3만 유로(약 4,000만 원)라고 가정해보자. 3만 유로를 지금 갚지 않는다고 하더라도 문제가 되지는 않는다. 빚이 있다는 것 자체가 문제가 아니라 자산이 부족하다는 게 문제다. 저축한 돈만 있다면 빚은 그 힘을 상실한다.

**10 상환액이 적으면 본인이 잘살고 있다는 의식을 갖게 된다**

앞서 설명한 것처럼 매달 상환하는 금액이 많지 않으면 재산을 모을 수 있는 여분의 돈이 생긴다. 하나 더 짚고 넘어가자면 대출 상환 비율을 낮추어 생긴 여분의 돈으로 저축을 하면 본인이 잘살고 있다는 의식을 갖게 된다. 돈이 주는 기쁨을 알게 되며, 부자가 된 느낌이 든다. 이러한 새로운 자신감이 결국은 실제로 당신을 부자로 만든다. 그 결과 당신은 마술처럼 돈을 끌어 모으기 시작한다. 대출금 상환액을 낮추면 여러 면에서 낫다.


## 그러면 이자로 나가는 돈이 너무 많은 거 아닌가


"그러면 이자는? 빨리 변제할수록 이자를 많이 아끼는 거 아닌가?"

이 질문에 대한 내 답변은 "아니다"이다. 분명히 말하건대 이자로 나가는 액수가 더 많더라도 최소 비율로 상환하는 편이 더 낫다. 그 두 가지 이유는 다음과 같다.

머니 파워

첫째, 여기에서 알아야 할 중요한 사실은 부채를 가능한 한 빨리 변제한다고 해서 실제로 이자로 나갈 돈을 아끼는 게 아니라는 점이다. 실제로 돈을 모으려면 저축계좌에 넣어서 투자해야 한다. 대부분의 사람들은 서둘러 변제해서 '아낀' 이자를 모두 저축하는 데에 쓰지는 않는다. 서둘러서 빚을 갚는다고 더 많은 돈을 모으는 건 아니다. 하지만 빚을 천천히 갚으면 돈을 더 많이 모을 수 있다. 상환액이 적기 때문에 매달 조금이라도 저축할 수 있기 때문이다.

둘째, 이자 계산 방식도 당신에게 유리해진다. 적어도 주식이나 펀드에 투자하는 '리스크'를 감당할 준비가 된 사람들에게는 말이다. 대출금 이자로 4퍼센트를 변제하지만 리스크가 적고 폭넓게 분산 투자하는 펀드에 투자해서 8퍼센트의 이자를 챙길 수 있다면, 4퍼센트를 버는 셈이 된다. 단, 당신이 확정금리 유가증권과 같이 절대적으로 안전한 곳에 돈을 투자하고 싶다면, 계산은 당신에게 불리해질 수도 있다.

하지만 설사 이처럼 대출 이자가 투자를 통해 얻는 수익보다 많다고 하더라도 나는 앞의 제안을 고수하고 싶다. 앞서 말한 열 가지 장점들을 모두 합치면 얼마 되지 않을 이자 차액보다 훨씬 중요하다. 그중에서도 열 번째 항목이 가장 중요한데, 사람은 누구나 본인이 잘살고 있다는 의식을 지닐 때 부자가 될 수 있다. 그리고 돈에 대해 더 큰 재미를 느껴야 부자가 될 수 있다. 이런 기쁨은 빚을 빨리 갚는다고

제2부 더 많은 돈을 벌고 지키는 방법

해서 얻어지지는 않는다.

---

## 대출 계약서를 잘 살펴보고,
## 대출 상환 비율을 좀 더 낮출 수 없는지 검토해 보라.

- 대출 상환 비율이 낮아지면 수중에 여윳돈이 많아지는데, 이 돈을 생활에 필요한 곳에 쓸 수도 있다.
- 일정 기간 동안 저축액이 늘어나면 자신이 잘살고 있다는 의식을 갖게 된다.
- 이제부터는 과거에 쓴 돈을 갚기 위해 돈을 버는 게 아니라 자신의 미래와 꿈에 집중할 수 있게 된다.
- 이로써 악순환을 끊게 된다. 대출금에 허덕이는 사람은 생활비에 쓰거나, 대출금을 갚거나, 아니면 심지어 사소한 수리 또는 새 물건을 사기 위해 다시 빚을 지는 경우가 적지 않기 때문이다.
- 당신의 빚이 삶의 질을 망가뜨리는 일이 없어진다. 이제 다시는 과거에 저지른 실수에 휘둘리지 않게 된다.

---

머니 파워

## 담보대출 상환 비율과 투자의 차이

이러한 원칙들이 담보대출에도 적용되는지 궁금할 수 있다. 담보대출을 받을 때도 대출 상환 비율을 1퍼센트라는 최소 수치로 책정해야 할까? 이 문제에 대해서도 대부분의 사람들은 한 가지 방식을 고수한다. 은행원, 전문가들을 비롯한 대부분의 사람은 담보대출 상환이 빠르면 빠를수록 좋다고 권고한다. 이들은 항상 다음 두 가지 이유를 들어 빠른 대출 상환을 권고한다.

첫째, 너무 오랜 기간 상환하다 보면 이자가 집값의 거의 두 배 또는 그 이상이 나갈 거라는 얘기를 당신은 분명히 들어보았을 것이다. 예를 들어, 가격이 50만 유로(약 6억 9,000만 원)인 집을 사서 30년간 대출금을 갚아 나간다면 총 80만 유로(약 11억 원)를 이자로 지불해야 하기 때문이다.

그뿐 아니라 대출금을 전부 상환할 때까지는 그 집이 온전히 당신 것이 아니라는 얘기도 들어야 할 것이다. 돈과 관련해서는 대출금을 전부 갚은 날이 인생에서 가장 행복한 날이었다고 회상하는 사람이 적지 않다. 그럼에도 나는 대출 상환 비율을 순수하게 산술적으로 1~2퍼센트 정도로 낮게 책정하도록 권장한다. 이는 다음과 같은 두 가지 장점 때문이다.

우선 인플레이션이 당신의 빚을 '삭감'해 준다. 인플레이션은 이자

제2부  더 많은 돈을 벌고 지키는 방법

를 더 부담하는 것 이상으로 돈 빌린 사람에게 유리하게 작용한다. 인플레이션이 돈의 가치를 떨어뜨리는 만큼 부채의 가치도 떨어뜨리기 때문이다.

그리고 투자할 돈이 많아져서 돈을 불릴 수 있다. 대출 이자를 갚기보다는 주식이나 펀드에 돈을 투자하면 더 높은 수익을 얻을 수 있다. 여기에도 제한은 있다. 주식시장에 돈을 맡기기가 두렵다면 이런 장점은 누릴 수 없다. 이 경우 다음 세 가지를 염두에 둬야 한다.

첫째, 앞서 다룬 바 있는데, 돈을 주식시장에 투자할 때에만 당신에게 유리한 이자 차액이 발생한다. 이를 위해서는 어느 정도의 리스크는 감수하겠다는 의지가 있어야 한다. 야구선수 프레드릭 윌콕스 Frederick Wilcox는 이렇게 말했다. "전진하기 위해서는 위험을 감수해야 한다. 1루에 한 다리를 걸쳐 놓고 2루까지 출루할 수는 없지 않은가."

안전성이 확보되면서 동시에 높은 수익을 주는 것은 없다. 이를 주장하는 사람이 있다면 그건 거짓말이다. 고수익을 얻으려면 대가를 치러야 한다. 다시 말해, 리스크를 감수할 작정을 해야 한다. 결정은 오롯이 본인의 몫이다.

둘째, 투자한 돈의 수익에 의존해서 매월 대출금을 갚는 일은 절대 없어야 한다. 수익은 평균적인 수치다. 즉, 일 년 혹은 몇 년간은 수익이 없을 수도 있다는 얘기다. 이자 수입이 없어서 대출금을 갚을 수 없어지면 심각한 문제가 발생할 수 있고, 가계를 위협할 수도 있다.

셋째, 이 과정에서는 마음을 편히 가져야 한다. 전혀 그럴 필요가 없는데도 두려움에 밤잠을 이룰 수 없다면, 그 대가는 너무 크다. 약간의 두려움은 일반적인 것으로 충분히 감수할 만하다. 심장이 조금 쿵쾅거린다고 해서 투자를 포기하지는 말라.

어찌됐든 "집 대출금을 다 갚았으니 이제는 온전히 내 집이야"라고 말할 수 있는 느낌이 '필요한' 상황일 수도 있다. 이 느낌을 갖는 것에 매년 수만 유로가 들어도 상관없다면, 더 이상 긴 말은 하지 않겠다.

---

### 보도 섀퍼의 제안 5

## 수익이 더 나은 곳에 자산을 투자하기 위해서 대출 상환 비율을 낮출 수 있는지 또는 낮춰야 하는지를 고민해 보라.

- 낮은 비율로 대출금을 상환하면 해가 거듭될수록 인플레이션에 의해 담보대출금이 삭감되는 효과가 있다.
- 선택지가 늘어나므로 활동의 여지가 개선된다.
- 현재의 순수입만으로 이자를 감당할 수 있는지 확인하라. 당신이 어떤 리스크를 감당할 준비가 되어 있는지 검토하라. 왜

---

제2부 더 많은 돈을 벌고 지키는 방법

냐하면 이런 모든 조치들은 리스크가 큰 주식시장에 투자를
해야 제대로 의미가 있기 때문이다. 또한 이런 모든 조치들이
당신의 행복에 어떤 부정적인 영향을 끼칠 여지가 있는지도
숙고해 보라.

- 이렇게 해서 마련한 돈을 리스크가 과도한 상품에 투자하지
  말라. 최소 3분의 1은 현금으로 보유하고, 3분의 1은 영국식
  연금보험에, 그리고 나머지 3분의 1은 글로벌 주식형 펀드나
  상장지수펀드에 투자하라. 개별 주식이나 특별 펀드는 내용을
  잘 아는 경우에만 투자하라.

## 상환액을 줄여 투자한 부부

'재정적 성공을 위한 돌파구'라는 주제로 3일간 개최되는 세미나에
서 우리는 몇 가지 흥미로운 펀드를 소개하면서 이를 통해 매년 6~8
퍼센트 정도의 수익이 가능하다는 것을 이야기한다. 그러면 늘 자신
이 과거에 경제관념이 없이 살아온 건 아니라며 불편한 심기를 드러
내는 참석자들이 나타난다.

50대 초반의 치과의사와 40대 후반의 전업주부 부부의 예를 들어

머니 파워

보자. 이 두 사람은 마음이 불편한 단계를 넘어 거의 패닉에 빠졌다. 연금 수령 연령이 될 때까지 어떻게 하면 많은 돈을 모을 수 있을지 막막했기 때문이다. 내 강의 중 다음과 같은 마지막 몇 마디가 특히 이들에게 와 닿았던 모양이다.

"우리는 자본주의 만능시대에 살고 있습니다. 하지만 자본이 없는 사람들은 자본주의의 장점들을 대부분 놓치게 됩니다. 오늘을 살고 있지만 경제적인 면에서는 여전히 석기시대에 살고 있다는 말씀입니다."

이들은 아무리 열심히 계산기를 두드려 봤지만 투자할 돈이 한 푼도 없다는 결론밖에 얻지 못했다고 말했다.

나는 이들에게 자산 상황을 알려달라고 했다. 살펴보니 매달 세후 8,000유로(약 1,000만 원)를 벌고 있었지만 투자 금액은 제로였다. 100만 유로(약 14억 원) 상당의 자가를 소유하고 있지만 남은 대출금이 30만 유로(약 4억 원)였다. 이 30만 유로는 주택부금을 통해 상환되고 있었다. 상환 비율이 높아 매달 거의 4,000유로(약 500만 원)를 대출금 상환에 지출해야 했다. 소득의 절반이었다. 그 외 다른 재산은 없었다.

나는 이들에게 지금부터 1,500유로(약 200만 원)만 원리금 상환과 이자 지급에 쓰고 나머지 2,500유로(약 350만 원)는 투자할 것을 권고했다.

제2부 더 많은 돈을 벌고 지키는 방법

이들 부부는 내 말대로 계획을 수정하기는 했지만, 처음에는 다소 불안해했다. 하지만 6개월이 지날 때쯤 예상보다 빨리 전화로 소식을 전해왔다. "조언해 주신 대로 2,500유로를 신중하게 투자했어요."

"신중하게 투자했다"라는 말은 3분의 1은 현금으로 보유하고, 3분의 1은 영국식 연금보험에 가입했으며, 3분의 1은 펀드에 투자했다는 뜻이었다. 이로써 안전자산뿐 아니라 현금도 보유할 수 있게 되었다.

이들 부부는 유능한 투자 컨설턴트를 선택하여 즐거운 마음으로 함께 고민했기 때문에 이런 식으로 리스크를 분산시킬 수 있었다. 특히 흥미로운 사실은 이들 부부가 세미나를 들으면서 내가 언급했던 리스크에 관해 공감하고 이미 세미나 도중에 직접 이런 식으로 리스크를 배분했다는 점이다. 그 전에는 이런 문제를 의식했던 적이 단 한 번도 없었다고 했다. 어차피 투자할 돈도 없으니 리스크 관리란 남의 집 이야기라고 여겼던 것이다.

또한 이 부부는 내게 이런 말도 했다. "저희 모두 처음으로 '함께하고 있다'는 느낌을 받고 있어요. 또한 저희는 이제 돈이 돈을 낳는 원리를 알게 됐어요."

이들이 투자한 펀드는 9개월 동안 13퍼센트의 수익을 가져다주었다. 펀드 가입 당시 기대했던 것보다 훨씬 많은 액수였다. 이들은 처음 자신들이 설계한 투자의 리스크가 컸기에 때로는 손실을 입을 수도 있다는 사실도 알고 있었다. 나는 세미나에서 이 점을 분명히 경고

한 바 있다. 나는 통화를 하면서도 이 사실을 다시 한번 언급했다. 하지만 이들은 최소 평균 6~8퍼센트의 수익을 확신하고 있었다. 나 역시도 이를 확신했다.

그리고 시간이 꽤 흘렀고, 2008년도의 경제위기로 이들도 얼마간의 손실은 피할 수 없었다. 그럼에도 이들의 전체적인 수익은 매년 16퍼센트를 훨씬 상회하고 있다.

이대로만 계속 유지된다면 이들이 은퇴 시점으로 고려 중인 향후 12년 안에 경제적 자유를 달성하게 될 것이다. 자금 운용 방식을 '조금' 수정했을 뿐인데 말이다.

## 제5장

**재미있게<br>저축하는 방법**

다른 사람들이 당신의 돈을 노리고 있다.
당신은 다른 사람들보다 돈에 더 많이
욕심내야 한다. 안 그러면 다른 사람들이
그 돈을 차지하게 된다.

— 수지 오먼Suzy Orman

진심으로 부자가 되고 싶어 하지 않는 사람들이 있다는 걸 상상할 수 있는가? 실제로 상당수의 여성은 부자가 되고 싶어 하지 않는다. 수천 명의 여성을 대상으로 실시한 설문조사 결과, 놀랍게도 상당수의 여성에게 부자가 되는 일은 제1목표가 아니었다. 이들은 돈 걱정 없는 안락한 삶을 살고 싶어 하지만, 많은 돈을 벌고 싶다는 특별한 바람은 없는 것 같다.

따라서 대다수의 여성은 부자가 되기 위해 특별히 무언가를 준비하지는 않는다. 큰 자산을 형성하기 위한 첫걸음은 저축하는 일이다. 부자가 되는 건 얼마를 버느냐가 아니라 번 돈을 어떻게 지키느냐에 달려 있다. 가진 것이 없는 사람에게 최상의 투자나 좋은 재테크 방법은 무용지물이다.

여성들의 저축하는 태도와 관련해 흥미로운 점이 있다. 여성은 남성보다 더 많이 저축하는데, 저축의 목적이 부자가 되기 위해서가 아니라는 점이다. 이들은 위급 상황이나 (가구, 휴가, 자동차 등) 큰돈이 들 때를 대비하거나 집을 구입하기 위해 또는 자녀들을 위해서 저축한다.

이는 많은 여성이 가족 중심의 삶을 산다는 것과 관련이 있다. 이들은 자녀를 잘 보살피고 편안한 가정을 가꾸는 데에 가치를 둔다. 반면 상당수의 남성은 자신의 지위를 중심에 둔다. 이들은 돈으로 자신을 과시하고 싶어 한다. 그 결과 많은 가정에서 아내의 돈으로 물건들을 구입하는데, 이런 물건들은 시간이 지나면서 가치가 크게 떨어지기 마련이다. 반면 남편이 버는 돈은 저축이나 보험에 투자된다. 이때 계약은 '당연히' 남편 이름으로 한다. 즉, 남편이 부를 축적하는 동안 아내의 통장은 점점 비어 간다. 이렇게 살다가 혹시라도 이혼을 하게 되면 아내를 보호해야 할 법들이 너무 취약해서 경제적인 문제가 생길 수밖에 없다.

또 많은 여성들이 "다 잘될 거야. 난 남편을 믿어"라는 말들을 하곤 하는데, 이런 말에는 '목적적 낙관주의'가 담겨 있다. 대부분의 여성들은 자기 돈에 신경 쓸 생각이 별로 없다. 그래서 남편이 자신의 돈을 맡아 관리해도 아무 상관하지 않는다.

　문제는 아내보다 돈 관리를 훨씬 못하는 남편들이 이 일을 도맡아 한다는 것이다. 이런 일은 너무도 자주 일어난다.


## 충동구매


　'충동구매'라는 제목만 읽고 '나하고는 전혀 상관없는 얘기야!'라고 생각할지 모른다. 정말 상관없을까? 우리는 생각보다 이런 충동구매에 약하다. 좌절, 권태, 외로움, 인정받고 싶은 강박적 욕구에서 혹은 그냥 남는 시간을 보내다가 충동구매를 하게 된다. 충동구매의 결정판인 쇼핑중독은 암암리에 우리 사회의 고질적 병폐가 되어버렸다.

　독일에서는 가구당 소비로 인한 부채가 1만 유로(약 1,400만 원)에 달한다. 그렇게 많은 액수는 아닌 것처럼 보이지만, 여기에는 평균치만 보고 대수롭지 않게 넘겨버릴 수 있는 위험이 있다. 문제는 세 가구 중 두 가구는 빚이 전혀 없다는 사실이다. 즉, 빚이 있는 가구는 3만 유로(약 4,000만 원)가 넘는 빚더미에 앉아 있다는 것이다. '도저히 해결할 수 없는 과부채' 상태에 처해 있는 사람은 700만 명에 달한다. 이와 같은 현상의 이면에는 무제한적 소비의 법칙, 즉 '인생을 이해하는 자는 소비하고, 소비하는 자는 인생을 이해한다'는 법칙이 도사리고 있다.


　　　　　　　　　　　　　　　　　　　　　　머니 파워

6~8퍼센트의 사람들은 이보다 더 심각한 쇼핑중독에 빠져 있다.

사회학자인 롤프 하우블Rolf Haubl 박사는 특히 만 25세부터 40세까지의 여성들이 쇼핑중독에 빠져 있다는 사실을 확인했다. 이들 중 대부분은 직업을 갖고 직접 돈을 벌며, 외견상으로는 자의식이 강하고 독립적인 여성으로 보인다. 하지만 이 같은 드라마틱한 면이 숨어 있는 것이다. 중독 증세가 나타나면 이들은 사고, 사고, 또 사야 한다. 옷이든 화장품이든 뭐라도 사야 한다.

왜 이런 충동구매가 여성들에게만 집중적으로 발생할까? 뭔가를 구매하는 일을 주로 여자가 담당하기 때문이다. 돈 관리는 남자의 몫이다. 여자가 자기 이름의 통장을 갖기 시작한 것은 겨우 20세기 초의 일이다. 그래서 여성들이 직장에서는 유능하게 중요한 결정들을 내리더라도 가정에서는 부부로서 동등한 권리를 누리지 못하는 경우가 있다. 이들은 아내로서 내조하는 역할을 하고, 재정 관리는 남편에게 일임한다. 자신의 수입까지 남편이 관리하게 하는 경우도 적지 않다.

이런 점에서 볼 때, 여성들의 중독적인 소비는 필요에 의한 것이 아니라 자신의 자립을 방해하는 파트너를 은연중에 '응징'하기 위한 행동이다. 동시에 자신의 의견을 관철하지 못하는 스스로의 나약함을 응징하는 일이기도 하다.

자신의 무력감에 대한 분노가 발작적으로 표출되면서 뭔가를 사고, 사고, 또 사는 것이다. 그러면 심장 박동이 빨라지고, 극도의 흥분 상

제2부  더 많은 돈을 벌고 지키는 방법

태에 진입한다. 기분이 점점 더 좋아지고 절정에 이른 흥분 상태가 여러 차례 반복된다. 양손에 쇼핑백이 가득할 때까지 사고 또 산다. 그러고 나면 어느 순간 그 행복감이 깊은 우울감으로 바뀐다. 부끄럽고 죄책감이 들어 정신없이 사들인 것들을 전부 내다 버리고 싶어진다. 쇼핑중독으로 인해 부부관계가 망가지고 가족 전체가 비참해진다. 이런 쇼핑중독은 절망 속에서 외치는 비명이며, 도움을 요청하는 절규이다. 하지만 누구 하나 귀 기울여주지 않는다.

충동구매의 또 다른 이유는 낮은 자존감 때문일 수 있다. 유명 디자이너가 만든 제품 광고 카피에 다음과 같은 문구가 들어 있다.

"비싼 게 흠."

이 같은 광고들이 전달하려는 메시지는 분명하다. 이 '특별한 물건'을 소유하는 사람은 세련되고 고귀한 사람이라는 것이다. 자존감이 낮은 사람은 잠재의식을 자극하는 이런 약속에 이끌리게 된다. 아무나 가질 수 없는 명품이 자신의 자존감을 높여주기를 바란다. 이런 물건들을 더 많이 몸에 두르고 다닐수록 자신의 사회적 신분이 상승하고 남들로부터 인정받는다고 믿는다.

하지만 이런 믿음은 대부분 허황된 기대에 그친다. 처음에 쏟아지던 감탄은 곧 조소와 의심으로 바뀐다. "저렇게 비싼 걸 걸치고서 도대체 뭘 보여주고 싶은 건데?", "돈은 어디서 났대? 뭔가 수상해!" '명품으로 휘감은 애'는 결국 남들에게 인정을 받기는커녕 왕따를 당하게 된다. 비싼 옷가지는 주변 사람들과의 거리를 더 벌려놓을 뿐이다.

최신 마케팅은 다음과 같은 사실을 간파했다. 구매는 여성적이고, 세상을 여성화시킨다. 여자들은 뭐라도 사야 하는 운명을 타고난 것처럼 보인다.


## 부자들의 소비 행태는 어떠한가

돈을 손에 쥐고 있지 못하는 사람은 부자가 될 자격이 없다.

내가 개최하는 세미나에는 부유한 사람들도 꽤 많이 참가한다. 나는 자산 규모가 100만(약 14억 원)에서 500만 유로(약 70억 원) 정도인 참석자 수천 명을 대상으로 구매 습관을 조사할 기회가 있었다. 여기서 얻은 수치는 미국 전역에서 진행된 연구조사 결과와도 일치한다.

먼저, 백만장자들이 자동차를 사는 데 얼마를 지출하는지 살펴보자. 응답자의 50퍼센트는 자동차에 4만 4,680달러(약 6,000만 원) 이상을 지출하지 않았다. 10만 3,000달러(약 1억 4,000만 원)가 넘는 자동차를 타는 사람은 5퍼센트에 그쳤다. 응답한 백만장자들은 전체적으로 자동차에 연봉의 7.6퍼센트만 지출했다. 이는 이들이 가진 자산의 0.68퍼센트에 해당하는 돈이다.

이들보다 가진 돈이 훨씬 적은 사람들이 훨씬 비싼 자동차를 사는

제2부  더 많은 돈을 벌고 지키는 방법

일도 적지 않다. 많은 사람들에게는 부자인 것보다 부자로 보이는 것이 더 중요하기 때문이다. 괴테는 이런 현상에 대해 다음과 같은 말을 남겼다. "너무나 많은 사람들이 중요한 사람이고 싶어 하지만, 중요한 사람이 되려고 하는 사람들은 얼마 되지 않는다."

---

**보도 섀퍼의 제안 6**

## 자신의 두 달 치 월급보다 비싼 차를 사지 말라. 적어도 경제적 안정을 이루기 전까지는.

- 이렇게 해야 당신이 오로지 자동차를 갖기 위해서만 일하는 게 아닌 것이 확인된다.
- 이 공식에 따라 당신이 감당할 수 있는 자동차가 말썽을 부리면, 더 많이 벌어야겠다는 자극이 될 수 있다.
- 반면 마음에 드는 차를 구입하고 비싼 할부금이나 리스비용을 내야 한다면, 당신은 '수고에 대한 보상'을 이미 자신에게 줘 버린 셈이 된다. 그렇다면 무얼 위해 열심히 일해야 하겠는가?
- 내일 벌어들일 돈을 오늘 미리 지출하지 않게 된다. 우리는 항

---

상 예기치 못한 상황을 피할 수 없다. 꼭 들어올 거라고 생각했던 돈이 상황에 따라서는 안 들어올 수도 있다.

- 목돈을 만들 만큼 여유 자금이 생긴다.

자동차 구매에 대해 추가로 두 가지 팁을 주자면, 우선 목돈을 모으기 전까지는 새 차를 구입하지 말라는 것이다. '새 차에서 나는 냄새'가 필요하다는 사람들도 더러 있다. 이 냄새를 맡기 위해서는 상당한 돈이 든다. 대부분의 자동차들은 처음 2년 동안에 가치가 50퍼센트 하락한다. 2년 된 자동차는 새 차와 별 차이가 없다. 성능뿐만 아니라 외관까지도 거의 같다. 그렇다면 왜 굳이 두 배나 많은 돈을 지불하려 하는가?

그리고 차는 반드시 현금으로 사라. 테이블 위에서 현금을 세면 수표에 서명하거나 할부 계약을 하는 것보다 훨씬 작은 자동차를 사게 될 테니까 말이다. 현금으로 지불하면 자신의 지출 규모를 제대로 깨달을 수 있다.

동일한 연구에서 백만장자의 50퍼센트는 자신의 옷값으로 718달러(약 100만 원) 이상을 지출하지 않는 것으로 드러났다. 손목시계 역시 252달러(약 35만 원) 이상은 구매하지 않았다.

## 구매하는 일이 '즐겁다'고 여겨지는가

어느 부자가 쇼핑을 하러 나갔다가 10만 유로(약 1억 4,000만 원)짜리 자동차가 눈에 들어왔다. 동행인이 그 차를 사라며 부추겼다. 그 부자는 "자동차에 100만 유로(약 14억 원)를 쓸 수는 없지"라고 대답했다. "100만 유로가 아니잖아. 10만 유로야"라고 동행인이 정정해 주었다. 그러자 부자는 흥미로운 설명을 내놓았다. "나한테는 100만 유로야. 내가 차 값으로 10만 유로를 쓰지 않고 투자하면 10년 안에 100만 유로로 불어날 거니까."

이처럼 부자들은 제품의 가격을 '부풀려서 계산하는' 경향이 있다. 이들은 그 돈을 지출하지 않고 투자한다면 얼마가 될 것인지 계산해 본다. 금리가 1.2퍼센트만 된다고 하더라도 그 돈이 18년이 지나면 8배가 될 것이기 때문이다.

반면 재산이 별로 없는 사람은 '행복하게 만들어 주는 계산'을 하는 경향이 있어서 액수를 '줄여서' 계산한다. 예를 들어, 5만 유로(약 7,000만 원)를 훌쩍 넘기는 비싼 자동차를 리스비용이 '겨우' 1,635유로(약 230만 원)밖에 안 되는 자동차로 만들어버린다. 어차피 리스하지 않더라도 절반은 세금으로 낼 돈이라면서, 결국 한 달에 817.50유로(약 110만 원)밖에 안 드는 자동차라고 마음 편한 결론을 짓는다. 더 비싼 것을 구매할 때에도 이런 식으로 돈을 쓰면서 자신에게 유리하게 계산해 버린다.

우리는 여러 가지 불편한 상황을 듣기 좋은 말로 넘길 수 있지만, 수치는 어찌 할 수가 없다. 은행잔고는 거짓말을 하지 않는다. 우리에게 재정적으로 계속 문제가 발생하면 자신감이 사라진다. 그러면서 소득도 정체된다. 상황이 어떻든 어느 정도의 재산을 형성하는 것은 누구에게나 가능한 일이다. 다만 유감스러운 사실은 이를 실행하는 여성들이 너무나도 적다는 것이다. 사람은 누구나 (원하든 원하지 않든) 남과 자신의 경제력을 끊임없이 비교하기 때문에, 자신을 경제적 무능력자로 치부해 버릴 소지가 있다. 이는 흔히 인격에도 부정적인 영향을 미친다. 자신의 재정 상황에 만족하지 못하는 사람들은 스스로를 '루저'로 치부해 버리곤 한다.

재정 상황이 당신의 자신감을 앗아가게 하지는 말라. 당신의 재정 문제에 대한 책임을 남에게 전가하지도 말라. 건강한 자산을 형성하는 일은 (특히 여성들에게) 정말로 어려운 일이 아니기 때문이다.

## 효율적인 시스템

자제력과 끈기가 없어도 저축을 잘할 수 있게끔 만들어주는 시스템이 있다면, 당신은 이 시스템에 관심이 가겠는가? 한 번만 설치해두

제2부 더 많은 돈을 벌고 지키는 방법

면 저축이 자동으로 진행되는 그러한 시스템이 있다면? 무엇보다도 즐겁게 부를 쌓아갈 수 있게끔 도와주는 시스템이 있다면? 이런 시스템은 아주 쉽게 구축할 수 있다.

대부분의 사람들은 월급이 들어오고 지출, 자동 이체, 보험료, 적금 등이 빠져나가는 일반 입출금 통장을 가지고 있다. 이 통장의 단점은 돈의 흐름이 한눈에 들어오지 않는다는 점이다. 이래서는 건전한 자산 계획을 세우기가 어렵다.

종종 구태의연한 옛날 방식으로 저축을 하려는 사람들도 있다. 즉, 월말에 남는 돈을 '꾸준히' 저축하는 것이다. 물론 월말에 계좌에 실제로 돈이 남는 경우도 많지만, 그렇지 않은 경우도 많다. 이런 것을 두고 시스템이라고 할 수는 없다. 또한 이 경우에는 한 푼을 쓰는 데에도 매번 갈등을 겪어야 한다. 써버릴 수도 있지만, 그러면 저축을 할 수가 없다.

다른 한편 그 한두 푼의 돈을 저축할 수도 있지만. 그러면 당신을 기쁘게 해주는 데 쓸 수 있는 돈이 적어진다. 무엇을 택하든 완전히 만족스러운 방법은 아닌 것 같다.

따라서 이러한 뒤죽박죽 상태를 합리적인 구조로 바꿔줄 해결책이 필요하다. 바로 이런 시스템이다.

입출금 계좌와 연계된 서브계좌를 따로 하나 개설하라. 즉, 저축 계좌를 개설하여 매달 초에 소득의 10퍼센트를 이체하라. 필요한 경우 생활비도 이체하라. 자동이체를 신청해두면 가장 좋다. 이렇게 하면 원칙을 어길 수가 없다. 당신의 소득 중 나머지 90퍼센트만으로도 100퍼센트일 때와 다름없이 한 달을 잘 (혹은 잘못) 지낼 수 있다. 믿기 힘든가? 한번 시험해 보라. 분명 놀라게 될 것이다.

소득의 10퍼센트를 월말에 저축하려고 하면 실천하기가 쉽지 않다. 상황에 따라서는 아직 월말이 되지도 않았는데 입출금 계좌에 그 10퍼센트밖에 남아 있지 않을 때도 있다. 또한 소득의 10퍼센트를 월말에 저축하려고 하면, 아마도 한 달 내내 마음 편히 지내기도 쉽지 않을 것이다. 저축할 돈을 남겨야 한다는 생각이 늘 머릿속을 떠나지 않을 테니 말이다.

말하자면 이 10퍼센트는 당신 자신을 위해 쓰는 돈이다. 나머지 돈은 전부 다른 사람을 위해 쓰지 않는가. 우유 1리터, 키위 몇 개, 주유비 등등 당신은 늘 남을 위해 돈을 쓴다. 당신을 위해서는 누가 돈을 내주는가? 당신이 스스로 실천하지 않으면, 아무도 당신을 위해 돈을 내주지 않는다. '저축한다'라는 단어가 마음에 안 든다면 앞으로는 '나를 위해 돈을 쓴다'라고 표현하자. 다시 말해서 소득의 10퍼센트 이상을 별도의 저축계좌로 이체하는 것은 당신을 위해 쓸 돈을 모아두는 것이다.

이 계좌에 저축된 돈으로 당신의 재정적 자립을 실현하는 것이다. 이렇게 모은 돈으로는 투자하라. 물론 일반 입출금 통장에서 바로 투자할 수도 있다. 대부분의 사람들은 그렇게 하고 있고, 결과가 좋은 사람도 있다. 하지만 저축계좌를 분리하면 다음과 같은 분명한 장점이 있다.

1 저축계좌를 분리하면 원칙을 어길 수가 없으므로 매달 저축하기로 계획한 금액을 정확히 저축하게 된다. 그리고 정해놓은 금액이 저축계좌로 빠져나가도 평상시와의 차이가 느껴지지 않아서 저축이 즐거워진다.

2 원하는 만큼의 돈을 저축하고, 전체적인 자금 현황을 한눈에 볼 수 있다. 따라서 예산을 세워서 자금을 관리하는 일이 쉬워진다. 돈의 흐름도 투명해진다. 이제 당신은 미래도 예측할 수 있다.

3 당신이 투자했던 상품을 매각하고 나서도 매각한 대금이 입출금 통장의 돈과 섞이지 않고, 다시 저축계좌로 입금된다. 그리고 이 저축계좌에 어느 정도 잔고가 쌓일 때마다 그 돈을 다시 투자할 수 있다.

## 하지만 우리는 오늘을 살고 있다

저축과 관련해서 끊임없이 듣게 되는 변명은 "그래도 오늘 당장 먹고 살아야 되잖아. 다 늙어서 백발이 되었을 때 부자로 살고 싶진 않단 말이야! 지금 돈을 쓰고 싶고, 지금 내 인생을 즐기고 싶어!"

이런 변명은 당연하다. 평생 노후 준비만 하는 것은 무의미하다. 하지만 즐거운 일을 하면서 동시에 돈도 모을 수 있다면 어떤가? 그러면 의미가 있을 것이다. 해결책은 간단하다. 서브계좌(저축계좌)를 하나만 만드는 게 아니라, 하나 더 만드는 것이다(취미계좌). 그러면 다음과 같은 구조가 된다.

### 3계좌의 원칙

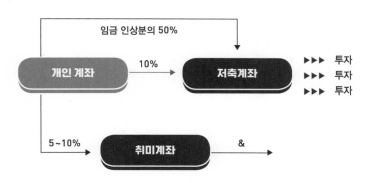

입출금 통장에서 매달 소득의 5~10퍼센트를 취미계좌로 이체한다. 이것도 역시 월초에 바로 이체하는 것이 가장 좋다. 취미계좌에 있는 돈은 전액을 지출해야 한다. 잘못 읽은 게 아니다. 맞다. 지출하라! 우리는 현재를 살아야 할 뿐만 아니라, 자신과 자신에게 중요한 사람들을 기쁘게 해 주어야 한다.

자신을 위해서 마음 편히 돈을 써라. 돈 쓰는 기쁨을 느낄 수 있도

제2부  더 많은 돈을 벌고 지키는 방법

록, 돈이 얼마나 아름다운 것인지 알 수 있을 만큼 돈을 써라.

우리 사회에는 지출이 너무 많은 여성들도 적지 않다(쇼핑중독 참조). 반면에 스스로에게 선물하는 방법을 배우지 못한 여성들도 많다. 이들은 스스로를 편하게 하는 일에는 죄책감을 느끼는 것처럼 보인다. 이렇게 절약한다고 해서 자신이 특별히 괜찮은 사람이라는 것을 증명하진 못한다. 이런 여성들은 자기 자신과의 관계도 원만하지 못한 경우가 많다. 어쩌면 선물을 줄 만큼 스스로가 가치 있는 사람이 아니라고 생각하고 있는지도 모르겠다.

내 생각으로는 자신을 사랑하고 잘 보살필 줄 아는 사람이 다른 사람에게 제대로 베풀 줄 안다. 몇 년 전부터 나는 스스로에게 선물을 해 왔다. 힘들게 일하는 나는 선물 받을 자격이 충분히 있다고 생각한다. 그리고 나는 스스로에게 선물하는 것을 즐긴다. '정당한 보상'이므로 죄책감은 느끼지 않는다.

버는 돈을 전부 저축한다면 더 부자가 될지도 모른다. 하지만 저축해서 점점 더 부자가 되는 것이 삶의 유일한 목표가 될 수 있을까? 절대 그럴 수 없을 것이다. '카르페 디엠(carpe diem)'이라는 유명한 격언이 있다. 이를 약간 바꾸어 말하면, 오늘을 잘 이용해서 부자가 되어라. 그리고 자신을 위해 돈과 시간을 써라. 오늘은 당신 자신을 극진히 대접하라.

## 소득이 없는 사람은 어떻게 해야 할까

본인은 소득이 없고 파트너로부터 생활비를 받아 쓰는 경우라면 어떻게 해야 할까? 이런 상황에서 '본인은 소득이 없다'라는 표현은 적절하지 않다고 본다. 그렇지만 가정주부들은 자주 이런 표현을 쓴다. 주부가 하는 일은 매우 힘들기도 하지만 엄연히 하나의 직업이기도 하다. 여성들 스스로가 이 직업에 자부심을 갖고 권위를 부여하지 않는다면 그 누가 이 직업을 인정해주겠는가? 가정주부가 하나의 직업이라면 당연히 생활비 외에 별도의 보수가 있어야 한다. 이는 재량껏 독자적인 재정 활동을 할 정도의 금액이어야 한다.

여성이라면 누구나 자신만의 은밀한 영역이 필요하다. 오로지 자신만의 개인적인 공간이 필요하다. 여기에는 재정적으로 은밀한 공간도 포함된다. 모든 여성은 파트너로부터 완전히 독립적인 지위를 확보해야 한다. 여성의 독립적인 지위가 단지 여성만을 위한 것도 아니며, 또한 남성을 배제한 여성만의 충만한 인생을 위한 절대조건인 것도 아니다. 성숙한 남편이라면 자립적인 아내가 곁에 있는 것을 매우 반길 것이다. 자신조차 믿지 못하는 석기시대 남편들이나 아내를 자기 옆에 묶어두고자 안달할 것이다. 이러한 군림을 통해 석기시대 남편은 은연중에 자신에게 부족한 안정감을 확보하려 한다. 그리고 자신에게 종속된 아내를 통해 자신의 중요성을 확인받고 싶어 한다.

제2부 더 많은 돈을 벌고 지키는 방법

마치 구시대의 유물 같은 이런 남자가 어떻게 하면 쓸 만한 남편이 될 수 있는지는 다음에 생각해 보자. 어쨌든 내가 경험한 바로는 당장 재정적 자립을 이루는 것이 아내인 자신에게 중요하며 남편과 터놓고 대화하는 것만으로도 이 문제는 대부분 해결된다. 때로는 이 책의 일부를 남편에게 보여주는 것도 도움이 될 수 있다(일단 책을 읽기 시작하면 끝까지 읽을 수도 있다). 이를 실천하는 것이 매우 어렵고 본인의 상황에서는 불가능하다고 생각할 수도 있다. 하지만 그렇지 않다. 충분히 가능하다. 나는 이러한 사례들을 수없이 지켜봐 왔다. 대부분의 경우 생각보다 훨씬 쉽게 해결된다. 이 부분에 대해서는 제5장에서 자세히 기술해 놓았다. 여기서는 저축이 당신의 재정적 자립 달성의 토대가 된다는 점만 확인하자.

'3계좌 모델'은 생활비로도 충분히 실행할 수 있다. 생활비의 10퍼센트를 저축하라. 빠듯할 수는 있겠지만 당장 이 달 초에 당신 스스로를 위해 생활비의 10퍼센트를 지출하라. 막상 실행해보면 생각보다 쉬울 것이다. 당신이 하지 않으면 아무도 대신 해주지 않는다. 지금 당장 실행하지 않으면 앞으로도 절대 하지 못할 것이다.

# 72시간 이내에
# '3계좌 모델'을 실행하라.

- 입출금 통장에 연계된 서브계좌로 저축계좌와 취미계좌를 개설하라. 이것이 가장 이상적인 시스템이다. 이로써 저축이 즐거워질 것이다.
- (매달 초에) 이들 계좌로 자동이체할 소득의 비율을 확정하라.
- 저축통장에는 항상 소득의 10퍼센트 이상을 송금해야 한다. 물론 이보다 더 많은 금액을 송금해도 좋다.
- 취미계좌로 송금하는 돈 이상은 절대 당신을 위해 쓰지 말라. 하지만 취미계좌로 이체된 돈은 죄책감 없이 마음껏 써라. 왜냐하면 당신은 충분히 그럴 가치가 있는 사람이고, 돈을 쓰는 것은 즐거운 일이니까.

제2부  더 많은 돈을 벌고 지키는 방법

## 월급 인상은 본격적으로 저축할 기회이다

고대 바빌로니아인들은 다음과 같은 흥미로운 사실을 발견했다. "씀씀이는 결국 번 돈을 다 쓸 때까지 커진다." 아마 당신도 현재보다 소득이 적었던 때를 경험했겠지만, 그래도 그럭저럭 버틸 만했을 것이다. 지금은 더 많이 벌고 있지만, 쓰는 것도 더 많을 것이다. 앞으로도 계속 그러할 것이다. 많이 벌수록 더 많이 쓴다. 이런 악순환을 끊는 방법은 아주 간단하다. 인상된 월급의 50퍼센트를 일관되게 저축하는 것이다. 그냥 앞에서 설명했던 10퍼센트와 함께 저축통장으로 이체하는 것이다. 물론 이 경우에도 매월 초에 자동이체 시켜 둔다.

계속 이렇게 하면 매달 얼마를 저축할 수 있는지 한번 생각해 보자. 물론 지나간 일은 어쩔 수 없다. 앞으로 이대로만 하면 된다. 월급 인상분의 50퍼센트를 저축계좌로 이체해두면 다음과 같은 장점이 있다.

- 별다른 '고통 없이' 저축할 수 있다. 월급이 올랐다고 해서 생활수준이 함께 높아진 것은 아니지 않은가.
- 이로써 월급 인상이 더 기쁘고 의미 있는 일이 된다. 더 이상 과소비의 소용돌이에 휩쓸리지 않는다.
- 스스로에게 자부심을 갖게 된다. 돈을 잘 관리할 수 있다는 것을 스스로에게 증명했기 때문이다.

✓ 월급이 인상될 때마다 당신의 재정적 목표에 한 걸음 더 다가간다.

당신이 자영업자라면 가끔씩 자신의 월급을 인상하라. 물론 그중 50퍼센트는 꾸준히 저축하라.


## 소득이 들쭉날쭉할 때는 어떻게 해야 하나

자영업자나 프리랜서들은 자주 이런 질문을 한다. "고정 수입이 없어요. 수입이 들쭉날쭉해서 매달 정해진 금액을 저축할 수 없어요."

뿐만 아니라 나는 특히 프리랜서들이 개인 돈과 업무상 돈을 분리하지 않는 것을 자주 접한다. 계좌를 하나만 운용하는 경우도 적지 않다. 분명히 말하건대, 이렇게 대충대충 하다간 금방 끝장난다. 계좌는 두 개로 분리해야 한다. 하나는 업무용으로, 하나는 개인용으로. 계좌를 두 개로 분리하기가 쉽지 않은 경우도 많다. 예컨대 업무용과 개인적 사용을 겸하는 자동차를 구입할 때가 그러하다. 이런 경우에는 가능한 한 빨리 세무사를 만나 이를 어떻게 분리할 것인지 상의하는 것이 최선이다.

여기서 중요한 점은 당신의 머릿속에서 회사로서의 당신과 직원으로서의 당신을 분리해 내는 것이다. 즉, 회사인 당신이 직원인 당신에

제2부  더 많은 돈을 벌고 지키는 방법

게 고정된 급여를 지불해야 한다. 다시 말해서 당신의 회사계좌에서 매달 동일한 금액을 당신의 개인계좌로 이체하는 것이다. 그러면 다음과 같은 형태가 된다.

스스로에게 봉급으로 얼마를 지급해야 할까? 전년도 순이익의 45퍼센트를 넘지 않아야 한다. 최대 45퍼센트라고 한 것은 나머지 55퍼센트로 세금을 내고, 투자도 하고, 예비비도 마련해 둬야 하기 때문이다. 예를 들어, 순이익이 12만 유로(약 1억 6,000만원)였다면 그중 45퍼센트는 5만 4,000유로(약 7,500만원)이다. 이를 월급으로 환산하면 4,500유로(약 630만원)이다. 이 금액을 자신의 개인계좌로 이체하라는 말이다. 당신은 이 돈을 갖고서 마치 일반 봉급자처럼 생활하면 된다. 혹은 당신이 주식회사를 소유하고 있고 마치 고용된 사장에게 월급을 주듯이 하면 된다. 이렇게 해두면 일정한 금액으로 매달 생활하는 방법을 배울 수 있다. 더불어 앞으로의 계획을 세울 수 있고, 회사 내에서 예비비도 마련할 수 있다.

상한선이 45퍼센트라는 걸 명심하라. 물론 15퍼센트만 갖고서도 생활할 수 있다면 더 좋겠지만, 전년도 수익의 45퍼센트 이상은 절대 안 된다.

## 소비하느라 빚을 지지는 말라

스스로를 대접하는 법을 익혀라. 단, 시스템을 통해 체계적으로 행하라. 이때는 취미계좌에 있는 돈만 사용해야 한다. 꼭 사고 싶은 물건이 있는데 취미계좌의 잔고가 넉넉지 않으면, 몇 주나 몇 달은 기다려라. 그 물건을 구입할 만큼 잔고가 넉넉할 때만 누려라. 개인이 사용할 물건은 결코 할부로 구입하지 말라.

이렇게 하면 다음과 같이 다양한 효과를 얻을 수 있다. 첫째, 스스로에게 미리 보상하지 않고 실제로 그럴 '자격을 갖춘' 후에야 보상한다. 둘째, 이처럼 자기 절제력을 기르면 상당한 자신감이 생긴다. 셋째, 뭔가를 위해 노력할 동기가 오랫동안 유지된다. 보상을 미리 받은 사람은 더 이상 노력해야 할 필요가 없다. 넷째, 과거에 지출한 것을 위해 지금 일하는 것이 즐거울 리가 없다. 소비하느라 진 빚이 있으면 과거를 위해 일하는 셈이 된다. 반면 소비하느라 진 빚이 없는 사람은 목표를 달성하기 위해 일한다.

물론 너무도 갖고 싶은 것을 위해 기다리는 일이 쉽지만은 않다. 특히 별 무리 없이 할부로 구입할 수 있는 경우에는 더욱 그렇다. 새로운 전자제품이든 자동차든 유혹에 빠지기 쉽지만, 할부로 구매하는 것은 매우 어리석은 짓이다. 크게 성공한 한 사업가가 이렇게 말했다. "저는 빚을 내어 소비하는 사람은 절대 괜찮은 사람으로 보지 않습니다. 그런 사람은 업무와 관련해서도 대형 사고를 칠 확률이 매우 높습니다."

## 더 많이 저축할 수 있을까

더 많이 저축하기 위해서는 두 가지 방법이 있다. 첫째, 언제든 앞서 말한 소득의 10퍼센트보다 많은 비율을 저축하면 된다. 둘째, 지출할 돈을 좀 더 아껴 쓸 수도 있다. 흔히 말하듯 '예산을 세우는' 것이다.

합리적인 예산을 세우는 것은 매우 간단하다. 우선 지출 목록을 작성한다. 여기에 매달 나가는 돈을 전부 적어둔다.

분기별로 3개월에 한 번, 반년 또는 일 년에 한 번 나가는 지출도 잊으면 안 된다. 이 경우에는 지출금액을 월별로 나눈다. 예를 들어 분기별로 토지세를 납부한다면 이 금액은 3으로 나눈다. 1년에 한 번 납부하는 자동차 보험료는 12로 나눈다. 클럽이나 헬스장의 입회비 또는 휴가비용과 같은 일회성 지출도 마찬가지로 나눈다.

## 최소 일 년에 한 번은
## 지출 목록을 작성해 보라.

- 지출하는 곳이 얼마나 많은지 놀랄 것이다.
- 여기서 얻은 전체적인 윤곽을 토대로 다음 해의 계획을 세울 수 있다.
- 이제는 예산 계획도 세울 수 있을 것이다.
- 지금 당장 이를 실행하라. 연말을 전후해서 정기적으로 실행해도 큰 도움이 된다.
- 이렇게 간단한 실천 연습만으로 얼마나 많은 돈을 아낄 수 있는지 놀라게 될 것이다.

## 왜 대부분의 예산은 부정확한가

계획을 세우면서 비정기적인 지출은 고려하지 않는 경우가 많다. 예컨대 특정 계절에 나가는 지출이나 연도별로 납부하는 지출금액을

제2부  더 많은 돈을 벌고 지키는 방법

잊어버리는 경우가 잦다.

이 문제를 가볍게 넘겨서는 안 된다. 왜냐하면 이로 인해 과도한 빚을 지게 되는 사람들이 꽤나 많기 때문이다. 그래서 예산을 세울 때에는 이러한 '숨은 지출'도 검토해야 한다. 예상하지 못한 사고를 막을 수 있는 방법은 없다. 하지만 이를 미리 예상하고 예산에 반영할 수는 있다.

다음은 전형적으로 잊어버리기 쉬운 지출 항목들이다.

- 기념일: 매년 크리스마스 혹은 생일 선물로 얼마나 많이 지출하는가?
- 치과치료: 매년은 아니지만 몇 년에 한 번씩은 받아야 하며, 그중 상당액이 의료보험으로는 해결되지 않는다.
- 클럽 입회비/연회비
- 보험료: 일 년, 반년 또는 분기별 납부
- 휴가비: 월별로 환산하면 얼마인가?
- 세금: 토지 취득세, 이자 소득세 등
- 자가를 소유한 경우: 냉난방, 전기, 수도, 수리비 등
- 반려동물: 예방접종, 부상 및 기타 이유로 인한 수의사 방문 등
- 자신과 자녀들의 옷
- 미용실: 몇 달에 한 번씩 드는 헤어 컷, 염색, 펌 비용

이런 지출 금액들을 월별로 환산하여 계산하라. 여기에 더해 '예상치 못한 일'에 쓸 수 있는 목돈도 마련해 두어라. 필요하다면 여기에 쓸 용도의 서브계좌를 추가로 만들 수도 있다. 이 계좌에도 매달 특정 금액을 예치해야 한다. 미래에도 수리할 일은 계속해서 생겨나고 전자 제품들도 제 수명을 다할 테니 말이다.

## 예산

지금까지는 예산은 세우지 않고서 지출만을 열거해 보았다. 이것만으로도 계획을 세울 수 있는 기반이 마련되었다. 이제 당신의 돈이 어디로 흘러가는지 알게 되었다. 당신도 대부분의 사람들과 마찬가지로 얼마나 많은 돈이 어디로 흘러가는지 확인하고 놀랐을 것이다.

예산을 잘 세우는 방법 중 하나는 모든 지출 항목들을 처음부터 끝까지 살펴보는 것이다. 물론 당신은 각 지출 항목마다 다음과 같이 자문해볼 수도 있을 것이다. '어떻게 하면 이 항목의 지출을 줄일 수 있을까?' 하지만 내 생각으로는 그렇게 하면 즐거움이라는 요소가 등한시된다. 지출을 최대한 줄이는 데에 자신의 모든 정신과 노력을 집중하는 사람의 삶의 질은 과연 어떨까?

이보다 훨씬 우아하게 예산을 잘 꾸릴 방법이 있다. 삶의 기쁨을 손

제2부 더 많은 돈을 벌고 지키는 방법

상시키지 않으면서 예산을 잘 꾸리려면 모든 지출 항목에 대해 다음 질문을 던져보라.

- 이 항목을 반드시 지출해야 하는가? 혹시 나한테 전혀 중요하지 않은데 습관적으로 지출하는 것은 아닌가?
- 내 삶의 질을 제약하지 않는 범위에서 이 항목의 지출을 얼마나 줄일 수 있는가? 다시 말해서, 어떻게 하면 훨씬 적은 돈으로 동일한 효과를 얻을 수 있는가?

여기 몇 가지 예시들이 있다.

- 새 차 대신 중고차를 몰면 종종 구입비의 50퍼센트 이상을 절약할 수 있다.
- 휴대폰은 대여하지 말고 직접 구입하라. 몇 년 대여하면 구입하는 것보다 몇 배가 더 든다.
- 민영 건강보험에 가입했다면 큰 리스크에 대해서만 보장을 설계하라.
- 독립하여 영업하는 보험설계사에게 당신의 모든 보험가입 내역을 체크하게 하면 큰돈을 절약할 수 있는 경우가 적지 않다.
- 도산한 사업장의 사무기기들을 구매하라.

예산에 관해서도 우수한 서적들이 많다. 사람들은 흔히 이런저런 지출은 절대 피할 수 없다고 생각하지만, 그건 아이디어가 부족해서 그럴 뿐이다.

이 장에서 설명한 것들은 별로 새로운 내용이 아니다. 고대 바빌로니아인들도 이미 이를 알고 다음과 같이 말했다. "버는 것보다 많이 쓰는 사람은 호사와 향락에 중독되는 씨앗을 뿌리는 것으로, 결국에는 근심과 굴욕이라는 거센 회오리바람을 거둬들일 뿐이다."

사람들은 예산을 세우는 일을 그다지 좋아하지 않는다. 절약이 '트렌드'라고 할 수도 없다. 사회는 과소비를 조장하고, 광고는 소비를 부추긴다. 대부분의 사람들은 가정에서도 학교에서도 돈 관리하는 법을 제대로 배우지 못했다. 국가는 앞장서서 나쁜 본보기를 보여주고 있다. 추경 예산을 두고 계속 논쟁하는 장면을 보면 국가부채는 피할 수 없는 기정사실처럼 보인다.

예를 들어보자. 당신이 지난해에 1만 유로(약 1,400만원)의 빚을 졌고, 올해에는 다시 8,000유로(약 1,100만원)를 대출받았다고 가정해보자. 그러면 당신의 빚은 총 1만 8,000유로(약 2,500만원)이다. 이것은 지극히 분명한 사실이다. 정부의 경우에는 다르다. 이 경우 정부는 자신들이 신규 부채를 20퍼센트 낮추는 데에 성공했다고 떠벌릴 것이다. 이런 식으로 모든 것을 미화하기 나름이다.

절약을 통해 부를 얻을 수 있다고 생각하는 사람이 많지 않은 것은

　　　　　　　　　　제2부　더 많은 돈을 벌고 지키는 방법

사실이다. 하지만 잊지 말라. "모두가 하는 일을 한다면, 우리는 모두가 가진 만큼만 얻게 될 것이다."

많은 사람들은 자신이 언젠가는 절약할 필요가 없을 만큼 돈을 많이 벌게 될 거라고 생각한다. 어차피 내일이면 돈방석에 앉을 텐데 오늘 왜 아껴야 하느냐고 말한다. 이는 허황된 희망이다. 이 희망이 이루어지려면 우리 미래의 수입이 마법의 해결책 노릇을 해야 할 것이다. 많은 사람들은 자신이 언젠가는 부자가 될 거라고 생각하지만, 그렇게 되지는 않을 것이다. 부는 저절로 오지 않는다. 돈을 관리하는 방법을 바꿔야 한다. 스스로가 변하지 않으면 아무것도 바뀌지 않는다. 상황이 나아지기를 바란다면 우선 스스로가 바뀌어야 한다. 더 많은 돈을 갖고 싶다면 돈을 관리하는 방법을 바꿔야 한다. 더 많은 돈을 갖기 위해서는 자격을 갖춰야 한다. 지금 내 수중에 있는 돈을 관리할 방법을 배워 자격을 갖춰야 한다. 언제? 지금 당장.

현명한 행동은 인생 전반에 걸쳐 우리를 기쁘게 하고 도움을 준다. 저축은 이러한 '현명한' 행위이다. 마찬가지로 어리석은 행위는 우리를 따라다니며 괴롭히고 힘들게 한다. 돈을 마음껏 쓰는 일은 자유와는 무관하다. 자신의 단점으로 인해 곤란한 상황에 내몰리고, 자신에게 힘을 실어주기보다는 스스로 힘을 앗아가는 상황에 처한다면, 어찌 스스로를 자유로운 인간이라고 부를 수 있겠는가? 이런 상황에서는 결코 동기가 부여되지 않는다.

머니 파워

돈 관리를 엉망으로 하면서 '나중에 돈을 많이 벌면 다 만회될 거야'라고 생각해서는 안 된다. 미래에 큰돈을 벌 거라는 희망은 생각 없이 무턱대고 돈을 쓰는 것에 대한 책임 회피일 뿐이다. 내일 벌어들일 돈을 오늘 지출하는 일에는 반드시 위험이 따른다.

치과의사들을 예로 들어 보자. 이 직업군은 스스로 정부의 정책 때문에 "완전히 털렸다"고 말한다. 맞는 말이기는 한데, 다만 전제 조건이 있다. 동전에는 늘 양면이 있다. 이 세상의 어떤 정부도 사람들로 하여금 자신의 돈을 현명하게 관리하지 못하게끔 만들 힘은 없다. 대체 어떤 일이 있었던 걸까? 치과의사들은 과거 '황금기'에 앞으로도 모든 일이 계속 잘될 거라는 희망을 품고 거금을 들여 개원했다. 하지만 지금은 상황이 전혀 달라졌다. 그간 법규들이 급격하게 바뀌었고, 자영업자의 사업장은 대규모로 규제받기 시작했다. "완전히 털렸다"는 말은 맞는 말이다. 다만 현재 많은 치과의사들이 처한 문제들이 전적으로 이러한 조치 때문에 발생한 것은 아니다. 그들의 문제는 그들이 너무 낙관적인 생각으로 자금 계획을 빠듯하게 세웠기 때문에 발생한 것이다. 지금 그들에게 자금 계획을 다시 세우라고 한다면 그런 식으로 산정하지는 않을 것이다. 지금 치과를 개원한다면 기존의 진료실과는 완전히 다른 모습일 것이다.

이미 얘기했다시피, 스스로가 변하지 않으면 아무것도 바뀌지 않는다. 더 많이 번다고 해서 바뀔 것도 없다. 왜냐고? 아무리 많이 벌더

제2부 더 많은 돈을 벌고 지키는 방법

라도 두 가지가 그대로이기 때문이다. 첫째, 스스로가 변하지 않았다. 다시 말하자면 돈을 더 많이 번다고 해서 갑자기 금융 전문가가 되지는 않는다. 늘어난 수입이 재정에 촉매 역할을 할 수는 있다. 하지만 적게 벌 때 문제가 있는 사람은 많이 벌수록 더 큰 문제가 생긴다.

둘째, 비율이 그대로다. 버는 돈보다 5퍼센트 더 쓰는 것에 익숙한 사람이 소득이 늘었다고 해서 이 습관을 버리지는 않을 것이다. 초과 지출이나 대출도 더 많아지기 마련이다. 즉, 문제가 전반적으로 더 커진다. 소득이 늘어난 상태에서 (어떤 이유에서든) 소득이 끊기기라도 하면, 부채를 감당하기가 더 어렵다. 그러니까 소득이 늘어난다는 것의 한 가지 단점은 '대출 한도'가 늘어났을 뿐이라는 점이다.

돈은 돈의 법칙을 알고서 지키는 사람들만을 위한 것이다. 따라서 부를 축적할 수 있는 불변의 법칙은 저축이다. 우리가 가진 돈만이 우리를 부자로 만든다.

# 제6장 당신의 수입을 증대시키는 방법

> 우리는 각자의 가치만큼 보수를
> 받는 것이 아니라, 스스로가 평가하는
> 자신의 가치만큼 보수를 받는다.
> 개개인의 수입은 개개인의
> 자의식에 비례하여 높거나 낮아진다.
>
> ― 보도 섀퍼Bodo Schäfer

사람들은 돈이 더 필요할 경우에 어떻게 할까? 필요한 돈을 빌려 빚더미를 더 높여 나가는 사람이 있는가 하면, 허리띠를 더 졸라매고, 자신의 욕구를 기존의 얼마 안 되는 수입에 맞추어 사는 사람도 있다.

대부분의 사람들은 기존의 안락한 환경을 벗어나 새로운 도전에 나서기보다는 자신의 꿈을 제한해 버린다. 이들은 스스로 정한 한계와 한도에 갇혀 자신의 꿈에 선을 긋는다. 그리고 자신의 상황에 항복해 버린다. 이처럼 '어떻게 되는지 좀 기다려보자는 관점' 안으로 숨어 버리는 것이다. 도대체 이들은 무엇을 기다리는 것인가? 기적을 기다리는가? 대부분 이러한 상황에서 기적은 일어나지 않는다.

물론 기적이란 것은 분명히 존재한다. 하지만 기적은 먼저 준비하고 자신의 몫을 다하는 사람에게만 찾아온다. 당신이 사랑하는 것을 손에 넣든지, 아니면 당신의 손에 있는 것을 '사랑'하라. 당신의 꿈을 빨리 이룰 수 있는 길은 당신의 수입을 늘리는 것이다.

나는 이 장에서 당신이 '수입이 치솟는 기적'을 스스로 이뤄낼 수 있도록 돕고 싶다. 이를 위해 당신은 3개월 안에 수입을 20퍼센트 늘리고 그 시점부터 해마다 수입을 최소한 20퍼센트씩 계속 늘려간다는 목표를 세워야 한다.

많은 여성들이 이 목표를 달성해 냈다. 단 모든 이가 똑같이 고소득을 얻을 수 있는 조건을 갖추고 있는 건 아니다. 아마도 이 목표를 달성한 여성 중 몇몇은 당신보다 재능이 더 많고 출발 조건도 더 좋았을 것이다. 하지만 그들 중에는 당신보다 재능이 더 적고 조건도 더 나빴던 이들도 많았다. 그럼에도 불구하고 이 여성들은 모두 자신의 목표를 달성해 냈다. 이유가 무엇일까? 이들은 높은 소득을 얻기 위해 정말로 중요한 부분에 집중했기 때문이다. 이들이 가진 조건, 교육적인 혜택, 그리고 처해 있는 상황은 부차적인 문제였다.

부디 내가 당신에게 전하는 이 팁들을 진지하게 받아들이길 바란다. 직접 실천해 보지도 않고 "나한테는 소용없어요"라고 말하지 말라. 내가 제1장에서 설명했던 불합리함, 즉 남녀 간의 재정적 불균형 상태를 해소하는 일은 이미 오래전에 시작했어야 했다. 더는 여성들의 수입이 남성들보다 더 적어서는 안 된다.


## 첫걸음

이제부터 알려주는 팁들을 실천에 옮긴다면 당신은 이러한 목표들을 달성하게 될 것이다. 장담하건대, 3개월 안에 당신의 수입은 20퍼센트 증가할 것이며, 해마다 수입이 20퍼센트씩 계속 늘어날 것이다.

어쩌면 당신은 이보다 더 많은 걸 원할 수도 있다. 3개월 안에 당신의 수입이 얼마나 증가하길 원하는지 정확한 목표를 정해보라.

이것이 바로 목표 달성을 위한 첫걸음이다. 당신의 목표를 정하고 종이에 적어 놓아라. 사람은 누구나 삶에서 자신이 기대하는 만큼을 얻기 마련이다. 더도 덜도 아니다.

당신이 설정한 목표가 실현 가능성이 있는지 고민할 필요는 없다. 지금은 오로지 당신이 바라는 목표만 생각하고, 다음 문장의 빈칸에 들어갈 말을 적어보자.

나는 3개월 안에 내 수입을 ___ 퍼센트 늘릴 것이다. 그러면 내 월 수입은 ___ 이다.


제2부  더 많은 돈을 벌고 지키는 방법

## 왜 여성들의 수입이 더 적은가

여성들의 수입이 남성들보다 더 적은 불합리함은 이제 근절되어야 한다. 물론 이 문제가 쉽게 해소되지는 않을 것이다. 이는 근로체계 자체가 남성 편향적이기 때문이다. 이러한 근로체계 내의 의식, 서열, 구호, 법칙 또한 남성 편향적이다. 모든 것을 평가하는 잣대 자체가 남성 위주로 설정되어 있다. 이런 세상에서 여성들은 여성들만의 잠재력을 평가 절하하라는 요구를 암묵적으로 받는다.

일부 여성들은 남성들의 성공 스타일을 모방해 보려 한다. 하지만 이 같은 행위는 남성적인 체제를 강화할 뿐만 아니라 여성들을 자신의 적으로 느끼는 많은 남성들을 자극하는 요인이 되기도 한다. 남성들은 자신의 영역을 침범하는 것들에 대해서는 투쟁적인 경향을 보이기 때문이다. 남성들은 투사적 기질이 있으며, 경기 규칙을 자신이 결정하려 한다. 이는 남성들이 세상을 자기 것이라고 여기기 때문이다. 남성들은 자신의 세상에 침투하는 여성들을 일단 적으로 간주한다.

여성들이 남성들과 대립하면서 남성들과 자신을 비교하는 것은 바람직하지 않다. 남들과 자신을 비교하는 사람은 항상 열세에 몰리게 된다. 남들과 자신을 비교하는 것은 장기적인 시각에서 볼 때도 자신에게 이익이 되지 않는다. 열등감은 남과 비교를 하는 데에서 생겨난다. 본래 사람들은 '이기기' 위해 남과 비교한다. 하지만 유감스럽게도

머니 파워

자신을 남과 비교하다 보면 열등감을 느끼는 경우가 너무나도 많다. 많은 여성들은 남성들과 자신을 비교하면서 열등감을 느낀다. 이는 여성들이 남성들의 '홈그라운드'에서 남성들이 정해놓은 규칙에 따라 남성들을 상대로 경기를 벌이기 때문이다. 이런 조건에서 남성과 비교를 하다 보니 여성이 남성보다 열세일 수밖에 없다.

남들과 비교하는 것을 더 빨리 멈출수록 자신의 특별함을 더 빨리 깨닫게 되며 그만큼 자의식도 강해진다. 이것이 왜 그토록 중요한지는 조금 있다가 살펴볼 것이다. 남성들은 일정 부분 자신을 과대평가하는 경향이 있다.

남성들은 자기비판을 좀처럼 하지 않는데, 바로 이 때문에 자신이 더 우월하다고 주장한다. 많은 여성들은 자신의 능력을 겉으로 잘 드러내지 않기 때문에, 명백하게 남성들보다 우위인 부분에서도 손해를 볼 때가 많다. 여성들은 누가 자신을 먼저 발견해 주길 기다리고, 남성들은 자신을 스스로 발견한다.

남성들의 낙천적인 자아상은 성공에 필요한 도구의 역할을 한다. 남성들은 우연히 얻은 결과까지도 자신이 계획한 성공으로 기록한다. 그리고 요행으로 발생한 성공들을 마치 훈장처럼 가슴에 달고 다닌다. 남성들은 이러한 과정에서 자신의 능력이 또 한번 증명되었다고 여긴다. 남성들에게 실패란 단지 우연 혹은 그저 운이 나빠서 생긴 일에 불과하다.

반면 여성들은 흔히 이와는 지극히 다른 행동을 보인다. 여성들의 경우 실패는 자신의 책임으로 돌리고, 성공은 운이 좋았던 것으로 치부한다. 여성들이 상대적으로 더 '현실적'인가? 그렇지 않다. 아인슈타인 이후로 우리는 이 세상에 객관적인 현실이 존재하지 않는다는 것을 알고 있다. 관찰자가 자신의 현실을 창조하는 것뿐이다. 이를 업무와 연관시켜 보면 다음과 같다. 우리 스스로가 자신을 훌륭하다고 여기든, 형편없다고 여기든, 이 두 가지 경우 모두 우리의 의견은 옳다. 이 두 가지 경우 모두 우리는 자신의 의견을 뒷받침해주는 증거를 찾아 나설 것이고, 자신의 의견이 옳다는 증거를 결국 찾아낼 것이기 때문이다. 이처럼 사람들은 '선택적 인식'을 통해 모든 것에 대한 증거를 찾아낼 수 있다.

업무에 관해서도 남성들은 결코 여성보다 우월하지 않지만, 이들은 자신이 더 우월하다고 믿으며, 이로 인해 남성들은 실제로도 여성들보다 더 우월한 결과를 내기도 한다. 바로 남성들의 이런 믿음이 남녀 간의 보수의 격차를 만들어내기 때문이다. 우리는 각자의 가치만큼 보수를 받는 것이 아니라, 우리 스스로가 평가하는 자신의 가치만큼 보수를 받는다.

## 수입 증대를 위해 가장 중요한 전제 조건

수입을 증대시키기 위해 가장 필요한 전제 조건이 무엇일까? 끈기, 자제력, 비전, 성실함, 열정과 야심 등 다양한 특성이 있을 것이다. 물론 이 특성들은 모두 매우 중요하다. 심지어 없어서는 안 되는 특성들도 있다. 하지만 그중에서 다른 모든 특성들의 기본 조건으로 가장 으뜸이 되는 것이 있다.

이 특성의 중요성은 앞에서도 이미 강조한 바 있는데, 그것은 바로 자의식이다. 당신의 수입은 당신의 자의식에 비례하여 증가(그리고 감소)한다. 왜일까? 타인에게 돈을 요청하는 것은 자의식과 연관된 문제이다. 당신이 자신의 시간과 능력을 얼마나 소중하게 여기는지는 당신이 자신을 얼마나 소중하게 여기는지에 달려 있다. 만일 당신 스스로가 더 많은 봉급을 받을 자격이 있다고 여긴다면, 당신은 봉급 인상에 도움이 될 만한 기회를 찾아 나서기 시작할 것이다.

기회를 인식하고 활용할 수 있으려면, 건강한 자의식이 갖추어져 있어야 한다. 람 다스Ram Dass는 이렇게 말한다. "비는 하늘에서 그저 쏟아져 내립니다. 하지만 당신이 작은 접시만 내밀면, 당신은 작은 접시만큼의 빗물만 받아낼 수 있습니다."

중요한 것은 당신의 실제적 가치가 아니라, 당신 스스로가 평가하는 자신의 가치이다. 당신은 마땅히 받아야 할 만큼의 보수를 받는 것이 아니라, 당신이 마땅하다고 여기는 만큼, 딱 그만큼의 보수를 받게 되어 있다.


## 건강한 자의식이 날 때부터 주어진다는 소리는 신화에나 나올 법한 이야기다

학계의 연구에 따르면 인간은 누구나 어느 정도의 자신감을 갖고 태어난다. 또한 자신감은 유전되지 않으며, 각자가 자신감을 구축해나가야 한다. 어렸을 때부터 성인이 되고 나서도 (날마다) 자신감을 쌓아나가야 한다. 누구나 어린 시절에는 자신의 환경을 선택할 수 없다. 하지만 어느 정도 나이가 들면 주체적으로 자신의 환경을 직접 결정할 수 있게 된다. 무엇보다도 삶에서 접하는 사건들을 어떻게 해석할지, 어떤 경험들을 강화할지, 즉 자신의 실패를 강화할지 아니면 성공을 강화할지를 직접 결정할 수 있다.

이 과정에서 자의식이 개개인의 자신감에 영향을 미친다. 우리는 무엇보다도 자신이 어떤 사람인지 의식해야 한다. '사람은 누구나 자신이 잘 아는 사람만 신뢰할 수 있다' 이것은 당연히 우리 자신에게도 해당된다. 자신에 관해 잘 알지 못하는 사람은 자신을 좋아할 수가 없다.

누구나 자신에 관해 더 잘 알수록, 자신의 행동 메커니즘을 확실하게 파악할 수 있다. 자신의 행동 메커니즘이 명확해질수록, 자신의 삶을 더 잘 통제할 수 있다. 대다수 사람들의 문제는 자신이 무엇을 모르는지를 파악하지 못하는 것이다. 이들은 자신의 삶의 메커니즘을 파악하지 못한다. 그리고 이로 인해 자신의 운명을 제대로 통제하지 못한다.

우리 인간들은 동물과는 달리 선택의 기회가 있다. 따라서 사람은 누구나 자신의 행동과 반응을 자유롭게 선택할 기회가 있다. 하지만 이렇게 자유롭게 선택을 하려면 우선 각자가 이런 선택권을 의식(자의식)해야 한다.

자신감은 자신을 신뢰하는 능력이다. 각자가 자신을 신뢰하는지, 아니면 신뢰하지 않는지는 자신의 과거에서 자신을 신뢰해도 된다는 합당한 증거를 찾아내는지에 달려 있다. 우리가 스스로를 신뢰해도 될지 알아보는 데에 더욱 진정으로 매진할수록 우리에게는 더 많은 자신감이 생겨난다. 무엇이든 존중과 관심을 받을수록 더 힘을 얻기 때문이다. 누구나 자신이 통제할 수 있는 영역에 더 강하게 집중할수록 자신이 더 강하게 느껴진다.

행복한 삶을 위해 필요한 모든 중요한 부분들을 당신이 다음과 같이 온전히 통제하고 있다는 사실을 의식하라. 당신은 누구와 가까이 지내고자 하는지를 스스로 결정한다. 당신은 자신과 자신의 세상을 어떤 눈으로 바라보려 하는지를 스스로 결정한다. 당신은 자신의 상

제2부 더 많은 돈을 벌고 지키는 방법

황을 어떻게 해석하고 그 상황에 어떻게 반응하려 하는지를 스스로 결정한다. 당신의 자신감을 더 강력하게 구축할수록 당신이 세상을 바라볼 때 더 많은 기회와 활동의 여지가 보인다. 이렇게 될 때 당신은 피해자라기보다는 행위자가 된다.

여기에서 내가 말하고자 하는 것은 '긍정적인 사고'가 아니다. 지금까지 이곳저곳에서 긍정적인 사고만 강조한 결과 많은 이들이 혼란을 겪어왔는데, 이는 흔히 긍정적인 사고를 건강한 자의식의 대체물로 오용하기 때문이다. 긍정적인 사고를 해야 한다는 '자기암시적 공식'대로 살아보아도 만사가 해결되지 않는다는 경험을 거듭한 사람들은 결국 자신감이 저하되고 만다. 인생이라는 교향곡은 처음부터 끝까지 듣기 좋은 높은 곡조만 나열되어 있지 않다. 인생이라는 교향곡에는 낮은 곡조도 있고, 귀에 거슬리는 곡조도 있다.

긍정적인 사고의 주장자들은 (누구나 삶을 긍정적인 눈으로 바라보기만 한다면) 인생 전체가 하나의 축제라고 주장한다. 반면 자신감을 지닌 사람은 인생에 암흑 같은 순간도 있고 심각한 문제도 있다는 것을 알지만, 이런 문제들에 대처할 수 있다는 자신감이 있다.

나는 여기에서 긍정적인 사고를 비판하려는 것이 아니다. 오히려 그 반대다. 비관주의보다 더 무책임한 것은 없다. 하지만 오로지 긍정적인 사고만을 강조하는 것은 위험하다. 긍정적인 사고에는 증거가 보충되어야 한다. 이 증거는 내부로부터 나와야 한다. 외부로부터 주어지는 공식과 동기부여는 긍정적인 사고에 대한 증거로는 불충분하며, 사람들을 의존적으로 만든다. 자신감을 지닌 사람은 자신을 신뢰한다.

개개인이 자신을 신뢰할 수 있는지의 여부는 다음의 네 가지 요인에 달려 있다.

1 각자가 과거에 어떤 경험들을 했는지
2 자신의 이러한 경험들을 정확하게 인지하고 있는지
3 자신의 경험들을 어떻게 평가하고 있는지
4 자신의 기억을 어떻게 관리하고 있는지
5 자신의 경험을 얼마나 활용할 수 있고 소환할 수 있는지

항상 성공만 거듭하거나, 실패만 거듭하는 사람은 없다. 누구나 평소보다 뛰어난 실적을 낼 때도 있고, 때로는 자신의 능력에 훨씬 못 미칠 때도 있다. 하지만 관건은 각자가 자신의 경험을 정확하게 의식하고 있는지, 자신의 경험을 어떻게 평가하고 얼마만큼 활용하고 있는지이다. 다시 말해서 당신이 새로운 상황에 처할 때 당신의 내면에 내장된 여러 가지 '기억의 칩' 중 어떤 칩을 꺼내는지가 중요하다. 당신의 여러 경험 중 어떤 경험을 당신의 현안과 연관 지으려 하는가? 그 경험을 당신의 내적 대화에 어떤 방식으로 투입하려 하는가?

## 우리는 부정적인 방향으로 프로그래밍되어 있었다

대다수의 사람들이 꺼내는 기억의 칩에는 이런 메시지가 담겨 있다. '나는 내가 그걸 해내지 못하리라는 걸 알고 있어' 이는 자신의 실제적 능력에 비해 자의식이 과도하게 낮기 때문이다.

유감스럽게도 우리의 교육은 우리가 건강한 자의식을 확립하는 데 별로 기여한 바가 없다. 통계에 의하면, 보통의 아이들은 열두 살이 될 때까지 긍정적인 말을 한 번 들을 때마다 부정적인 말을 열일곱 번 들으며 자라왔다.

어렸을 때 한 동네에 사는 형이나 언니들도 우리가 건강한 자의식을 확립하는 데 별로 기여한 바가 없다. 그들은 우리에게 이런 말을 했다. "저리 가. 너랑 나이가 같은 아이들이랑 놀아."

학교도 마찬가지다. 학교에서 우리는 자신이 잘못한 부분에 대해 지적을 받아왔다. 세 쪽짜리 받아쓰기를 하고 나면 서너 문제를 틀렸다는 지적을 받았다. 선생님은 빨간색 연필로 틀린 문제를 체크했고, 이로써 우리의 실수가 분명하게 강조되었다. 그 결과 우리는 자신의 약점에 집중하는 법을 배웠다.

언론 매체도 마찬가지다. 언론 보도의 80퍼센트 이상이 부정적인 내용을 담고 있기 때문이다.

영화와 시리즈물 또한 마찬가지다. 하나같이 매력적이고도 쿨한 주인공들이 등장해 평범한 사람들 수십 명이 평생 해내기도 힘들 영웅적인 행동을 하루아침에 뚝딱 해치우기 때문이다.

광고 역시 마찬가지인데, 이들 광고는 여성들이 어떤 옷을 입고 어떤 차를 타고 어떤 물건을 사용하는지를 우리에게 보여주면서 이런 메시지를 암묵적으로 전한다. '이 물건이 없으면 넌 인싸가 아니야' 어떤 여성도 그 많은 물건을 전부 가질 수는 없다.

교회 또한 건강한 자의식 고양에 별다른 보탬이 되지 않는다. 교회는 사람들을 향해 인간은 누구나 죄인이라고 말한다. 나쁜 짓을 하지 않았어도 인간에게는 '원죄'가 있다고 외침으로써 인간을 근본적으로 악한 존재로 만들어버린다. 자신이 나쁜 사람이라는 인식은 자의식 고양에 별 도움이 되지 않는다.

이 모든 것들은 우리가 건강한 자의식을 확립할 기회가 거의 없다는 것을 의미한다. 대부분의 열네 살짜리 아이들은 이미 지극히 부정적인 자아상을 갖고 있어서 자신의 몸을 혐오스러워하기까지 한다. 이들은 불안감을 느끼고 자신이 가치 없는 존재라고 느낀다.

자의식이 약한 사람들은 여러 가지 면에서 고통을 받는다. 자신의 잠재력, 가치, 능력과 현실의 삶 사이에 커다란 괴리가 있기 때문이다. 자의식이 약한 사람들은 결국 자신의 운명에 무기력하게 항복하고 만다. 많은 이들은 앞으로 헤치고 나아가지 못하고 뒷전에서 괴로워하기만 한다. 이들은 자신에게 선택권이 있다는 사실을 잊으려고 안간힘을 쓴다. 자신의 자의식을 현재 상태로 유지할지 혹은 고양해 나갈 것인지 또한 우리 각자에게 달려 있다.

## 성공일기

우리는 각자의 자의식을 하루빨리 '제자리에 갖다 놓아야' 한다. 당신의 자의식을 고취할 간단하면서도 효과적인 방법이 하나 있다. 빈 노트에 날마다 당신이 잘해낸 일 다섯 가지를 적어보라. 꼭 업무적인 것이 아니어도 된다. 예를 들어 파트너에게 칭찬을 들었거나, 누군가를 잠깐 행복하게 만들어주었거나, 오랫동안 마음먹어 왔던 일을 드디어 마친 것에 관해 적어 보아도 좋다.

자신의 건강을 잘 보살폈는가? 자신을 소중하게 대했는가? 좋은 아이디어를 생각해 냈는가? 누군가를 웃게 만들었는가? 없어지고 나서야 비로소 소중함을 알게 되는 이른바 '당연한 것들'에 대해서도 떠올려 보라. 사람들은 "다른 사람들도 충분히 했을 일을 한 것뿐인데요"라고 대수롭지 않은 듯이 말한다. 하지만 결정적인 것은 '당신이 그 일을 실행했다'는 사실이다.

당신이 달성한 대단한 일 한 가지를 기록하는 것보다는 소소하더라도 그날 하루 당신이 이루어낸 여러 가지 일을 적어보는 것이 중요하다. 이렇게 당신이 잘 해낸 일을 적어 나가다 보면 자신의 강점에 집중하는 법을 배우고, 당신의 긍정적인 기억을 잘 관리할 수 있게 된다.

이와 같이 자신의 성공을 선택적으로 기록하는 행위는 향후 자신과 자신의 경험 중 어떤 부분에 비중을 두고 주목할지를 결정해 준다. 또한 자신의 성공적인 체험을 기록함으로써 성공을 체험하는 기간을 연장시킨다. 이처럼 기존의 성공에 집중하면 새로운 성공을 거둘 수 있다.

지난날의 성공을 의식하고 있으면 새로운 성공을 좀 더 쉽게 이뤄낼 수 있다. 그 이유는 과거의 성공을 의식하고 있는 사람은 새로운 성공을 기대하기 때문이다. 성공을 기대하는 사람은 성공에 초점을 맞춘다. 그 결과 자신의 능력과 기회를 정확히 인식한다. 그리고 자신 있게 그것을 향해 손을 뻗친다.

---

**보도 섀퍼의 제안 9**

## '성공일기' 노트를 마련해 날마다
## 당신이 잘 해낸 일을 다섯 가지 적어보라.

- 당신이 얼마나 훌륭한 사람인지 알게 되고, 당신의 자의식이

---

제2부 더 많은 돈을 벌고 지키는 방법

고취된다.
- 자신의 장점에 집중하는 법을 배우게 된다.
- 자의식은 소득 증대에 중요한 요소이다. 당신의 자의식을 두 배로 고취하면 당신의 수입도 두 배로 늘어난다.
- 다양한 기회를 인식하고 포착하게 된다.
- 인간으로서 여성으로서 자신의 특별함을 인식하게 된다. 그리하여 남성들과 경쟁할 필요 없이 자신의 강점을 의식적으로 발휘하게 된다.

당신은 이 책에 나오는 '진정한 부를 누리는 것은 당신의 천부적인 권리이다'라는 문장을 읽으면 어떤 마음이 드는가? 고개를 끄덕이면서 자신에게 '맞아, 난 몇 년만 있으면 나의 재정적 목표를 달성할 거야'라고 말하는가? 혹은 마음속에서 회의감이 피어오르는가?

당신의 대답이 어떠하든, 당신은 모든 것이 당신의 자의식과 연관되어 있다는 것을 인정하는가? '진정한 부를 누리는 것은 당신의 천부적 권리이다'라는 문장 자체는 옳지도 그르지도 않다. 만일 이 문장이 당신에게는 해당하지 않는 말이라고 생각한다면, 충분히 그렇게 생각할 수 있다. 하지만 만일 당신이 이 문장을 옳은 말이라고 믿는다면, 당신이 믿는 대로 이루어질 것이다.

봉급 인상도 이와 동일한 패턴으로 작동한다. 당신 스스로가 더 많은 돈을 받을 자격이 있다고 믿는지의 여부가 관건이다. 어쩌면 당신은 "그럴 리가 없어요"라고 반박할 수도 있다. 내 말을 믿고 한번 시험해 보라. 그러면 당신은 그 효과를 확인하게 될 것이다. 다음의 '보도 섀퍼의 제안'을 시험 삼아 실천해 보라. 그러면 당신의 수입이 20퍼센트 이상 늘어날 것이다.

---

**보도 섀퍼의 제안 10**

### 당신의 수입을 3개월 안에 20퍼센트 늘리겠다고 단언하라. 그리고 이를 실천하기 위해 다음의 항목들을 이행하라.

- 3개월 동안 성공일기를 작성하라. 날마다 당신이 잘 해낸 일을 다섯 가지 이상 기록하라.
- 20퍼센트 인상된 봉급으로 무엇을 할 것인지 적어보라. 제안하건대, 이때 인상된 봉급의 50퍼센트는 저축하는 게 좋다.
- 당신의 성공일기를 3개월 후에 다시 한번 읽어보라. 그 일을

---

제2부 더 많은 돈을 벌고 지키는 방법

성공시키기 위해 당신의 어떤 능력을 발휘했는지 확인해 보라. 그러면 당신이 어떤 강점과 능력을 갖고 있는지 파악하게 될 것이다. 그러면 당신이 이루어낸 성공에 대해 '운이 좋았을 뿐'이라고 평가 절하하지 않고, 당신의 감정을 발휘한 결과였다고 당당하게 인정하게 될 것이다. 또한 앞으로도 당신은 이러한 방식으로 자신의 '성공 시스템'을 더욱 강력하고 더욱 의식적으로 가동시킬 수 있을 것이다.

- 당신이 봉급을 인상 받을 자격이 있다는 근거 열다섯 가지 이상을 리스트로 작성하라. 이런 리스트를 작성하는 것이 어려울 수도 있다. 하지만 3개월 동안 성공일기를 작성해 온 당신이라면 쉽게 해낼 수 있을 것이다.

- 별도의 종이에 당신이 지금까지 회사를 위해 수행해낸 일을 모두 기록하라. 회사의 비용 절감이나 매출 증대에 어떤 면에서 기여했는가? 회사를 위해 어떤 아이디어를 제공했는가? 회사에서 결정권을 쥐고 있는 사람들은 당신의 실적을 제대로 알지 못하는 경우가 많다. 그들에게 당신의 실적을 제대로 알려라.

- 새로이 고취된 자의식을 지니고 고용시장을 둘러보라. 당신이 일할 만한 곳이 있는가? 그곳의 근로 조건과 예상되는 임금 수준은 어떠한가? 이런 준비를 해두면 당신은 현 직장 고용주와의 중요한 면담에 안정된 마음으로 임할 수 있다. 자신이 현 직장에 의존할 필요가 없다는 것을 알기에 당신이 '갑'의 위치

를 차지할 수 있다.

- 현 직장의 결정권자와 면담 일정을 잡아라. 당신이 회사에 기여하는 가치에 관해 이야기를 나누고 싶다고 말하라. 면담을 앞두고 거울 앞에서 혹은 지인들 앞에서 예상되는 대화를 시뮬레이션해 보라.

- 면담이 시작되면 당신이 왜 봉급을 인상 받을 자격이 있는지를 분명히 제시하라. 한 가지 사실을 잊지 말라. 회사는 당신이 무엇을 원하는지에는 관심이 없고, 오직 당신의 가치, 즉 당신이 회사를 위해 창출하는 가치에만 관심이 있다. 성경에도 "등불을 켜서 말 아래에 두지 아니 하고 등경 위에 두라"는 말이 있다. 결정권자는 회사에 대한 당신의 공로와 실적을 전혀 모를 수도 있다.

    봉급 인상을 거론하는 자리에서 겸손은 미덕이 아니다. 당신은 당당하게 돈을 요구하는 법을 배워야 한다. 쉬운 일이 아닐지라도 요구할 것은 요구해야 한다. 당신이 자의식을 갖고 당당하게 임금 협상에 임할 경우, 현명한 결정권자는 그 자리를 통해 당신을 제대로 평가하게 될 것이다.

- 면담의 추이에 따라 결정권자로 하여금 인상안을 먼저 제시하게 만들라. 면담이 잘 이루어지고 나면, 애초에 당신이 요구하려 했던 것보다 더 높은 인상률을 결정권자가 제시할 수도 있기 때문이다. 단, 20퍼센트 미만의 인상률은 수용하지 말라.

나는 여러 세미나 참석자들과 이러한 상황에 관해 자주 이야기를 나눠 왔기 때문에, 당신이 지금 어떤 이의를 제기할지 잘 알고 있다. 어쩌면 당신이 재직 중인 회사의 구조 자체가 이런 접근 방식을 허용하지 않을 수도 있다. 아니면 사규에 봉급 인상에 관한 규정이 명시돼 있을 수도 있다.

이와 관련하여 다음 사항을 염두에 두어라. 첫째, 당신이 현 직장을 반드시 고수해야 할 필요는 없다. 둘째, 부업을 하는 것도 한 가지 방법이다. 셋째, 직장의 결정권자와의 면담 자리에서 자신의 실적을 PR하며 당당하게 봉급 인상을 요구했던 사람들 중 기대했던 것보다 좋은 결과를 얻고 기뻐한 사람들도 많다.

어쩌면 당신은 이렇게 반박할 수도 있다. "그렇게 간단한 일이 아닙니다. 자의식만으로 모든 문제가 해결되지는 않잖아요."

나는 그것이 그렇게 간단한 일이 아니라는 점에 동의한다. 이해는 하지만 실천하기는 간단치 않다. 아침마다 평상시보다 5분씩 일찍 일어나 성공일기에 다섯 가지를 기록하려면 남다른 자제력이 필요하기 때문이다.

또한 자의식만으로는 모든 일이 해결되지는 않는다. 당신의 자의식은 봉급 인상을 촉발하는 연쇄반응에 불을 붙이는 것뿐이지만 어쨌든 그 도화선이 되는 것만큼은 분명하다

## 자영업자들은 무얼 할 수 있는가

당신이 자영업자일 경우에도 마찬가지다. 내일부터 20퍼센트 가격 인상을 요구하라. 그러면 일부 고객들을 잃어버리긴 하겠지만, 기껏해야 3~4퍼센트밖에 되지 않을 것이다. 이로 인해 당신을 떠나는 고객들은 어차피 당신의 최우수 고객이 아닐 확률이 매우 크다.

하지만 나머지 96퍼센트 고객에게 가격을 20퍼센트 인상한다면, 당신의 이윤 증가율은 분명 20퍼센트에 머물지 않을 것이다. 당신의 실질적인 이윤 증가율은 이보다 훨씬 높을 것이다. 정확한 액수를 산정하기 위해서는 당신의 매출 대비 평균 이윤율이 어느 정도인지를 알아야 한다. 당신이 매출 대비 10퍼센트의 이윤을 낸다고 가정해 보자. 당신이 20퍼센트 가격 인상을 요구하여 매출이 20퍼센트 증가하는 경우, 당신의 실질적인 이윤은 ○○퍼센트 증가하게 된다. 만약 당신이 매출 대비 20퍼센트의 이윤을 내는 경우, 매출이 20퍼센트 증가하면 당신의 실질적인 이윤은 심지어 ○○퍼센트 증가할 것이다.

물론 당신이 낮은 가격으로 가격 경쟁을 통해 시장에서 버티는 경우라면 당신의 이윤이 이런 식으로 증가하지는 않는다. 그렇다면 이 기회에 현 상태가 지속적으로 만족할 만한 상태인지 비판적으로 자문해 보라. 낮은 가격으로 경쟁에서 버티는 사람은 자본이 부족하여 자신이 원하는 정도의 양질의 제품을 제공할 수가 없기 때문이다. 이런 경우라면 사업을 확장하거나 투자할 여력도 없다. 전반적으로 이런 업체는 악순환으로 빠져들기가 쉽다.

대안은 무엇인가? 아주 간단하다. 전문가가 되어라. 지금 당장 전문성을 갖추어라. 남보다 '나은' 존재 혹은 '저렴한' 존재가 되려 하지 말고, '남다른' 존재가 되어라.

당신만의 고유함을 갖추어라. 대체 불가능한 존재가 되어라. 수많은 사람들 가운데에서 두드러질 수 있는 길을 찾아라. 고객을 확보하고 지키는 방법은 시장 전체를 타깃으로 삼지 않고 특정한 영역을 겨냥하는 것이다. 더 높은 전문성을 갖출수록 '더 예리하게' 시장을 파고들 수 있다. 빈 틈새를 비집고 들어가라. 이런 틈새를 찾을 수 없다면 새로운 범주를 찾아내라. 기업가들은 자신의 고객을 적극적으로 유치하고 확보해야 한다. 고객들은 자신에게 필요한 유능한 전문가를 알아보는 눈이 있다.

전문가로서의 자격을 갖추어라. 시장 전략에 관한 마케팅 서적을 탐독하라. 적어도 한 달에 한 권 이상 읽어라. 시장에서 어떤 전략을 취해야 할지 매일 한 시간 이상씩 고민해 보라. 직원들과 함께 브레인스토밍 시간을 가져라. 다른 기업가들과 미팅을 하라.

다음과 같은 질문을 자신에게 끊임없이 제기해 보라.

✓ 당신만의 고유한 특성은 무엇인가?

- 당신만의 독특한 판매 포인트는 무엇인가?
- 당신 기업의 강령은 무엇이며, 잠재적 고객에게 당신 상품의 이점을 한 눈에 전달할 수 있는 캐치프레이즈는 무엇인가?
- 경쟁사들과 어떤 점에서 다른가? 이것을 소비자들에게 어떤 방법으로 전달할 수 있는가?
- 당신만이 제공하는 제품 혹은 서비스로부터 고객이 얻는 이점은 무엇인가? 이 질문에 대해 당신이 제공하는 제품이나 서비스의 온갖 장점을 늘어놓는 식의 답은 하지 말라. 이보다는 고객의 입장에서 얻는 이점이 무엇일지 구체적으로 알아보라. 고객이 얻는 이점을 파악하고 나면 계속 이런 질문을 던져보라. '그 이점이 고객에게 다시 어떤 이점을 가져다주는가?'

어떤 고객층이 당신에게 이상적인지 파악하여 연령, 수입, 취향, 주거지 등 세세한 항목을 정해두어라. 당신의 타깃 고객층을 이미 확보한 사람이 누구인지 알아보라. 그 사람과의 협업이 가능한가?

전문가들은 가격 책정도 주도할 수 있다. 전문가들은 그 분야에서 특정한 능력을 제공하는 유일한 사람이기 때문이다. 당신의 '가성비'가 좋은 경우, 당신은 전문가로서 주도적으로 가격을 책정할 수 있다.

전문가로 도약하는 데 성공하는 기업가들은 극소수에 불과하다. 이는 대다수의 기업가들이 우선 기존의 고객을 중심으로 그 고객의 욕구에 맞춰 사업을 운영해 가기 때문이다.

이런 방식으로 사업을 운영한다면, 자신이 정말로 새로운 고객을 유치할 생각이 있는지부터 비판적으로 따져 보아야 한다. 기존의 고객을 중심으로 사업을 구축하기보다는, 당신의 타깃 고객층을 정하고 난 다음 목표 고객들을 유치할 수 있도록 사업을 구축하는 것이 바람직하다.

## 여러 가지 아이디어와 팁

다음의 목록에는 성공한 여성들이 전하는 여러 가지 아이디어와 팁이 담겨 있다. 당신의 마음에 특별히 와 닿는 항목들을 당신의 것으로 만들라.

- 당신의 강점을 드러내라. 당신의 열등감은 스스로가 자초한 것이다.
- 당신의 경제적 능력을 높이기 위해 날마다 필요한 조치를 이행하라.
- 강하고 월등한 여성들은 (아무도 자신을 바라보지 않아도) 마치 모두가 자신을 바라보는 것처럼 당당하게 행동한다.
- 저축하는 방법을 습득하라. 저축을 했다는 것은 내면에 훌륭한 점이 있다는 증거이다.

- 임금 협상을 할 때는 당신이 기대하는 것보다 더 많은 액수를 요구하라.
- 협상 결과가 당신이 받아들이기 힘들 정도라면 회사를 떠날 준비를 하라. 이는 당신이 쥐고 있는 최종적인 협상 도구이다.
- 창의력을 개발하라. 어떤 일을 해내거나 문제를 해결하기 위해 더 우수하고 더 빠르고 더 효율적인 방법을 끊임없이 모색하라.
- 문제를 피하지 말라. 기존의 문제를 하나 해결하고 나면, 즉시 더 큰 새로운 문제의 해결에 나서라. 문제 대처 능력은 승진 사유 중 하나이다.
- 입사 면접을 볼 때마다 마치고 나면 담당자에게 간단한 감사의 말을 전해라. 이런 디테일이 결정적인 역할을 할 수도 있다.
- 남보다 더 많은 시간과 에너지를 투입하라. 사람들이 당신에게 기대하는 것보다 더 많이 내어주라. 당신의 운명을 손에 쥔 '키맨'들이 당신을 지켜보고 있다.
- 당신이 받는 보수보다 더 많은 일을 하지 않으면, 당신이 오늘 하는 일보다 더 많은 보수를 받는 일 또한 결코 없을 것이다.
- 당신의 상사는 당신에게 가장 중요한 첫 고객이다. 이런 질문을 스스로에게 수시로 던져보라. 상사를 만족시키려면 무엇을 해야 할까?
- 당신이 지금 하는 일에 적합한 복장을 하기보다는, 당신이 원하는 자리에 적합한 복장을 하라. 상사들은 자신과 비슷한 복장을 하는 사람들을 승진시킨다.
- 당신이 수행한 일의 결과가 나쁠 때 절대로 자신의 성별 탓을 하지 말라.

남들 앞에서나 자신에게나 마찬가지다.

- ✔ 당신의 상사, 동료, 회사, 제품에 대해 항상 의리를 지켜라. 항상 누군가 가 어딘가에서 당신의 말에 귀 기울이고 있다.
- ✔ 물론 이 모든 항목을 준수하려면 먼저 자신의 일을 사랑해야 한다. 당신 이 사랑하는 일이 무엇인지 찾아보라.

다음 사실을 명심하라. 당신이 자신의 행위를 탓하며 스스로를 평 가 절하한다면, 세상 또한 당신의 존재를 탓하며 당신을 평가 절하할 것이다.

비관주의자는 모든 일에서 문제점을 찾아내고
낙관주의자는 모든 일에서 기회를 찾아낸다.

_ 윈스턴 처칠Winston Churchill

제3부 **돈과 가정**

◆ **자녀들에게 경제교육을 어떻게 시켜야 할까?**

◆ **결혼과 이혼**

◆ **유언: 올바르게 상속하고 상속받기**

# 제7장 자녀들에게 돈을 다루는 법을 어떻게 가르쳐야 할까?

> 뭔가를 더 자주 보고 싶으면,
> 그것을 칭송하라.
>
> — 토마스 피터스Thomas J. Peters

나는 세미나를 열 때마다 이런 질문을 자주 받는다. "저는 돈을 관리하고 운용하는 방법을 아주 힘들게 배웠습니다. 제 아이들이 돈을 대하는 법을 저처럼 어렵지 않게 배울 수 있는 좋은 방법이 없을까요?"

이 문제에 관한 팁은 실제로 매우 많으며, 이 장에서는 이를 중점적으로 다룰 것이다. 그보다 먼저 당신이 풀어야 할 과제들이 있다. 당신이 자부심을 느끼고 있는 가치관은 무엇이며 이 가치관을 자녀들에게 어떻게 전해주려 하는가? 우리 각자가 소중히 여기는 가치들은 말하자면 '개인적인 퍼스널리티의 소프트웨어'라 할 수 있다. 개인의 가치관은 개인의 행동에 영향을 미친다. 돈에 대한 자신의 가치관을

머니 파워

정확히 파악하는 것이 무엇보다 중요하다.

나에게 돈은 얼마나 중요한가? 내게는 돈이 더 중요한가, 아니면 정직함이 더 중요한가? 나는 돈으로부터 완전히 자유로운 사람이 될 수 있을까? 이보다는 돈을 위해서라면 '인정사정 안 보는' 사람이 되어야 할까? 그 밖에 이런 문제도 생각해봐야 한다. 어떻게 하면 자녀들에게 좋은 본보기가 될 수 있을까? 어떻게 하면 급속도로 변해가는 시대에 자녀들을 대비시킬 수 있을까? 어떻게 하면 자신의 상황을 합리화하지 않고 자녀들에게 진정한 조언을 하여 그들이 미래를 효과적으로 준비하도록 이끌 수 있을까? 이 질문들은 돈을 다루는 개개인의 태도와 밀접하게 연관되어 있다. 이제 이 문제에 관해 함께 살펴보자.


## 좋은 본보기 되어주기

먼저 두 가지를 짚고 넘어가겠다.

첫째, 당신의 역할이 가장 중요하다. 당신 스스로가 진정한 부를 누리며 행복하게 사는 모습이 자녀에게 본보기가 되기 때문에 그 자체로 훌륭하고 중요한 팁이다. 이러한 어머니의 모습을 보고 자라는 아이는 돈이 사람들을 편안하고 행복하게 만들어준다는 경험을 한다. 이 아이들은 돈을 문제를 일으키는 골칫덩이로 인식하지 않는다.

어머니로서 좋은 본보기를 보이면 어떠한 현명한 교육 정책보다도 훨씬 뛰어난 교육적 효과를 낼 수 있다. 아이들에게 이보다 더 분명하고 확실한 영향을 미치는 것은 없다. '평범한' 부모를 둔 아이들이 백만장자가 될 확률은 500분의 1인 반면, 백만장자의 아이들이 백만장자가 될 확률은 5분의 1이다. 다시 말해서 당신이 부자일 경우 당신의 자녀가 부자가 될 확률은 700배 정도나 커진다. 당신은 "돈에 관해 입에 올리는 건 예의가 아니다"라는 말을 들어본 적이 있을 것이다. 당신의 가정에서는 돈에 관해 어떤 이야기를 나누는가? 자녀들에게 경제와 관련된 화젯거리를 꺼내 흥미를 유도해 본 적이 있는가?

500유로(약 70만 원) 지폐를 식탁에 올려놓고 즐거운 얼굴로 자녀들에게 지폐에 그려진 그림에 관해 설명해 본 적이 있는가? 500유로 지폐에는 20세기 말 현대 건축물의 상징이 인쇄되어 있다(모든 유로화 지폐의 앞면에는 유럽연합의 개방성과 협력 정신을 형상화하는 창문과 성문들이 그려져 있다. 지폐의 뒷면에는 특정 예술 양식에 기반한 교각이 각기 하나씩 그려져 있는데, 이는 유럽 민족들 간의 화합과 기타 지역과 유럽 간의 화합을 상징하는 형상이다).

혹 당신도 자녀에게 "돈을 만졌으니 얼른 손 씻어, 돈은 더러운 거야"라고 말한 적이 있는가? 이처럼 우리 어른들이 자신도 모르는 사이에 아이들의 내면에 얼마나 쉽게 '부에 대한 방어 기제'를 심어줄 수 있는지 숙고해 보라.

부모들은 흔히 자신이 자녀들에게 본보기 역할을 한다는 사실을 충분히 의식하지 못한다. 예를 들어, 평상시에는 거실을 전혀 사용하지 않는 가정들이 있다. 이들에게 거실이란 손님이 있을 때만 사용하는 특별한 공간이다. 이런 경우 아이들은 손님이 가족보다 더 중요하다는 시그널을 받는다.

거실에 놓아두었던 값비싼 물건을 깨뜨렸을 때 엄마 아빠가 이에 대해 화를 내면, 아이는 이를 사람보다 물건이 더 중요하다는 시그널로 해석한다. 반면 손님이 실수로 거실에 놓여 있던 값비싼 물건을 깨뜨릴 경우, 아마도 엄마 아빠는 손님에게 가장 먼저 다치지 않았느냐고 물을 것이다. 그러고 나서 엄마 아빠는 아마 이렇게 말할 것이다. "괜찮아요. 그럴 수도 있지요."

또 다른 사례를 들어보자. 당신이 평소에 "현금 인출기에서 돈 좀 꺼내오자"라는 식의 표현을 자주 사용한다면, 그 말을 들으면서 자란 자녀가 끊임없이 뭔가를 사달라고 조르는 것이 당연하다. 엄마에게서 이런 말을 들으면 아이의 머릿속에 현금이란 현금 인출기에서 꺼내기만 하면 되는 것으로 입력된다. 예전에 부모들은 자녀들에게 "돈이란 물만 주면 주렁주렁 열리는 열매와는 다르단다"라고 설명해 주었다. 그런데 요즘 아이들은 기계에 달린 단추만 누르면 돈이 나오는 걸 보고 듣고 자란다.

본격적인 이야기에 앞서 한마디 더 덧붙이자면, 만일 당신에게 자녀가 없더라도 이 장에서 최소한 '보도 섀퍼의 제안' 부분만이라도 훑어보라고 권하고 싶다. 당신도 이따금 다른 집 아이들에게 선물할 때가 있을 테고, 현금을 선물할 때도 있을 것이다. 그러니 책임 있는 어른으로서 아이들에게 현금을 어떤 방식으로 선물하는 것이 좋을지를 아는 것도 중요하다.

## 왜 아이들에게 용돈을 주어야 하는가

내게 가끔 이렇게 말하는 사람들이 있다. "아이가 돈이 필요하다고 말하면 그때그때 주는데, 아이에게 왜 용돈이 필요하죠?"

아이들에게 용돈을 주는 데는 네 가지 이유가 있다.

1 용돈을 통해 자녀들에게 돈을 대하는 법을 배우게 한다.
2 용돈을 통해 자녀들을 가정의 소득에 관여시킨다. 물론 가정의 소득에 관해서도 자녀들에게 설명해 주어야 한다.
3 아이가 정해진 용돈을 사용하면서 스스로 결정하고 책임지는 법을 배운다. 반면 아이가 부모에게 돈을 달라고 요청해야 하는 경우에는 결정을 내리는 주체가 부모이다.
4 자녀들에게 용돈을 줌으로써 많지 않은 돈을 실제로 소비하는 과정을

통해 작은 실수를 할 기회를 만들어준다. 우리는 자녀들이 용돈을 사용하면서 경험하는 작은 실수를 통해 돈에 관해 배우기를 바란다.

## 몇 살부터 용돈을 주는 것이 의미 있을까

돈을 다루는 법과 관련해서 무엇보다 먼저 알아야 할 것이 용돈은 얼마가 적절한지, 그리고 몇 살 때부터 용돈을 주는 게 좋은지이다. 다음에 기록해 놓은 '연령별 발달 단계 한눈에 보기'를 살펴보면 아이들의 발달 단계를 대략 파악할 수 있다. 특정한 조치가 몇 살부터 의미 있을지도 알 수 있다. 각 발달 단계마다 뒤따르는 문제와 어려움이 있다. 하지만 각 발달 단계에서 아이는 자신이 넘어야 할 산을 넘으면서 조금씩 성장해 간다. 단지 어른들이 어떤 시각으로 보느냐가 중요하다. 어른들이 해야 할 일은 각 발달 단계에서 긍정적인 측면을 찾아내는 것이다. 각 발달 단계에 뒤따르는 모든 문제와 어려움은 아이에게 중요한 메시지를 전달해줄 소중한 기회이기도 하다. 살아가면서 우리가 마주하는 어려움과 문제는 우리가 성장을 할 발판이 되어준다. 이는 (우리 부모들이 이러한 시각을 수용할 준비만 되어 있다면) 자녀 양육에도 해당된다.

물론 말은 쉽지만 실천하는 것은 쉽지 않다. 이를 실천하는 것은 실제로 아이들을 돌보는 일과 직결되어 있다. 당신도 알다시피 아이들은 부모가 자신과 많은 시간을 보내주어야 자신을 사랑한다고 여긴다. 자녀들에게 돈이라는 주제에 관해 뭔가를 알려주는 데에도 많은 시간이 소요된다. 하지만 충분히 그럴 만한 가치가 있는 일이다.

다음에 소개하는 연령별 발달 단계에 대한 설명은 대략적인 선에 불과하다. 그러므로 당신의 자녀가 다른 아이들보다 어느 단계를 더 늦게 혹은 더 일찍 거치더라도 염려하지 말라.

부모들이 자녀들에게 주는 용돈의 액수도 나와 있다. 학교에 다니는 아이들 중 절반가량이 주중에 용돈 외의 돈을 받아 쓴다는 사실도 염두에 두어라. 그 밖에도 3분의 2가량의 아이들이 크리스마스와 생일 등 특별한 날에 현금을 선물로 받는다.

이런 관행은 문제의 소지가 있으며, 최소한 비판적인 눈으로 살펴보아야 할 부분이다. 이처럼 아이에게 용돈 외의 돈이 주어지면, 아이가 매주 받는 용돈으로 일주일을 꾸려가는 법을 배우기가 힘들어지기 때문이다. 특별한 날에 현금을 선물하는 것에 관해서는 해법을 찾는 것이 좋다. 일례로 특별한 날에 선물 받는 현금의 전부 혹은 절반을 특정한 용도로 사용하기로 정해 두는 것도 한 방법이다. 그 용도는 아이가 직접 정한다. 이러한 조치가 선행되어야 당신의 자녀가 올바른 재정 계획을 배울 수 있다.

## 연령별 발달 단계 한눈에 보기

### 만 5~6세

이 시기에 용돈을 주는 것은 일반적으로 의미 없는 일이다. 이 시기의 아이는 아직 돈에 대해 이렇다 할 흥미가 없기 때문이다. 돈은 그것으로 자신이 원하는 것을 구입할 수 있을 때 가장 중요해진다. 이런 점에서 이 시기 아이는 돈을 소홀히 여긴다. 돈을 잘 잃어버리고, 아무 생각 없이 쓴다. 이 시기의 아이는 아직 저축에 대해 이해하지 못하므로, 이 때부터 자녀에게 저축하는 습관을 들이려 시도하는 것은 거의 무의미하다.

혹시 당신의 생각이 이와 조금이라도 다르다면, 당신의 자녀에게 초콜릿을 몇 개 주고 나서 저녁때까지 그걸 먹지 않고 갖고만 있으면 상을 주겠다고 제안해 보라. 그 초콜릿은 오후가 지나기도 전에 사라질 확률이 매우 크다.

### 만 7세: 아이가 돈을 지출해 보도록 첫 용돈을 줘라

이 시기에는 아이에게 용돈을 주어야 한다. 아이가 돈에 대해 관심이 많아졌기 때문이다. 이제 아이는 적극적으로 용돈을 받길 원하며, 정해진 용돈 외에 돈을 벌기 위해 뭔가를 할 준비도 되어 있다.

참고로 만 6세부터 9세 아이들은 평균적으로 한 달에 용돈으로 20

유로(약 2만 7,000원) 정도를 받는다. 일주일에 4~5유로(약 5~6,000원) 정도면 적당한 금액으로 볼 수 있겠다. 이 시기에도 아이에게 저축하는 습관을 들이려는 것은 별다른 의미가 없다. 아직 저축이라는 것을 제대로 이해할 나이가 아니다. 아이들이 이해하지 못하는 조치는 역효과를 낼 수도 있다.

### 만 8세: 아이가 돈을 좋아하도록 가르쳐라

이 시기에는 돈 관리뿐만 아니라, 야심, 소유, 사업적 수완에 대한 중요한 토대를 형성시켜줄 수 있다. 이제 아이가 명백하게 돈을 소유하고 싶어 하기 때문이다. 이 시기의 아이는 돈 자체를 무척 좋아하고, 돈을 버는 것도 좋아한다.

이 시기에는 자질구레한 물건에 돈을 낭비하지 않으며, 값비싼 물건을 위해 돈을 모으는 편이다. 물건을 취득하고 지니는 것을 좋아하며, 원하는 물건을 남들과 교환하고 흥정할 줄도 안다.

이 시기가 되면 자녀가 돈과 건강한 관계를 맺도록 당신이 그 토대를 마련해 줄 수 있다. 당신도 알다시피 돈이 편안하고 추구할 만한 가치 있는 것이라는 경험을 많이 할수록, 돈을 끌어당기는 힘이 더 많아지기 때문이다.

한 가지 덧붙이자면, 이 시기에는 아이의 소유욕이 매우 두드러지기 때문에 아이가 지켜야 할 선을 제대로 보지 못하거나 넘을 때도 있다. 이 시기의 아이는 갖고 싶은 것이 있으면 허락도 받지 않고 슬쩍 가져다 버리기도 한다. 일부 부모들은 이러한 행동에 과다하게 의미를 부여하여 자신의 자녀를 잠재적인 범죄자로 여기기도 한다. 이 시기에 이런 전형적인 현상이 나타나는 이유는 다음과 같다. 원하는 물건을 그냥 가져가 버리는 것은 그 물건이 정말로 '필요하다'고 느껴지기 때문이다. 경우에 따라 상점에서 가끔 물건을 훔치기도 한다. 때때로 엄마 지갑에서 몇 유로를 '잠깐 빌려오기'도 하고, 그것을 엄마에게 이야기하는 것을 '깜빡 잊어버리기'도 한다. 이것은 분명 좋은 일은 아니지만, 범죄도 아니다. 그렇지 않다면 우리는 누구나 형사 처벌 대상인 아이들과 청소년들로 둘러싸여 있을 것이다.

누구나 한 번쯤은 아빠의 지갑이나 엄마의 핸드백에서 약간의 돈을 꺼내본 적이 있지 않은가? 당신은 그런 적이 없는가? 나는 그런 적이 있다. 우리의 자녀들이 과거의 우리와 다르지 않은 행동을 할 경우, 자신들의 과거를 잊지 말아야 한다. 이는 분명 유쾌한 일은 아니지만, 하늘이라도 무너진 듯 야단법석을 떨 필요도 없다. 이 같은 '돈 때문에 생긴 병'은 어찌 보면 홍역과도 같다. 즉, 누구나 한번쯤은 앓고 지나가야 한다.

**만 9세: 자녀에게 저축을 가르쳐라**

자녀에게 계좌를 개설해 줄 수 있는 (개설해 주어야 하는) 시기이다.

'부의 축적과 재정'에 관한 이야기를 꺼내기 위해 자녀에게 돼지 저금통을 사준다면, 그것은 매우 고루한 방법이다. 결코 돼지 저금통 하나로 해결될 문제가 아니다. 한마디 덧붙이자면, 굳이 돼지 저금통을 사주려면 적어도 안이 들여다보이게 투명하고 뚜껑이 열리는 것으로 장만해 주어라(돈이 얼마나 늘었는지 보이지도 않고 돈을 꺼내려면 산산조각을 내야만 하는 돼지 저금통을 발명한 작자가 도대체 누구인지 정말 궁금하다).

이보다는 좀 더 섬세한 방식으로 자녀에게 돈 관리법을 가르쳐야 한다. 이제는 아이가 간단한 계좌 관리 정도는 할 수 있는 연령에 이르렀기 때문이다. 이 시기의 아이는 자신의 물건들과 수집품들을 분류하는 데 많은 시간을 보낸다. 처음으로 목돈을 모으고 기뻐하기도 한다. 이제 아이는 돈이라는 것을 하나의 목표로 이해할 수 있다. 자신의 돈을 직접 세어보고, 눈으로 보고, 남들에게 보여주고 싶어 하며, 돈에 관한 이야기를 하는 것도 좋아한다. 다소 비싼 물건을 사기 위해 푼돈을 모을 줄도 안다. 이 시기에 당신은 자녀에게 계획적인 행동을 하고 목표를 설정하는 법을 수월하게 알려줄 수 있다. 그러면 아이는 놀이를 하듯 스스로 목표를 설정하는 법을 배워 나간다. 이런 과정을 거치면서 무엇보다도 자신이 세운 목표를 신뢰하는 법을 배우게 되는데, 그것은 아이가 목표를 실천할 때 성공을 체험하기 때문이다. 더불어 아이는 스스로를 신뢰하는 법도 배우게 된다. 목표를 하나씩 달성할 때마다 자신감이 커져간다.

이 시기에는 용돈에 그다지 커다란 흥미가 없으므로, 아이와 '거래'를 하기에 매우 좋은 시기이다. 아이가 한 달에 20유로(약 3만 원)의 용돈을 받는다고 가정해 보자. 이 경우 당신은 자녀와 함께 다음과 같은 방식으로 저축을 위한 준비 과정에 착수해볼 수 있다. 예를 들어 용돈에서 10유로(약 1만 4,000원)를 저축하도록 유도해볼 수도 있다. 그리고 그 10유로에서 4유로(약 5,000원)는 따로 떼어 목돈을 만드는 데 사용하는 것이다. 여기에 대해서는 자녀에게 상세하게 설명해 주어야 하는데, 아직 돈을 모으는 것 자체가 이해하기 쉬운 목표는 아니기 때문이다. 이때 『머니라는 이름의 강아지Ein Hund Namens Money』라는 나의 저서를 활용하는 것도 한 가지 방법이다. 아이들과 청소년뿐만 아니라 성인들에게도 많은 도움이 될 만한 책이다. 당신의 자녀는 이 책 속의 주인공과 함께 돈을 현명하게 다루는 법을 발견해 갈 것이다.

10유로 중 나머지 6유로(약 8,000원)는 자전거 구입하기 등 중장기적 목표를 위해 저축할 수도 있다. 이러한 방안을 정착시키기에 이 연령은 더없이 적합하다. 하지만 '죽도 밥도 아닌' 방법으로는 성공할 수가 없다. 자녀에게 동기를 유발하고 구체적인 방법을 함께 실천하기 위해서는 당신이 몇 시간을 별도로 할애해야 한다.

# 자녀와 함께
# '꿈을 위한 상자'를 만들어 보라.

아이가 진심으로 갖고 싶어 하는 것, 이루고자 하는 목표가 무엇인지 알아보라. 아이가 뭔가를 갖고 싶어 할 때, 귀찮아하지 말고 자녀에게 정말로 중요한 것을 전해줄 기회로 여겨라.

- 아이의 소망을 실현하기 위한 비용이 얼마나 들지 아이와 이야기를 나누어라. 얼마나 오랜 시간이 걸릴지도 계산해 보라 (경우에 따라 아이가 정해놓은 금액을 모으고 나면 당신이 얼마를 보태줄 수 있다는 이야기를 나누어 보라).
- 저금통으로 사용할 수 있는 빈 상자를 아이와 함께 구해보라.
- 갖고 싶어 하는 물건의 사진을 찾아 상자 위에 붙여 놓게 하라.
- 용돈 중 얼마를 따로 떼어 모을 것인지 금액을 정하라.
- 용돈을 받자마자 이 금액을 즉시 '꿈을 위한 상자'에 넣도록 규칙을 정하라.
- 당신도 '꿈을 위한 상자'를 마련하여 아이가 보는 앞에서 돈을 모아 간다면, 아이에게 저축하는 습관이 몸에 배도록 돕는 좋은 본보기가 될 것이다. 지갑에 잔돈이 생길 때마다 모두 그 상

**만 10~11세: 자녀가 일거리를 찾을 수 있도록 도와주어라**

이 시기의 아이는 '사업 수완'이 있다. 1주 단위로 예산을 세울 수
있고, 큰돈을 쓰기에 앞서 계획하고 저축할 수 있다. 집안일을 돕거
나 '집 밖에서' 심부름을 함으로써 용돈 외에 돈 버는 걸 좋아한다. 예
전에 비해 여러 가지 욕구가 생겼고, '용돈 인상'도 더 자주 요구한다.
이 시기에 많은 부모들은 자녀들의 끊임없는 요구에 한숨을 내쉰다.
그런데 이때가 바로 자녀에게 매우 중요한 것, 즉 노동의 가치, 자기
책임의 중요성을 알려줄 적기이다. 원하는 것이 있으면 성과를 냄으
로써 얻는다는 메시지를 전달할 적기이다. 이제 자녀의 손에 돈을 쥐
어주기보다는, 자신이 할 수 있는 일을 하여 돈을 벌도록 이끌어주고
지지해줄 기회로 활용해야 한다.

그러려면 자녀의 강점이 무엇이고 좋아하는 일이 무엇인지 함께 분
석해 보아야 한다. 그리고 돈은 열심히 일해서 벌어야 하며, 자신의
의무를 성실하게 이행하는 것이 인간에게 가장 중요한 가치라는 '지

혜'를 전할 기회를 의식적으로 만들어라. 당신은 자녀가 행복한 사람으로 성장하길 원할 것이다. 이 시기야말로 일은 즐거워야 한다는 점을 자녀에게 이해시킬 적기이다. 누구나 자신이 좋아하는 일을 해야만 진정으로 잘할 수 있다는 점, 자신이 정말로 좋아하는 일을 해야만 돈도 잘 벌 수 있다는 점을 자녀에게 이해시킬 최적의 시기이다. 아이가 가장 좋아하는 취미 활동을 하면서 돈을 벌 수 있도록 잘 도와주어라.

한 가지 유의할 점이 있다. 당신 자신이 즐겁게 일하지 않고 좌절과 짜증이 가득한 얼굴로 퇴근하면 '일하는 즐거움'을 자녀들에게 신빙성 있게 전달하기가 힘들 것이다.

이 나이가 되면 돈에 관한 계산도 제법 빠삭하다. 이 밖에도 소유와 사생활에 대한 건강한 감정이 발달한다. 예를 들어 부모가 허락 없이 불쑥 방에 들어오거나 자기 물건을 만지는 것을 달가워하지 않는다.

## 자녀의 강점과 좋아하는 일의
## 목록을 함께 작성해 보라.

- 자녀의 강점을 구축하고 개발할 방법을 함께 모색함으로써 자녀의 강점을 강화하라.
- 자녀가 가장 좋아하는 취미가 무엇인지 알아보고, 그것으로 돈을 벌 방법을 함께 찾아보라.
- 자녀의 약점에 집중하지 말고, 약점을 해소할 해법을 모색하라.
- 자녀에게 집안일 중 자신의 강점을 발휘할 수 있는 일을 광범위하게 맡아 수행할 여건을 마련해 주어라.
- 자신만의 강점을 집중적으로 개발하여 유명해진 사람들의 이야기를 자녀에게 들려주어라.
- 마치 당신의 자녀가 이미 자신이 좋아하는 분야에서 특출한 성과를 낸 것처럼 바라보라. 그러면 당신의 시선대로 이루어질 것이다.

### 만 12~14세: 자기 책임을 가르쳐라

이 시기에는 뭔가를 갖고 싶은 마음이 커지는 만큼 돈에 대한 욕구도 커진다. 전자기기와 옷에 대한 관심이 부쩍 늘고, 쇼핑하는 것을 좋아하며, 쇼핑센터에 머무는 것도 좋아한다. 이 시기에는 또래 아이들에게서 받는 압력이 매우 크며, 부모의 감정 또한 매우 잘 간파한다. 이 시기의 아이들은 이런 말로 매우 능숙하게 부모에게 죄책감을 이끌어 낸다. "나만 빼고 친구들 모두 그걸 갖고 있다고요.", "엄마 아빠는 날 '아싸'로 만들 생각이세요?", "그건 학교에서 꼭 필요하단 말이에요."

이런 말이 효과가 매우 좋은 이유는 많은 부모들이 은연중에 자녀들에 대해 죄책감을 품고 있기 때문이다. 부모들이 이처럼 죄책감을 느끼는 이유는 일하느라 바빠서, 혹은 이혼을 해서, 아니면 돈을 많이 벌지 못해서 등이다. 자녀들과 보내는 시간이 너무 적어서 죄책감을 느끼는 부모도 있다. 하지만 자녀와 함께 보내는 시간이 부족한 것을 돈으로 보상할 수는 없다.

이 나이가 되면 무엇보다도 자신의 행동에 책임지는 법을 배워야 한다. 돈이 더 필요하면 새로운 소득원을 개척해야 한다. 갖고 싶은 것이 있을 때마다 '우려먹을 수 있는' 부모가 항상 곁에 있지는 않을 테니까.

이 시기에는 부모와의 갈등이 자주 불거지는데, 그 이유는 흔히 자녀들이 필요 이상으로 많은 돈을 원하기 때문이다. 이들은 사전에 부모의 허락을 구하지 않고서 뭔가를 '빌려 가는' 경향이 있다. 특히 이

전 시기에 부모와의 신뢰가 정착되지 않은 경우에는 정직하지 않은 행동을 할 수 있다. 반면 신뢰의 토대가 굳건한 경우에는 정직하지 않은 행동을 하거나 거짓말을 하는 경향이 적다.

이제 아이는 이윤과 손실이라는 개념을 이해할 수 있으며, 무엇보다도 저축금액에 붙는 이자와 복리를 계산할 수 있다. 이 나이대의 자녀에게 원칙 없이 수시로 용돈을 인상해 주는 것은 좋은 방법이 아니다.

이제 본격적으로 저축에 관한 교육을 시켜야 한다. 한편으로는 사물을 매우 비판적으로 보는 시기이면서, 다른 한편으로는 평생 지닐 수 있는 좋은 습관을 들일 시기이기도 하다. 자녀들과 바람직한 대화를 나누기 위해서는 당신이 시간을 내야 한다. 지나가는 말로 자녀들에게 돈 관리 방법과 부에 관해서 설명할 수는 없는 노릇이지 않은가.

무엇보다도 이 연령대의 자녀는 당신을 매우 비판적인 눈으로 관찰할 것이다. 그리고 당신이 모범을 보이는 것들만 수용할 것이다.


### 만 15~19세: 덜 주는 게 더 주는 것이다

자녀의 경제적 독립 시점을 뒤로 미룰수록 자녀들의 불만은 더 커지고 부모의 재정적 부담도 더 커진다. 이제는 자녀들이 충분히 규칙적으로 돈을 벌 수 있는 나이가 되었다.

다른 한편 자녀들의 관점에서 보면 부모에게 돈을 달라고 요청하는 편이 직접 돈을 버는 것보다 훨씬 간단하다. 아이들은 부모에게서 돈을 얻어낼 여지가 보이지 않아야만 비로소 돈을 벌 수 있는 일을 찾아 나선다. 눈앞에 지름길이 뻔히 있는데 구태여 빙 둘러 가려고 하겠는가? (자녀의 마음에 들고 싶어서) 자녀가 원하는 것을 다 들어주는 부모는 자녀에게 어른이 될 준비를 할 중요한 기회를 빼앗는 것이다.

이 시기에는 한 달에 50유로(약 7만 원)의 용돈이면 충분하다. 자녀가 규칙적으로 수행하는 집안일들은 돈으로 보상해서는 안 된다. 당신도 자녀를 위해 해주는 온갖 일에 대해 자녀에게 돈을 청구하지는 않는다. 자녀에게 특별한 일을 해달라고 요청할 때는 돈으로 보상해도 좋다. 이러한 경우에도 외부의 인력을 고용할 때와 동일하게 처우하라.

이 시기의 자녀에게 '퍼주는 것'과 사랑을 혼동하는 사람은 자녀를 남에게 빌붙어 사는 무능한 인간으로 키우려는 것이나 다름없다. 자녀를 사랑하는 사람은 자녀에게 힘든 일을 막아주려고 하지 않는다. 왜냐하면 인생에는 좋은 일만 있지는 않기 때문이다. 인생은 끊임없이 우리에게 힘든 일과 문제들을 던져 준다.

누구나 살다 보면 불편한 일들과 마주하게 된다. 이런 불편한 일들을 부모가 나서서 막아주려는 것은 자녀들의 의존성을 부추기는 것이나 다름없다. 우리의 자녀들은 부모의 도움을 요청할 것이 아니라, 자신의 장점을 키워갈 방법을 강구해야 한다. 부모에게 '재정 수혈'을

머니 파워

요청할 것이 아니라, 스스로 돈을 벌 창의적인 아이디어를 떠올려야 한다. 편안한 삶에 안주할 것이 아니라, 능력을 길러야 한다.

하지만 대부분의 부모들은 그저 자녀들에게 돈을 안겨주고 만다. 끊임없이 돈을 안겨준다. 마치 자녀들에게 아첨하는 것 같은 모양새다. 부모들은 자녀에게 돈을 안겨 주면서 자신이 아직까지 필요한 사람이며, 자녀들에게 사랑받는 사람이라고 느낀다.

이들의 의도는 선하다. 이들은 자녀들이 과거의 자신보다 나은 환경에서 살길 바란다. 하지만 부모의 이러한 행동은 실제로는 정반대의 결과를 낳는다. 자녀들을 현실로부터 차단하고, 생활력이 제로인 인간으로 만들어버린다. 이렇게 키워진 아이들은 문제에 대처하는 법을 배운 적이 없고, 스스로를 믿는 마음이 없고, 항상 내일을 두려워하며 살기 때문이다.

부모들이 자신이 키운 '재정적 폭군'에게 굴복하는 첫 번째 이유는 항상 자녀에 대해 죄책감을 품고 있기 때문이다. 두 번째 이유는 우리 사회에 만연해 있는 새로운 트렌드, 즉 무슨 일이 있어도 자녀를 행복하게 만들어주겠다는 서구 부모들의 열망 때문이다. 이들은 자녀 양육에 있어서 건강과 성공에 그다지 큰 비중을 두지 않는다.

이들에게는 교육과 지식도 그다지 중요하지 않다. 자녀의 심신을 단련시켜 인생을 살아나갈 준비를 시키는 것 또한 그다지 중요하지 않다. 이 부모들의 목표는 자녀를 미래의 성숙한 여성과 남성으로 성장시키는 것이 아니다. 그렇다. 그들의 자녀는 단지 행복하면 된다. 지금 이곳에서 당장 행복해야만 한다. 끊임없이 항상 행복해야만 한다.

이 대목에서 우리 부모들은 돈과 행복을 자주 혼동한다. 우리는 아무 문제가 없으면 행복이 찾아온다고 생각한다. 하지만 실제로 모든 문제를 멀리할 때 우리를 찾아오는 것은 지루함뿐이다. 이러한 상태가 오면 우리는 제자리에 멈추어 서서는 더 이상 발전해 나가지 않는다. 이는 행복이나 충만감과는 거리가 먼 상태이다.

성경에는 '돌아온 탕자'에 관한 이야기가 있다. 이야기 속의 아들은 아버지의 재산 중 자신에게 돌아올 몫을 미리 받아 집을 떠나서 돈을 함부로 쓰고 다닌다. 결국 아들은 모든 재산을 탕진하고 후회하며 집으로 돌아온다. 그의 아버지는 돌아온 탕자를 따뜻하게 맞아준다.

성경 속의 이 비유는 이 시대에는 더 이상 적용되지 않는다. 우리 사회에는 성경 속 이야기처럼 쓸모없는 인간들이 우글거리긴 하지만, 그 부모들은 아들의 귀환을 기다리지 않는다. 이유는 아주 간단한데, 대부분의 아들들이 집을 떠나지 않기 때문이다.

이 시대의 아들들은 집에 머문다. 왜냐하면 그것이 가장 안락하고 편안하고 최상이기 때문이다. 엄마 아빠의 집은 너무나도 포근하고, 가만히 있어도 모든 것이 저절로 굴러간다. 이들은 엄마 아빠의 품에서 느긋하게 게으름을 즐긴다.

그런데 자신의 생계를 책임지는 법을 배우지도 않은 상태에서 이러한 십대들이 어떻게 하루아침에 완전히 독립을 하겠는가? 최근 그토록 많은 사람들이 소비로 인한 부채에 얽혀있는 현상은 이처럼 '헤픈' 양육방식과 무관하지 않을 것이다. 헤프게 퍼주면 의존하게 된다. 그 의도가 아무리 선하더라도 결과는 같다.

처음에는 자녀를 위해 보증을 서주고, 그 다음에는 자동차 할부금을 내주고, 새로운 일자리를 구할 때까지 생활비를 대주고, 여행 자금을 '조금' 보태 주는 식이다. 당연히 이 모든 것은 '차용'이라는 형식으로 이루어진다. 하지만 이렇게 자녀에게 차용해 준 돈을 돌려받지 못하는 것 또한 당연하다.

자녀들이 오랫동안 부모와 함께 살면 좋은 면도 있겠지만, 분명히 자녀들의 독립성에 보탬이 되지는 않는다. 이는 자녀들이 부자가 되는 데에도 도움이 되지 않는다. 요즘은 이십 대 후반이 되도록 부모와 함께 사는 자녀들이 적지 않다.

안타깝게도 이런 식으로 생겨난 의존성은 자녀들이 드디어 집 밖으로 독립해 나가더라도 계속 이어진다. 부모는 은행의 역할을 계속 이어 간다. 자녀들에게 정기적으로 송금을 해주고, 비싼 물건을 구입할 때는 보태주고, 재정적으로 힘들 때는 지원군 역할을 해준다. 오늘날 유럽의 경우 파트너와 함께 독립해서 사는 서른다섯 이하의 모든 젊은이 중 약 50퍼센트가 어떤 식으로든 부모의 지원을 받는다고 한다.

토마스 스탠리Thomas J. Stanley와 윌리엄 당코William D. Danko는 선의가

담긴 부모의 경제적 지원과 관련하여 흥미로운 수치를 수집해 왔다. 해당 자료에 따르면 재력을 지닌 미국의 부모 중 약 50퍼센트가 1년에 1만 5,000달러(약 2,000만 원) 이상을 자녀들에게 증여한다. 해당 자료에서는 이런 자녀들을 '수령자(receiver)'라고 칭한다. 그리고 부모로부터 돈을 전혀 증여받지 않았거나 증여받은 돈이 거의 없는 자녀들을 '비수령자'라고 칭한다.

- 수령자들은 저축이라는 것 자체를 배우지 못하였다.
- 수령자들은 자신의 돈과 부모의 돈을 구분하지 못한다. 그래서 이들은 자신이 부모의 재산을 요구할 권리가 있다고 생각한다.
- 수령자들은 비수령자들에 비해 신용 대출에 더 많이 의존한다. 그 결과 수령자들은 비수령자들에 비해 부채율이 훨씬 높다.
- 수령자들의 투자액은 비수령자(부모로부터 증여받은 돈이 거의 없는 자녀들)의 투자액의 55퍼센트에도 미치지 못한다.
- 수령자들은 부모로부터 기증받은 현금 때문에 비수령자보다 현금이 훨씬 많지만, 비수령자들보다 연간 소득이 훨씬 적다. 예를 들어 엔지니어, 건축가, 학자의 경우 수령자들의 소득이 비수령자들의 소득의 74퍼센트에 불과하다.
- 수령자들의 재산 또한 비수령자들에 비해 훨씬 적다. 예를 들어, 회계 업무를 하는 직장인인 경우 수령자들의 재산이 비수령자들의 재산의 57

퍼센트에 불과하다.

✎ 종합적으로 볼 때 수령자들은 비수령자들에 비해 소득이 약 10퍼센트
낮고, 재산이 20퍼센트 이상 적다.


## 자녀를 위해 저축하라

자녀를 위해 당신이 직접 저축을 하는 방법도 있다. 자녀가 어릴 때
부터 저축을 시작하면 얼마 안 되는 돈이 아주 많이 불어난다. 그렇게
되면 당신이 자산가가 아니더라도 면허증을 취득하는 데 드는 비용,
자동차 구입, 대학 등록금 혹은 주택 구입에 필요한 자금까지도 마련
해둘 수 있다.

예를 들어 자녀가 태어나자마자 매달 150유로(약 20만 원) 이상 저
축을 하면 다음과 같은 결과가 나온다.

✎ 당신의 자녀가 20세가 되면: 8만 5,940유로(약 1억 2,000만 원)
✎ 당신의 자녀가 25세가 되면: 13만 7,292유로(약 2억 원)
✎ 당신의 자녀가 30세가 되면: 21만 2,746유로(약 3억 원)

만일 당신이 자녀를 위해 저축해 놓은 돈을 한 번도 인출하지 않는

다면, 당신의 자녀는 35세가 되었을 때 32만 3,611유로(약 4억 5,000만 원)를 갖게 된다. 매달 150유로씩 저축하여 단지 8퍼센트 금리로 운용했을 뿐인데 이 같은 목돈이 된다. 만일 10퍼센트 연리로 운용했다면 35년 후에는 55만 유로(약 7억 6,000만 원)가량이 된다. 이 책의 제11장을 읽어보면 이런 모든 계산들이 허황된 소리가 아니라는 것을 확인하게 될 것이다.

한 가지 당부하고 싶은 것은 이 돈들을 자녀의 이름이 아니라 당신의 이름으로 모아두라는 것이다. 왜냐하면 당신의 '천사 같은 아기 피터'가 '버르장머리 없는 피터 녀석'으로 변해 버릴지 아무도 장담할 수 없기 때문이다.


## 당신이 확립해 두어야 할 여러 가치들

돈을 대하는 방식에 대해 자녀들에게 이야기할 때 당신은 다양한 부분에 역점을 둘 수 있다. 그런데 많은 부모들은 돈에 관한 자신의 가치관을 단 한 번도 정확히 파악해본 적이 없어서 이런 소중한 기회를 제대로 활용하지 못한다. 부모인 당신이 자신의 가치관을 분명하게 정립하지 못한 경우 당신은 자녀에게 서로 상반되는 시그널을 여러 개 보낼 것이다. 이 경우 자녀는 당신을 일관성이 없는 사람이라고 느낄 것이다. 사람은 누구나 안정에 대한 욕구가 있다. 의식주를 해결하는 것으로는 충분치 않다.

이 외에도 사람들은 자신이 소중히 여기는 가치들이 안정된 상태로 확립되어 있길 원한다. 자신이 어떤 가치들을 중요시하는지 아는 것만으로는 충분하지 않다. 여기서 더 나아가 여러 가치들의 우선순위도 분명하게 정해져 있어야 한다. 전화번호에서 숫자 하나만 바뀌어도 완전히 다른 사람의 번호가 되듯이, 우리가 중요시하는 여러 가치들의 우선순위가 바뀐다면 우리가 소중히 여기는 많은 것들이 바뀌어버린다.

우리가 중요시하는 여러 가치들과 그 우선순위는 일정 부분 우리의 운영 체제와 소프트웨어를 형성하고, 우리가 중요시하는 가치들은 우리의 '작동 방식'을 결정짓는다. 예를 들어, 많은 사람들은 돈과 정직함 둘 다 자신에게 중요한 가치라고 말한다. 하지만 당신이 이 둘 중 무엇에 더 우선순위를 매기냐에 따라 특정한 상황에서 완전히 다른 결정을 내릴 수 있다. 예를 들어 레스토랑에서 음식값을 지불했는데 잘못하여 거스름돈을 더 많이 받았을 때, 당신은 그 돈을 아무 소리 없이 주머니에 집어넣을 수 있다. 이 경우 당신에게 돈은 정직함보다 더 우위에 있는 가치이다. 반면 거스름돈이 잘못 온 것을 기회로 삼아 자녀에게 '돈은 정직하게 벌어야 한다'는 중요한 교훈을 전할 수도 있다. 단, 이를 위해서는 당신이 이 두 가지 가치 중 어떤 것이 우위에 있는지를 분명히 결정한 상태여야 한다.

자신이 중요시하는 가치들의 우선순위를 정확히 확립해 놓으면 결정을 내리기가 수월하다. 다른 말로 표현하자면 누군가가 쉽게 결정을 못 내리는 경우 이것은 일차적으로 그 사람이 중요시하는 가치들이 명확하게 확립되어 있지 않기 때문이다. 다시 말해서 우리의 자녀들을 결정을 명쾌하게 내리는 안정된 사람으로 키우기 위해서는 우리의 소프트웨어와 가치들을 분명하게 확립하고 자녀들에게 전달해 주어야 한다.

당신이 중요시하는 가치들을 파악할 수 있는 다음 질문들에 답해보라. 당신은 다음과 같은 상황에서 어떤 결정을 내릴 것인가? 그리고 자녀가 어떤 결정을 내리기를 원하는가?

- 당신의 자녀가 자동차 계기판의 주행 기록을 줄여 놓으면 2,000유로(약 280만 원) 더 비싼 가격에 팔 수 있다고 말한다. 또한 계기판을 조작해도 아무도 모른다는 것이다. 당신의 자녀가 이렇게 해도 되겠는가?
- 자녀가 어떤 대가를 치르더라도 반드시 좋은 성적을 받길 원하는가? 커닝을 해서라도?
- 당신의 자녀가 노숙자와 마주쳤을 때 자신의 도시락을 건네줘야 할까? 도시락을 내어주면 본인이 먹을 것이 없더라도 말이다. 아니면 자녀가 노숙자를 가리키면서 "왜 저 사람은 일을 안 해요?"라고 물어보는 편이

나을까?

✎ 자녀가 방학 때 원하는 아르바이트 자리 면접을 볼 때 약간의 거짓말을 해도 되겠는가?

✎ 당신의 자녀가 어떤 것을 더 중요하게 여기는 것이 바람직하겠는가? 일할 때 얻는 만족감 아니면 더 높은 임금?

✎ 레스토랑에 가보니 테이블이 만석이다. 당신보다 먼저 온 가족들이 여럿 있다. 매장 직원이 실수로 당신을 순서보다 먼저 호명했다. 사실을 말하고 당신의 '순서가 될 때까지' 참고 기다려야 할까?

✎ 당신의 자녀가 예를 들어 명품 의류 등 유명 브랜드 제품을 구입해도 되겠는가?

✎ 당신은 자녀가 가끔씩 친구들과 레스토랑에서 식사하고 그 비용을 내는 것을 반기는가? 아니면 친구들끼리도 각자 자신의 식사비용을 내야 한다고 생각하는가?

✎ 당신의 자녀가 신용 대출을 받아 자신의 첫 자동차를 (별 무리 없이 갚아나갈 정도의) 할부로 구입해도 되겠는가?

✎ 당신의 자녀가 원하는 일자리를 구하지 못한다고 가정해 보자. 이런 경우 자녀가 좋아하지는 않지만 보수가 좋은 일자리를 수용해야 할까? 아니면 마음에 드는 일자리를 계속 찾아보아야 할까?

아마도 이 중에는 당신을 곰곰이 생각하게끔 만든 질문이 한두 개쯤 있었을 것이다. 당신은 몇 가지 가치에 관해서도 깊이 숙고해 봐야 할 것이다. 그렇지 않으면 돈과 관련하여 (그리고 삶의 다른 측면에 관하여) 단호하고 일관성 있는 교육을 결코 실천할 수 없을 것이다.

이제 용돈과 아이들의 돈 관리에 대해 내가 자주 받는 몇 가지 질문에 대해 살펴보자.


## 용돈 삭감은 '좋은 벌'이 아니다

당신도 약속을 지켜야 한다. 자녀의 용돈을 삭감함으로써 벌을 주는 것은 당신이 한 약속을 어기는 일이다. 용돈은 심부름, 사랑, 인정, 상 또는 벌과는 별개가 되어야 한다.

예를 들어 아이가 맡은 일을 하지 않았다는 이유로 용돈을 삭감한다면, 아이는 용돈 삭감이라는 대가를 치름으로써 자신의 불이행을 '돈으로 때웠다'라고 결론지을 수도 있다.

또한 이렇게 되면 아이는 당신이 전달하고자 하는 메시지, 즉 가정의 모든 구성원은 자신이 맡은 책임을 완수해야 한다는 메시지를 깨닫지 못한다.

예를 들어 어느 엄마가 딸아이에게 자기 방은 자기가 정리하라고 일러두었다. 아이가 계속 방을 정리하지 않자, 어느 날 엄마는 계속 방을 어질러놓으면 용돈을 줄이겠다고 엄포를 놓았다. 다음날 아이의 방은 평소보다 더 어질러져 있었다. 그 광경을 본 엄마는 화를 잔뜩 냈다. 그러자 아이가 이렇게 말했다. "나는 돈에는 아무 관심이 없어요. 그런데도 돈을 위해서 방을 치워야 하나요?"

마지막으로 한 가지 예만 더 들어보자. 당신이 최상의 결과를 달성하지 못하거나 해야 할 업무를 잊어버릴 때마다 당신의 상사가 당신의 봉급을 삭감한다고 상상해 보라.

이 밖에도 나는 돈을 상으로 활용하는 것 또한 부정적으로 본다(모든 부모들은 간혹 아이가 뭔가를 잘했을 때 돈을 주는데, 이런 일이 너무 자주 있지 않도록 유의하라). 자녀를 계산적인 인간으로 키우고 싶지는 않을 테니 말이다.

무엇보다도 돈을 사랑과 연계시키지 않도록 유의해야 한다. 그러므로 이런 말은 절대 해서는 안 된다. "엄마는 널 무척 사랑해. 그래서 너한테 용돈을 더 많이 주는 거야." 그렇지 않으면 아이가 돈으로 사랑과 우정을 살 수 있다고 생각할 수 있다.


## 자녀가 용돈을 부족해 하면 어떻게 해야 할까

과도한 지출은 선진국 정부들의 고질병이다. 그러므로 당신의 자녀가 용돈을 받은 지 며칠도 안 돼서 돈을 전부 써버려도 놀랄 것 없다.

제임스 베리(James Barrie)는 이렇게 말한 바 있다. "신이 우리에게 기억력을 준 것은 어렸을 때보다 돈 관리를 더 잘할 수 있도록 만들어준 것이다." 자녀들이 이성적으로 돈 관리를 할 거라고 지나치게 기대해선 안 된다.

돈 관리와 관련하여 자녀들에게 문제가 생기면 지극히 예외적인 경우에만 도와주어라. 문제가 생길 때마다 자녀들을 도와주면 다음과 같은 잘못된 신호를 보내는 것이나 다를 바 없기 때문이다. 첫째, 부모인 당신은 자녀가 도움이 필요할 때마다 항상 곁에 있다. 둘째, 돈을 현명하고 꼼꼼하게 관리하는 것은 전혀 중요하지 않다.

용돈을 정해진 날짜보다 먼저 지급해 주지도 말라. 그렇지 않으면 자녀가 '할부 구매'에 능수능란해질 수가 있다. 어떻게 하면 돈을 잘 배분하여 쓸 수 있는지 이야기해 보라. 어떤 부분에서 돈을 절약할 수 있을지 자녀와 함께 고민해 보라. 당신이 돈을 소중하게 다루는 모습을 자녀에게 보게 하라. 자녀가 보는 앞에서 지폐를 차곡차곡 정리하라. 지폐의 앞면 얼굴들이 항상 위에 오도록 가지런히 두고, 모든 지폐의 좌우 방향도 일치시켜 가지런히 두어라.

## 자녀가 울며 애원하면

원하는 것을 사주지 않으면 자녀가 울며 애원하거나 뾰로통하게 삐친다고 가정해 보자. 이때 아이와 토론을 하는 것은 무익하다. 거절 의사를 반복해서 밝히는 것도 마찬가지다. 자칫 잘못하면 아이의 주목을 끌기 위해 엄마가 같은 말을 여러 번 반복한다(그리고 앞으로도 그럴 것이다)라는 인상을 아이에게 심어줄 뿐이다. 그러므로 한 번에 단호하게 거절하라.

그래도 아이가 계속 애원하면, 그냥 이렇게 말하라. "내가 좀 전에 한 말 들었지? 좋아, 그러면 그걸로 됐어." 반면 당신이 항복하고 아이의 뜻을 들어주면, 아이는 앞으로도 자신이 울며 떼를 쓰면 당신이 곧 자기 뜻대로 움직일 거라는 걸 터득한다.

여성들은 흔히 이런 경우 남편에게 도움을 요청하는 경향이 있다. 하지만 그렇게 되면 아이는 자신의 어머니는 뭔가를 결정할 능력이 없고, 따라서 중요한 문제에 있어서 토론 대상이 아니라고 결론짓는다.

## 집안일을 도와줄 때 수고비를 주어야 할까

자녀들이 일상적인 집안일을 거들 때는 돈을 주어서는 안 된다. 물론 아이가 즐겁게 감당하는 몇 가지 일을 할 기회를 주는 것은 바람직하다. 이 외에 특정한 일을 자녀에게 맡기고 '적절한 수고비'를 지불하는 것은 바람직하다. 여기에서 '적절한 수고비'란 당신이 외부의 조력자에게 지불해야 할 만큼의 금액을 말한다.

이는 자녀의 독립성을 키워줄 뿐만 아니라, 아이에게 자신의 능력에 관한 자의식을 강화시켜 준다. 단, 수고비는 일하는 시간에 따라 계산하지 말고, 건당 계산하라. 이는 아이마다 일하는 속도가 매우 상이하기 때문이다.

이 장을 마무리하면서 한 가지 당부할 것이 있다. 돈이 사람을 행복하게 만들 수 있다는 것을 자녀에게 보여줘라. 단, 우리가 가진 것을 남에게 내어주고 기부를 해야만 돈이 주는 행복을 누리며 살 수 있다는 것을 설명해 주어라. 이러한 행동의 배경이 되는 생각들을 자녀에게 이야기해 주어라. 이런 이야기를 들려주는 것은 열 살은 넘은 아이들에게만 의미가 있다. 이 나이는 되어야 아이들이 비로소 사회적 문제에 관심을 갖기 때문이다. 또한 '물질의 잉여'에 관한 생각을 아이들에게 들려줄 수 있는 시기이기도 하다. 자신에게 물질이 충분하다는 생각 없이 자신의 돈을 남에게 줄 사람은 없을 테니 말이다.

제8장  **이혼은
고통스럽다**

성공적인 기업의 뒤에는 항상
누군가의 용기 있는 결정이 있다.

—— 피터 드루커Peter Drucker

여성이라면 대부분 순백의 웨딩드레스를 동경하며, 단란한 가정을 이루어 영원히 행복을 누리는 꿈을 꿀 것이다.

요즘 여성들이 제아무리 주체적이고 독립적이라 해도, 누구나 가슴 속에 백만 탄 왕자님이 나타나 자신을 멋진 성으로 데려가는 로망을 품고 산다. 신데렐라 이야기와 잠자는 숲속의 공주 이야기에 흠뻑 빠져 있던 어린 시절부터 간직해온 낭만적인 꿈이다.

만일 자신은 그렇지 않다고 생각한다면 낭만적인 꿈에서 깰 만한 아픈 경험을 했거나 아니면 현실적인 결혼 생활에 대한 통계 수치, 즉 우리 사회의 높은 이혼율을 알고 있거나 둘 중 하나다. 우리의 현실은 낭만과는 거리가 멀기 때문이다. 순백의 웨딩드레스의 꿈에서 깨어나면 흔히 악몽 같은 현실이 기다리고 있다. 오늘날 우리 사회에서는 결혼한 부부 세 쌍 중 한 쌍이 이혼한다. 미국의 경우 심지어 두 쌍 중 한 쌍이 이혼한다.

많은 부부들이 파경을 맞는 시기는 '악명 높은' 결혼 7년째 되는 해가 아니다. 대부분의 이혼 서류는 (콩깍지가 벗겨지고 일상으로 돌아온) 결혼 3, 4년째 되는 해에 제출된다. 사랑이라는 이름으로 파트너의 못마땅한 습관들과 변덕을 더 이상 눈감아줄 수 없을 때. 첫아이의 육아가 시작되고 두 사람의 관계가 시험대에 오르는 때가 바로 결혼 3, 4년째다.

참다 참다 폭발하여 먼저 이혼을 고하는 여성들의 숫자가 날이 갈수록 늘어난다. 여성들이 먼저 이혼을 요구할 권리조차 없었던 때를 생각하면 여성의 사회적 위상이 높아진 것은 사실이다.

이제 시대가 바뀌었다. '이혼'이라는 주제는 우리 사회에서 더 이상 터부가 아니다. 이제 부부라는 이름을 지닌 동맹의 유효기간은 평생이 아니고 이혼녀로 세상에 나가는 것은 더 이상 아무런 흠도 아니다. 우리 사회에서 이혼을 '잘' 한 여성들을 지켜보면, 오히려 이혼이 '스펙'이 되는 경우까지도 있다.

모든 이혼이 '깔끔한 악수'로 끝나지는 않는다. 이혼에 대한 주변의 반응은 그야말로 제각각이다. 이혼하고 난 후에는 익명성이 보장되는 대도시에서 사는 편이 한 다리 건너 다 아는 시골 동네에서 사는 것보다는 수월할 것이다.

거주지가 어디든, 결혼 지속기간이 얼마가 됐든, 많은 이혼 부부들은 재산을 놓고 치열한 전쟁을 벌인다. 자녀가 있는 경우 이러한 전쟁은 안타깝게도 대부분의 아이들에게 씻을 수 없는 상처를 남긴다.

이혼을 하는 것은 자신이 했던 서약을 깨는 것이다. 하지만 당신은 "슬플 때나 최선을 다하겠습니다"라고 약속했던 말을 지켜야 한다. 단, 파트너가 아니라 당신 자신을 위해 이 약속을 지켜야 한다. 왜냐하면 당신의 행동, 생각, 감정이 당신의 미래를 결정짓기 때문이다. 지금 당신이 하는 행동은 이혼의 아픔이 지나가고 나서도 오랫동안 당신의 삶에 영향을 미칠 것이다. 아마도 당신은 상대방에게 준 것이 상대방으로부터 받은 것보다 훨씬 많다고 느낄 것이다. 부모의 이혼 때문에 아파하는 당신의 자녀들을 생각하면 마음이 무겁다. 어쩌면 당신은 이혼과 함께 정든 환경과 친구들을 떠나야 할 수도 있다. 화가 치밀어 오를 만도 하다. 하지만 명심하라. 지금 당신이 행하는 모든 것이 당신의 미래에 영향을 미친다. 당신의 경제적 독립이 확보되지 않은 상태에서 당신의 삶을 새로이 구축하기란 쉽지 않다. 그러므로 스스로를 위해 최대한 유리한 지점에서 삶을 새로이 시작하라.

우리는 여기에서 둘 중 누가 가해자이고 누가 피해자인지 따지지 않을 것이다. 책임감이 있는 사람이라면 웬만해서는 가정을 깨뜨리지 않는다. 자녀를 위해 파트너와 깔끔하게 종지부를 찍는 편이 나을지, 아니면 너덜너덜해진 관계를 이어가며 눈 딱 감고 사는 편이 나을지 결정하는 것은 누구에게나 어려운 일이다.

사람들은 흔히 문제가 심각할 대로 심각해진 시점에 이르러 이혼을 생각한다. 하지만 정작 이혼에 대해 생각해 봐야 하는 건 바로 결혼을 시작하는 시점이다.

결혼식장 단상을 향해 걸어가면서부터 이혼에 대해 생각하라니, 정신 나간 소리로 들릴 수도 있다. 결혼을 앞두고 온 세상이 아름다워 보일 때 굳이 이혼 절차에 관한 이야기를 해야 할까? 그도 그렇다. 하지만 부디 당신이 왜 결혼하려고 하는지를 스스로에게 한번 물어보아라!

당신은 파트너와 함께 많은 것을 하고 싶을 것이다. 집을 짓고, 사업을 키워가고 싶을 것이다. 두 사람의 자녀도 낳고 싶을 것이다. 함께 여행하고, 맛있는 것을 먹으러 다니고, 안락하고 멋진 삶을 살고 싶을 것이다.

보다시피 당신의 모든 소망들은 돈과 연관되어 있다. 둘이서 함께 이 모든 것을 하려면 수중에 돈이 있어야 하고, 투자를 해야 할 것이다. 보통의 기업처럼 말이다. 다시 말해서 결혼은 당신과 파트너가 공동으로 소유하고 운영하는 기업이라고 볼 수 있다. 이 기업의 사업 목표는 멋진 삶, 자녀 교육, '따뜻한 둥지'의 구축이다.

당신이 결혼이라는 만만치 않은 도전에 응한다면, 마치 여성 사업가처럼 행동하고 중요한 일들을 처리해 나가야 한다. 당신이 파트너와 함께 멋진 미래를 꿈꾼다면 그 꿈을 실현하기 위한 재정에 관해서도 이야기해야 한다. 누가 어떤 역할을 맡을 것인지? 재정의 관리와 운영을 어떤 식으로 분담할 것인지? 이런 이야기는 서로 한창 사랑에 빠져 있을 때 나누는 게 가장 좋다.

그 순간이 둘만의 미래를 결정하는 것이 아니라, 두 사람 사이에 태어날 자녀들의 미래까지 결정한다는 사실을 명심하라. 물론 두 사람의 결혼이 영원히 지속될 거라는 전제하에 이야기를 나누어 보라.

당신의 결혼이 영원히 지속되길 원한다면 확고하게 경제적인 독립을 해야 한다. 경제적 독립을 이루면 동등한 파트너로서 건강한 자의식을 지니고 힘을 얻게 된다. 상호 간의 존중 없이 진정한 사랑을 할 수는 없다. 상대방에게 의존하는 상태로는 진정한 존중과 사랑을 받기 힘들다. 그러므로 양쪽이 각각 재정적인 독립을 하게 되면 파트너 관계가 지속될 확률이 더 커진다. 게다가 더욱 적극적으로 활기차게 결혼 생활을 해나간다. 그러려면 무엇을 어떻게 해야 하는지에 대해서는 다음 쪽에서 자세히 살펴보기로 하자.

알다시피 나는 법률가가 아니다. 따라서 아주 일반적인 범주의 조언을 할 수밖에 없다. 당신의 개인적인 상황에서 발생할 구체적인 결과에 대해서는 당신의 변호사의 조언을 받아야 한다.

다시 한번 강조하건대, 다음에 소개하는 여러 가지 제안은 반드시 유능한 변호사와의 협의 하에서만 실행해야 한다.


## 식탁과 침대, 그리고 정보도 공유하라

아직도 많은 가정에서는 남편이 돈을 관리하고 투자를 결정한다. 그리고 대부분의 남편이 '돈' 문제에 대해 아내에게 터놓고 이야기하지 않는다.

당신은 남편의 수입이 얼마인지 만 원 단위까지 정확히 알고 있는가? 남편의 계좌가 모두 몇 개인지 알고 있는가? 당신은 남편이 당신의 노후를 대비하기 위해 어떻게 투자하고 있는지 정확히 알고 있는가?

앞의 모든 질문에 그렇다, 라고 대답하지 못했는가? 그렇다면 당신의 상황도 다른 많은 아내들과 다름없다. 설문조사 결과에 따르면 기혼여성 세 명 중 한 명은 남편의 수입이 얼마인지 전혀 알지 못한다.

이제 당신이 이혼할 경우, 남편이 지금까지처럼 당신 가정의 재정적 상황에 대해 입을 꾹 다물고 있으리라는 건 불 보듯 뻔한 일이다. 그래서 나는 당신에게 결혼 생활 시작부터 남편과 재정 상황에 대해 모든 것을 공유하라고 조언하고 싶다. 파트너에게 부부의 재정 상황에 대해 알려 달라고 요청하라. '돈'이라는 주제에 대해 서로 솔직하게 터놓고 이야기를 나누어 보라. 돈을 감싸고 있는 베일을 벗기는 것이다.

물론 이를 위해서는 당신 스스로가 '돈'이라는 주제에 몰두해 보는 것도 중요하다. 많은 여성들은 보험금 인상이나 성탄절 보너스의 마땅한 투자처에 관한 이야기가 나오면 눈살을 찌푸린다. 그러면 다음에 이와 유사한 사안에 대해 결정해야 할 때, 남편이 당신의 의사를 묻지 않는 게 당연하다. 하지만 당신이 구미가 당기는 새 투자처나 유리한 보험료에 관한 생각을 먼저 남편에게 제시할 정도가 되면, 남편은 당신에게 신뢰감이 생겨 돈 문제를 터놓고 의논할 사람으로 여길 것이다. 또한 굳이 이런 민감한 정보를 외부에 흘리지 않고 가족 안에서 해결점을 찾을 수 있으니 남편으로서도 반가워할 것이다.

만일 아무리 애를 써도 남편이 재정에 관한 정보를 알려주지 않으면, 다음과 같은 팩트를 동원해 보라. 해마다 수백만 유로에 달하는 돈이 수많은 계좌에 방치되고 있다. 그 이유는 계좌주 외에 아무도 그 계좌의 존재에 대해 아는 사람이 없기 때문이다. 계좌주는 세상을 떠났고, 상속인들은 피상속인 명의로 된 계좌의 존재 자체를 모르는 것이다.

남편의 돈이 언젠가 이렇게 사라져 버리지 않도록 아내인 당신이 모든 계좌와 은행 금고를 파악하고 있어야 한다. 이것이 여의치 않다면 당신의 남편에게 이 책에 관해 자연스럽게 언급해 보라.

그리고 남편의 재정관련 서류를 들여다볼 필요 없이 당신 스스로 가정의 재정적 상황을 파악하는 여러 가지 방법이 있다. 이혼 전문 여성 변호사로 베를린에서 활동 중인 엘케 하이데는 남편과 공동으로 재정 세액을 산정하게 되어 있는 모든 여성에게 이렇게 조언한다. "부부 공동 세무 신고서에 서명하기 전에 먼저 신고 내역을 읽어보세요. 그러고 나서 사본을 한 부 복사해 두세요. 이는 남편을 믿지 못해서가 아니며, 당신의 정당한 권리입니다. 어쨌든 당신의 세무 신고서이니까요. 만약의 경우 이 사본으로 당신의 공동 재산 현황을 제시할 수 있습니다."

이 밖에도 남편과 의논해 '돈의 날'을 정하는 방법도 있다. '돈의 날'이 되면 남편에게 가정의 재정 상황에 관해 알려달라고 요청해 보라.

어쩌면 그동안 당신도 재정과 관련된 여러 가지 정보를 스스로 수집했을 수도 있다. 기존의 급여계좌보다 더 유리한 조건을 제시하는 은행이 있는가? 여름휴가 상품을 25퍼센트 더 싼 가격에 제공하는 '가성비 좋은 여행사'를 발견했는가?

돈을 가족 전체의 일로 만들어라! 남편과 식탁과 침대만 공유하지 말고, 미래도 공유하라. 돈도 두 사람의 미래의 일부이다. 당신의 경제적 독립을 꾀하는 한편, 당신 부부가 공동으로 부를 구축하여 재정적 자유를 누릴 수 있는 방법을 찾아보라. 이 두 가지를 모두 이루게 되면 부부간의 파트너십도 성장해 간다. 남편과 많은 것을 공유함으로써 서로 간에 신뢰가 쌓이고, 남편으로부터 경제적 독립을 함으로써 동등한 파트너십을 가꾸어나갈 수 있게 된다.


## 자신을 위한 대책을 세워라

부부가 모두 수입이 있다면, 생활비와 노후대비 자금을 공평하게 분담해야 한다. 예를 들어 남편이 당신보다 수입이 30퍼센트 많으면, 비용을 30퍼센트 더 많이 부담해야 할 것이다. 당신이 번 돈을 모두 생활비로 쓰지 말아라! 당신만의 자산을 만들려면 수입의 일부를 저축하라!

당신은 남편이 커리어를 쌓을 수 있도록 주부로서 자기 몫을 하며 내조를 한다. 남편이 자신의 회사를 키우는 것처럼 당신도 자녀들을 키우고 집안 살림을 한다. 그 대가로 남편은 당신에게 생활비 외에 소득의 10퍼센트 정도를 주어야 한다. 이 돈을 가지고 당신만의 경제적 버팀목을 구축할 수 있다.

자신을 위한 대책을 세워라! 자녀가 있다면, 생명보험을 들어 자녀들을 위한 안전장치를 마련해둘 수 있다. 적어도 저축계좌 하나쯤은 당신의 이름으로 들어놓아라. 저축할 수 있는 액수가 얼마 되지 않더라도 오롯이 당신만의 몫을 만들어 두라. 비상시에 두세 달 정도 생활하려면 현금이 어느 정도 필요할지 생각해 보라. 그 돈은 (책갈피나 옷장 속에 숨겨두지 말고) 당신의 계좌에 예치해 두거나 은행 금고에 넣어두어라.

당신만의 돈이 수중에 있어야 이혼을 하게 되더라도 악몽 같은 일을 겪지 않는다. 그리고 당신만의 돈이 수중에 있으면 애초부터 동등한 관계를 유지할 수 있으므로, 이혼할 일이 없을 수도 있다.

---

**보도 섀퍼의 제안 13**

다음은 당신이 파트너와 건강한 파트너 관계를 이루는 데 중요한 항목들이다. 우선 당신 혼자서 조용히 생각해본 뒤, 그 다음에 파트너와 함께 이야기해 보아라.

- 파트너와 함께하는 시간들이 더없이 달콤하더라도 결혼이란 두 사람이 성공적으로 관리해야 할 '공동 사업체'라는 사실을 잊지 말라!
- 결혼을 앞두고 있다면, 결혼 후에 어떤 계획을 갖고 어떤 소망을 이루고 싶은지 숙고해 보라. 기혼자라면, 결혼 생활을 하면

---

서 어떤 목표를 갖고 있는가?

- 당신의 현재 재정 상황은 어떠한가?
- 파트너와 돈이라는 주제를 솔직하게 터놓고 이야기할 수 있 도록 하라. 예를 들어 두 사람의 공동 재정에 관한 정보를 요청 하라.
- 스스로 정보를 수집하라. 세무 신고서에 서명하기 전에 사본 을 한 부 복사해 두어라.
- 혼인계약서에 이혼 관련 후속 조치를 정해두어라.
- 결혼 생활을 하는 동안 당신만의 경제적 독립을 위해 대비 하라!

# 제9장 상속

바로 지금이 우리가 상상해온
삶을 살기 시작할 때이다.

— 헨리 제임스Henry James

## 애도하는 마음을 품고 살기

뭔가를 상속받는다는 것은 누군가가 세상을 떠났다는 얘기다. 사랑하는 사람을 잃는 것만큼 삶에서 큰 고통도 없을 것이다. 이 고통을 이겨내려면 시간이 필요하다. 세상이 무너진 듯한 공허함이 몰려오고 모든 것이 무의미해져 절망적이 된다. 이 엄청난 고통에 비하면 다른 모든 것들은 사소하고 무의미해 보인다. 많은 사람들은 자신이 이런 순간에도 돈과 다른 '세속적인' 일에 신경 쓰고 있다고 자책한다.

충분히 사전에 방지할 수 있었던 상황들이 탈출구가 없는 상황으로

머니 파워

치닫기도 한다. 애도하는 유가족의 마음에 미래에 대한 염려와 불안까지 겹쳐 오는 끔찍한 상황이 상상되는가? 충격에 휩싸인 유가족들이 감당하기 힘든 질문들에 답해야 하고 결정 내려야 하는 상황이 상상되는가?

사랑하는 이의 죽음은 하나의 파국이지만, 동시에 새로운 출발이기도 하다. 인생의 새로운 장이 시작되는 것이므로, 미래를 위한 방향을 지혜롭게 설정하는 것이 중요하다. 이런 순간 우리가 내딛는 첫걸음들이 (그리고 우리가 내리는 하나하나의 결정들이) 앞으로 펼쳐질 인생 전체에 영향을 미칠 수 있기 때문이다. 죽음이라는 파국이 오기 전에 죽음과 연관된 여러 절차를 스스로 조치해둘 수 있다는 것은 무척 다행한 일이다. 이러한 조치를 실행하는 것은 책임 있는 삶을 사는 것이다. 누군가를 진정으로 사랑하는 사람은 (사랑하는 이를 위해) 책임을 감당한다.

우리는 사랑하는 이들을 위해 책임감 있게 행동해야 한다. 우리가 세상을 떠날 때 가뜩이나 힘들어할 이들에게 불필요한 염려까지 더해주어서는 안 된다. 여기에는 당연히 재정적인 문제도 포함된다. 재정적인 문제는 사랑하는 사람을 떠나보낸 이들이 가장 처리하기 힘들어하는 부분이기 때문이다. 하지만 이는 반드시 처리해야 할 문제이다. 산 사람들은 어찌됐든 계속 살아야 하니까. 산 사람들은 자신에게 주어진 일을 해결해야 한다. 다시 말해 사망과 관련된 일련의 형식적인 절차들을 결정하고 수행할 수밖에 없다.

사랑하는 이가 죽음을 맞기 전에 절차상의 중요한 결정들이 내려져 있는 상태라면 다행이다.

당신의 파트너와 '죽음'이라는 주제에 관해 터놓고 이야기해 보라. 더없는 고통과 애도의 시간에 이런 중요한 문제들로 힘들어할 필요가 없도록 미리 분명히 해두어라.

- 나와 나의 파트너는 어디에 안치되길 원하는가?
- 매장을 원하는가, 아니면 화장을 원하는가?
- 사후에 누구에게 즉시 연락이 가길 원하는가(가족, 친지, 교회 등)?
- 사후에 계속 진행되어야 할 일은 무엇이며, 누가 이것을 진행해야 할까?
- 유가족이 감당하기 힘든 중요한 일을 처리하기 위해 즉시 나서 줄 사람은 누구인가?
- 재산은 어떻게 처리해야 할까?
- 사후 몇 개월간 모든 것이 변함없이 원활하게 돌아가려면 어떤 조치를 해두어야 할까?

## 첫걸음

사랑하는 이를 떠나보낸 사람은 어떤 위로로도 금방 슬픔을 떨쳐내고 일어서기 힘들다. 사랑하는 이를 떠나보낸 사람을 위로해 본 경험이 있다면, 이 말의 의미를 잘 알 것이다.

하지만 견디기 힘든 고통으로 힘겨워할 때 친구가 곁에 있어 주면 버틸 힘이 생긴다. 사망과 연관된 수많은 절차상의 일을 처리하느라 기진맥진해 있을 때도 친구가 곁에 있어 주면 큰 힘이 된다. 삶이란 가혹한 것이어서 사랑하는 이를 잃은 슬픔 따위는 배려해 주지 않는다.

이런 상황에서 많은 사람들은 이제는 도저히 예전처럼 살 수 없을 거라고 생각한다. 자신의 삶 자체가 무의미하고 공허하게 느껴진다. 극심한 충격에서 헤어나지 못하고, 사고력이나 판단력도 흐려진다. 교통사고나 갑작스런 중병으로 아무런 준비 없이 맞은 죽음이라면 더더욱 그러하다.

그렇지만 이런 상황에서도 사람들은 재정과 관련된 결정들을 내려야만 한다. 중요한 결정들이 그들의 처분을 기다리고 있다. 장례비용은 어느 정도 선에서 해야 하는지? 끝없이 청구되는 비용들은 어떻게 조달해야 하는지? 당분간 생활에 필요한 돈은 충분한지? 결제해야 할 영수증은 계속 쌓여만 간다.

하루아침에 재정적 어려움에 빠지는 유가족들이 얼마나 많은지 상상하기 힘들 것이다.

프란치스카는 나이는 서른둘이고, 남편과 두 자녀와 함께 시골에 살고 있었다. 이 젊은 가족은 반년 전에 작은 집을 구입했다. 남편인 세바스티안은 만일의 경우 자신이 세상을 떠나더라도 주택 자금이 지급되도록 생명보험을 들어 두었다. 프란치스카는 두 자녀를 키우는 데 전념하기 위해, 이미 4년 전에 하던 일을 그만두었다.

세바스티안의 직장은 인근 도시에 있었다. 어느 날 그는 출근길에 사고를 당해 세상을 떠났다. 생명보험사는 그의 사망 후 보험료 지급을 하지 않고 혹 세바스티안이 자살한 것은 아닌지 심사를 하며 시간을 끌었다. 만약 자살이라는 게 입증되면 보험료를 지급하지 않아도 되니까. 프란치스카는 보험 심사가 진행되는 동안 주택구입 대출금을 변제할 대책이 없어서 전전긍긍했다. 처음 몇 달간은 그녀의 부모님이 자금을 지원해 주었고, 손주들도 돌봐주었다. 반년이 지나고 나서야 비로소 생명보험사로부터 보험료가 지급되었다.

당신에게는 절대로 이런 일이 닥치지 않을 거라 생각해서는 안 된다. 사람들은 '죽음'이라는 주제를 입에 올리는 것을 꺼린다. 하지만 죽음은 우리 삶의 일부이다. 파트너와 함께 죽음에 대해 이야기함으로써 늦지 않게 필요한 조치를 해두어라.

당신만의 문제가 아니라는 사실을 명심하라. 당신이 세상을 떠나고 난 후, 남은 가족들이 직면할 문제다. 홀로 남은 파트너가 자신들에게 어떤 계좌가 있는지, 보험증서는 어디에 보관되어 있는지 등을 전혀 알지 못하는 경우가 비일비재하다.

이와 관련하여 중요한 사항이 포함된 목록을 상세하게 작성해 보라. 이 문제에 대해 파트너와 자세한 이야기를 나누는 게 편치 않다면 관련 서류들을 한곳에 보관하여 만일의 경우에 파트너가 쉽게 찾을 수 있도록 조치해 두어라.


## 죽음이 두 사람을 갈라놓으면

파트너를 떠나보내고 홀로 남은 사람이 정신적으로 회복하는 데는 오랜 시간이 걸릴 수 있다. 인생의 모든 것들이 변해버렸다. 수년간 지속되어 온 결혼이나 동거 생활이 한순간에 산산조각이 나고 당신 홀로 완전히 새로운 시작 앞에 우두커니 서 있다. 물건들의 구입, 돈의 지출과 투자 등 모든 걸 혼자 책임지고 해야 하는 새로운 시작에 직면한 것이다.

아내가 남편보다 오래 사는 경우가 반대인 경우보다 훨씬 많다. 어디까지나 통계일 뿐이긴 하지만, 여성의 기대수명은 남성보다 7년이 더 길다.

파트너를 떠나보내고 한동안은 슬픔에서 헤어나지 못한 채 무력감에 빠져 있겠지만, 가능한 빨리 돈과 연관된 여러 가지 일에 관심을 갖고 처리해야 한다. 지금 당장, 실행해야 한다.

유감스럽게도 현실은 당신에게 슬픔을 갈무리할 시간을 허락하지 않는다. 사랑하는 이를 떠나보낸 지 며칠 되지도 않았는데, (오직 당신만이 내릴 수 있는) 여러 가지 결정들이 당신의 처분을 기다리고 있다.

믿을 만한 사람에게 조언을 구하는 데에 반대할 이유는 전혀 없다. 오히려 당신의 슬픔을 이해해주는 동시에 중요한 판단에 도움을 줄 만한 이성적인 사람을 곁에 두는 것은 매우 바람직하다. 누가 당신 곁에서 이런 역할을 해줄 수 있을지 미리 정해두어라.


## 한 사람의 평생이 담긴 결과물

파트너가 세상을 떠나고 며칠쯤 지나면 당신은 상속 문제를 처리해야 한다. 이 문제를 가볍게 대해서는 안 된다. 어쨌든 한 사람의 평생이 담긴 결과물이니까. 이런 상황에 파트너가 보일 수 있는 반응은 매우 다양하다.

당신이 상속을 수용할지 거부할지 결정하는 데는 여러 요인이 작용하는데, 이에 관해서는 전문가의 조언을 구해야 한다. 슬픔을 어느 정도 추스를 수 있게 되면 곧 변호사에게 이 문제를 의뢰하라. 변호사는 당신을 위해 이 사안을 처리하고, 당신이 그릇된 판단을 하지 않도록 도와줄 것이다.

## 유지

독일인 세 명 중 한 명만이 유언장을 작성한다. 많은 사람들은 유언장을 작성하는 것 자체를 잊어버리거나, 죽음에 대한 생각을 나중으로 미룬다.

하지만 유언장을 작성하면 본인이 원하는 방식대로 재산을 나누어 줄 수 있다. 당신의 유산에 대한 상속권이 없더라도 당신에게 의미 있는 사람에게 재산의 일부를 남겨 줄 수도 있다. 예를 들어 당신이 아끼는 여자 조카에게 보석을 남겨 주거나, 친한 친구에게 전 재산을 남겨 줄 수도 있다.

유언장을 작성할 때는 당신이 세상을 떠난 후 이곳에서 어떤 일이 일어날지 생각해 보라. 물론 즐거운 생각은 아니지만, 유언장을 통해 당신의 뜻을 분명하게 전함으로써 당신의 가족들이 유언장에 기록되어 있는 모든 것들이 당신의 유지라고 확신하게 되므로, 남아 있는 가족들의 슬픔을 조금이나마 덜어 줄 수 있다. 유언장에는 상속에 대한 내용뿐만 아니라, 당신이 원하는 장례절차 등이 기록되어 있기 때문이다.

## 당신의 유지를 안전하게 전달하려면

하지만 유언장을 작성하는 것만으로는 모든 것이 실제로 당신이 원하는 대로 진행된다고 보장할 수 없다. 많은 유언장은 아무에게도 발견되지 않은 상태로 묻혀버리기 때문이다. 혹은 자신에게 돌아올 유산이 없을 거라는 생각에 유언장을 없애버리는 유가족들도 있다.

당신의 유지가 정확히 전달되기 바란다면, 유언장을 보관해둘 장소를 물색해 보아야 한다. 유가족들이 도저히 찾을 수 없는 곳에 유언장을 숨겨두거나, 아무도 그것을 당신의 유언장이라고 인식할 수 없는 상황이라면, 당신의 유지는 전달되지 않는다. 만일 누군가가 당신의 유언장을 고의로 훼손시킬 수 있다는 우려가 든다면, 반드시 지방 법원에 공탁하라. 이는 돈도 별로 안 들고, 당신의 유지를 전달할 수 있는 안전한 방법이다.

## 유산이 안겨주는 짐

이 책의 앞부분을 읽었다면, 당신은 '상속'이라는 주제에 관해 얼마나 많은 사항을 유의해야 하는지 가늠할 수 있을 것이다.

하지만 사람들이 좀처럼 거론하지 않는 중요한 문제가 있다. 그렇다. 이는 금기시되는 주제이다. 유산이 안겨주는 짐. 상속받은 돈의 액수가 클수록 이 짐도 커진다. 아마 당신은 이렇게 생각할 수도 있다. '많은 돈을 상속받았는데 문제가 될 게 뭐람?'

하지만 실상 상속받은 돈이 많을수록 이로 인한 문제도 더 크다!

상속인들, 특히 여성들은 자신이 하루아침에 얼마나 많은 재산을 갖게 되었는지 알고 나면 매우 부담스러워 한다. 지금까지 재산 관리와 증식에 대한 경험이 전무한 사람들은 엄청난 두려움에 휩싸인다. 이는 단순히 새로운 자동차나 집을 사는 문제가 아니라, 한 사람이 평생 일궈낸 결과물을 책임지는 일이기도 하다.

한 세대 전체가 우리나라의 발전을 일구어왔고, 그 과정에서 많은 재산을 축적했다. 이 세대가 축적해 놓은 재산 중 약 31조 유로(약 4경 3,100조 원)가 향후 8년간 이들의 자녀들에게 상속될 것으로 추정된다.

이중에는 많은 여성들이 있다. 그리고 이 여성들은 대부분 상속받을 마음의 준비가 충분히 되어 있지 않은 상태다. 이들은 친구들이 자신에게 친절한 이유가 자신에게 뭔가를 기대하기 때문일 수도 있다고 우려한다. 이런 식으로 상속은 많은 여성 상속인들에게 커다란 짐이 된다. 많은 남성들이 돈을 자기실현의 수단으로 여기는 반면, 많은 여성들은 오늘날에도 여전히 자신이 적은 돈으로 살림을 꾸려갈 수 있다는 것을 자신의 특성으로 꼽는다.

그러므로 유산은 이러한 여성들의 자아상을 망가뜨릴 수 있다. 즉, 재산을 상속받고 나면 이들은 기존의 정체성을 버리고 새로운 정체성을 도입해야 한다. 이와 같은 정체성의 손실은 극도의 불안감을 유발한다. 거액의 유산으로 '아슬아슬한 곡예'를 해야 하는 경우, 불안감은 더욱 고조된다. 여성 상속인들이 돈 문제에 있어서 항상 남성들, 예를 들어 남자 형제나 남편을 조언자로 끌어들이는 것도 바로 이 때문이다. 그런데 실제로 돈 관리 능력이 더 우월한 것은 여성들이다. 여성들은 다만 자신들의 이런 능력을 발휘해볼 용기만 내면 된다.


## 신선한 바람


그런데 오늘날 이 현상은 점차 변화되고 있다. 어쩌면 우리 사회에 여성 상속인들이 점점 많아지기 때문일 수도 있겠다.

미국의 경우에는 이 같은 변화가 좀 더 일찍 시작되었다. 미국에서는 이미 80년대부터 여성 상속인들이 한자리에 모여 자의식과 책임감을 갖고 자신의 돈을 관리, 운용할 방법들을 모색했다. 이들은 여러 재단을 설립하고, 자신들이 상속받은 돈으로 자신들의 마음에 와 닿는 프로젝트를 지원해 왔다.

제3세계 여성 지원 프로젝트든, 선거 지원 프로젝트든, 이들은 항상 자신이 돈이 어디에 어떻게 사용되는지 잘 알고 있다.

유럽에서도 다수의 독자적 발의에 의해 이런 성격의 네트워크가 구축되고 있다. 독일에서는 여성 상속인들이 모임을 개최하고 있다. 이 모임의 모토는 "여성 상속인으로서 당당하게 부를 누리며 사회에 기여하자"이다. 이 행사에 대한 정보는 물론 개최 장소도 비공개로 진행된다. 투자 컨설턴트나 이들과의 결혼을 꿈꾸는 남성들과 이야기를 나누기 위한 자리가 아니라, 이들이 중요하게 여기는 주제에 관해 토론하기 위한 자리다.

물론 이들은 자신의 재산을 최적으로 투자할 방법을 알고 싶어 한다. 하지만 여성 상속인 모임을 결성한 이들의 주장에 따르면 회원들은 최고의 이윤 창출만을 목표로 하지 않으며, 프로젝트의 사회적 기여도 혹은 환경 친화도 역시 중요시한다. 이처럼 뜻을 같이하는 사람들의 네트워크는 건강한 자의식을 갖춘 여성 상속자로서 삶을 살기 위한 바람직한 출발이 될 수 있을 것이다.

하지만 항상 깨어 있으라! 이러한 네트워크에서 마주하게 되는 여러 가지 제안들도 세밀하게 비교해 보라. 각 프로젝트의 적합성을 찬찬히 검토해 보라. 당신의 투자를 유치하기 위해 '그린', '친환경', '윤리적 생산' 등의 간판을 내걸고 당신을 현혹하는 업체들이 허다하다.

## "어쩌면 좋아, 내가 남편보다 돈이 더 많아"

자신의 돈에 관해 자신 있게 결정하는 법을 배웠다고 해서 모든 문제가 해결된 것은 아니다. 유산을 상속받은 여성들은 다시 예전처럼 사는 것이 그다지 쉬운 일이 아니라는 사실을 어느 순간 깨닫게 되기 때문이다.

갑자기 생긴 거액의 돈 때문에 파트너와의 관계가 삐걱거릴 때도 많다. 한순간에 남편보다 당신의 돈이 더 많아진 것이다. 당신은 재정적으로 자유로워 졌고, 이전에는 꿈도 꾸지 못했던 많은 것들을 구입할 수도 있다. 엄밀히 보면 당신은 예전보다 행복해져야 한다. 하지만 현실은 그 반대인 경우가 많다.

그 결과 당신과 파트너 두 사람 모두 어찌할 바를 모른다. 여성들이 맞벌이를 하여 가정 경제에 기여한 지는 이미 오래되었지만 많은 부부들의 경우 남편 혼자 돈을 벌거나, 남편의 수입이 적어도 아내의 수입보다는 많다.

머니 파워

많은 남성들이 돈을 권력의 수단으로 이용하는 것에 대해서는 아무도 부인하지 못할 것이다. 돈은 가진 자에게 권력을 안겨준다. 달리 말하면, 돈이 없는 사람은 돈이 있는 사람에게 의존하게 된다. 여성이 유산을 상속받으면 이런 의존성이 '파괴'된다. 많은 남성들은 이런 상황을 수용하지 못한다. 하지만 성숙한 인간이라면 의존성을 감내하지도, 허용하지도 않는다.

따라서 여성으로서 경제적 독립을 달성하는 것은 매우 중요하다. 유산을 상속받으면 저절로 경제적 독립이 달성되는 셈이다.

이런 상황에서 심각한 죄책감을 느끼는 여성들이 적지 않다. 거액의 상속자가 된 여성들은 파트너에게 자신이 예전과 달라진 게 없음을 증명해 보이려고 비굴한 굴종적 자세를 취하고, 마치 혼자서는 아무런 결정도 내리지 못하는 사람처럼 행동한다. 이 모든 것은 단지 자신이 여전히 남편을 꼭 필요로 한다는 사실을 남편에게 알려주기 위해서이다.

독립적인 파트너 관계에서는 이런 악순환의 고리를 끊어내야 한다. '돈'이라는 주제에 대해 솔직하게 터놓고 이야기하라. 당신이 남편보다 가진 것이 더 많든, 그 반대든 상관없다. 그 돈이 당신이 직접 번 것이든, 상속받은 것이든 상관없다.

남편에게는 너무나도 많은 다른 장점들이 있고, 당신이 이를 무척 소중히 여긴다는 사실을 분명히 알려주어라. 또한, 이러한 내면적 가치들은 돈과 별개라는 사실을 알려주어라.

한편으로는 주변 사람들이 당신의 돈 때문에 당신을 좋아할 수 있다는 걱정에서 벗어나는 것 역시 중요하다.

당신이 상속받은 재산은 하나의 선물이고, 이것을 사용하여 당신의 미래를 가꾸어 나가야 한다는 사실을 명심하라. 당신의 경제적 독립을 위한 초석을 마련해준 그 사람도 자신이 물려준 재산 때문에 당신이 어려움을 겪기를 원하지는 않았을 것이다.

이런 때일수록 사고의 전환을 꾀하라! 당신에게 주어진 상속을 내면적 성장의 기회로 삼아라. 당신의 삶을 어떤 모습으로 가꾸어 나가기 원하는지 온전히 자유롭게 결정할 유일한 기회가 당신을 찾아온 것이다.

이 멋진 과정에 당신의 파트너를 동참시켜라!

---

**보도 섀퍼의 제안 14**

- '돈과 죽음'이라는 주제를 책임 있는 자세로 대하라. 당신의 사후에 바라는 바에 관해 파트너와 터놓고 이야기하라.
- 사랑하는 이를 떠나보냈을 때, 친구의 도움을 받아라. 친구가

---

당신을 대신하여 행정 절차를 처리해줄 수 있다.

- 당신에게 지명된 상속을 수락할 것인지 검토할 때, 변호사에게 조언을 구하라.
- 당신의 유지를 분명하게 남기기 위해 유언장을 작성해 두어라.
- 유언장을 안전한 곳에 보관하라. 최적의 장소는 지방법원이다.
- 여성으로서 당당하게 상속에 임하여 자부심을 갖고, 지금 당신을 기다리고 있는 새로운 일을 향해 나아가라.
- 다른 여성 상속인들과 연락을 취해 네트워크를 형성하라.
- 당신의 파트너와 당신이 받은 상속에 관해 이야기를 나누어라. 애초부터 서로 간에 장벽이 생기게 하지 말라.

상상력이 없는 인간은 날개도 없다.

_ 무하마드 알리Muhammed Ali

# 제4부　끝과 시작

# 제10장  더 이상 동화 속의 이야기가 아니다

당신이 마음만 먹는다면,
더 이상 동화 속의 이야기가
아니게 된다.

— 테오도르 헤르츨Theodor Herzl


　그동안 우리는 돈에 관한 긴 여정을 함께 해오며 경제적 독립을 위한 가장 중요한 두 가지 요소, 즉 각자의 관점과 실천 방법에 대해 살펴보았다. 하지만 돈에 대해 올바른 관점을 갖고 있다고 해서 돈을 실제로 어떻게 다루어야 하는지, 어떻게 하면 더 많은 돈을 벌 수 있는지, 자신에게 최선의 투자 방식은 무엇이고 어떠한 리스크가 있는지, 어디에 어떤 방식으로 돈을 저축할 수 있는지, 자녀의 용돈은 얼마나 주어야 하는지, 부채 관리를 어떻게 해야 하는지를 저절로 습득하게 되는 것은 결코 아니다.

　마찬가지로 돈을 관리하는 구체적인 방법들을 안다고 해서 돈의 법칙을 깨달을 수 있는 것도 결코 아니다. 돈에 대해 부정적인 관점을 갖고서는 절대로 돈을 마법처럼 끌어당길 수 없다. 돈에 대해 부정적인 관점을 갖고서는 결코 행복한 부자가 될 수 없다. 돈과 관련된 우리의 관점, 감정과 생각, 가치, 말과 행동, 목표와 비전, 일상적으로 실행되는 여러 방법과 습관들, 이 모든 것이 마치 콘서트 현장에서처럼 조화를 이루며 어우러져야 한다. 이 모든 요소가 우리 개개인의 행복에 기여한다.

## 당신의 때가 도래했다

"때가 도래한 일은 그 무엇으로도 막을 수 없다"는 말을 들어본 적이 있는가? 한편으로 나는 (적어도 선진국의 여성들의 경우에는) 다음과 같은 사실을 인식할 때가 왔다고 확신한다. 진정한 부를 누리는 것은 모든 이의 천부적 권리이다. 이제 이 천부적 권리를 행사할 때가 온 것이다. 내가 말하는 천부적 권리란 무엇일까? 나는 모든 사람들이 경제적 독립을 이루고 존중받고 사는 것이 인간에게 가장 자연스러운 상태이자 사명이라고 확신한다. 이 권리를 온전히 누리기 위해서는 목표에 대한 약간의 방향 수정과 함께 개개인의 재정에 좀 더 신경을 써야 한다.

한편, 앞서 말한 문구는 당신의 개인적인 삶에도 적용된다. 이제 당신이 경제적 독립을 이룰 때가 왔다. 지금 이 순간 당신이 이 책을 읽고 있는 데는 분명 이유가 있을 것이다. 당신이 마음만 먹으면 그 무엇도 당신을 저지할 수 없다. 왜냐고? 당신의 때가 왔기 때문이다.

당신의 눈에는 실현 불가능해 보이는가? 위대한 꿈들이 이루어지는 과정은 항상 이러하다. 처음에는 그 꿈을 달성하는 것이 단연코 불가능해 보인다. 시간이 가면서 우리는 그것이 불가능하지 않다는 것을 인식하지만, 그 실현 가능성이 매우 희박하다고 여긴다. 각자가 처한 상황, 외부 환경, 각자의 경험 등 꿈의 실현 가능성을 낮추는 요인들이 너무나도 많아 보인다. 하지만 결국 끝에 가서 우리는 그 꿈의 실현이 (모든 과정을 거치는 내내) 불가피했었다는 사실을 인식하게 된다.


## 당신에게 닥쳐올 상황들

내가 당신의 경제적 독립이 아주 쉽게 달성될 거라고 주장하는 것은 아니다. 아마도 당신의 경제적 독립은 하루아침에 뚝딱 이루어지지는 않을 것이다. 당신은 꿈을 이루어가는 도중에 좌절, 회의, 상황의 악화 등을 겪게 될 것이다. 이와 같은 힘겨운 일들은 아마도 최악의 타이밍에 당신을 찾아올 것이다. 당신이 전혀 예상치 못했던 쪽에서 많은 문제들이 챙겨날 것이다. 그 문제들이 힘겨운 이유는 바로 최악의 타이밍에 당신의 가장 약한 부분을 강타하기 때문이다. 이는 인간이라면 누구나 겪는 지극히 일반적인 현상이다. 희한하지만 이것이 인생이다.

상황이 일시적으로 악화되더라도 당신을 평생 괴롭혀왔던 불운이 다시 찾아왔다고 해석하지는 마시라. 누구나 수시로 겪는 일이다. 하지만 몇몇 사람들은 이에 대해 예외적인 반응을 보인다. 이들은 상황의 악화를 달리 해석하여 '삶이라는 건물'에 설치된 '창문과 문'으로 간주한다. 그리고 이 '창문과 문'이 자신의 목표와 경제적 독립이라는 꿈에 도달할 수 있게 해준다고 여긴다. 이 몇몇 사람들은 재앙과도 같은 일에 맞닥뜨리더라도 이를 무언가의 끝이라 여기지 않고, 새로운 시작을 할 기회라 여긴다. 이들은 모든 고통의 뒤에 숨겨져 있는 '금광'을 찾아 나선다.

정확히 설명하긴 힘들지만 내가 아는 바로는, 누구나 자신이 원하는 삶에 도달하려면 이러한 상황의 악화들을 거쳐야 한다. 우리는 이런 '어려운 순간들'이 우리를 위해 준비해둔 선물을 필요로 한다.

꿈을 향해 나가다 보면, 제자리걸음을 하고 있다는 생각이 들 때가 있을 것이다. 재산이 불어나지도 않은 채 시간만 간다고 느껴지는 순간들도 있을 것이다. 하지만 이러한 당신의 감정에 속지 말라. 성공을 거둔 모든 여성들에게도 이런 시간들이 있었다. 이런 시간들 또한 당신에게 중요하다. 살다 보면 때때로 계단의 편평한 디딤판에 멈춰 선 것처럼 아무 발전도 감지되지 않는 지점에 도달하게 된다. 측정할 수 있는 가시적인 성공이 눈에 보이지 않더라도 우리는 내면적으로 조용히 성장함으로써 자신을 기다리고 있는 힘겨운 과제를 준비해 간다. 실제로 이처럼 조용한 시간들과 내면적인 성장은 우리 각자에게 매우 중요하다. 베라 비르켄빌Vera F. Birkenbihl 여사는 이렇게 말했다. "우리는 다음 계단으로 올라가는 계단의 수평면을 사랑하는 법을 배워야 합니다."

## 세상에서 가장 오래된 이야기

세상에서 가장 오래된 이야기에 대해 알고 있는가? 그 이야기는 다양한 모습으로 변형되어 세상에서 가장 자주 회자되기도 한다. 그것은 자신이 영웅이라는 사실을 전혀 모르는 영웅에 관한 이야기이다. 그는 뭔가를 달성하기 위해 (보물을 찾기 위해, 공주를 구하기 위해, 혹은 나라를 구하기 위해) 길을 나선다. 목표를 향해 가는 도중 그는 수많은 어려운 미션을 클리어 해야 한다. 길을 갈수록 더 많은 문제에 봉착하고, 점점 더 큰 위험에 처한다. 그러고 나면 마지막에 거대한 '마지막' 미션이 주어진다. 그 '영웅'은 이제 자신에게 더 이상 승산이 없다고 생각한다. 그는 꿈을 포기하고 돌아가려 한다. 아무도 그를 비난하지 않을 것이다. 모든 이가 그를 이해해줄 것이다.

하지만 어떤 이유에서든 그는 포기하지 않고, 가던 길을 계속 간다. 바로 그때 전혀 예상치 못했던 상황이 벌어지고 마침내 그는 목표를 달성해 낸다. 다른 사람들은 그를 영웅이라고 부른다. 내가 보기에 그것은 맞는 말이다. 용기란 두려워하지 않는 것이 아니라, 두려워도 계속 앞으로 나아가는 것이니까.


## 이것은 당신의 이야기이다

이 이야기의 매력은 누구나 삶의 여러 차원에서 경험할 수 있는 이야기라는 점이다. 순수한 모험이야기로 볼 수도 있고, 경제적 독립을 이루는 과정이나 영적 여정을 묘사하는 이야기로 이해할 수도 있다. 다시 말해서 우리의 삶에 관한 이야기이다. 나는 사람들이 이 이야기를 그토록 좋아하는 이유가 바로 이 때문이라고 생각한다. 우리는 이 이야기 속에서 자신을 발견한다. 당신과 나, 즉 지극히 평범한 사람들이 뭔가를 이루어 내기 위해 길을 나선다. 진정한 부를 이루기 위해, 어떤 과제를 이행하기 위해 길을 나선다.

이런 지극히 평범한 이야기 속에서 지극히 평범한 사람이 특별한 일을 하고 영웅이 된다. 오를레앙의 성녀가 되기도 하고, 전설의 기사 랜슬롯이 되기도 하고, 엘라 윌리엄스가 되기도 하고, 앨버트 슈바이처가 되기도 한다. 그리고 대중들에게는 알려져 있지 않지만 이 세상을 조금 더 좋은 곳으로 만든 영웅이 되기도 한다. 주변 사람들의 삶을 더 아름답게 만들어준 영웅이 되기도 한다. 그렇다. 이들 모두가 영웅이다. 지극히 평범한 사람이 어떻게 영웅이 될까? 이는 우리보다 훨씬 앞서 간 이들이 우리에게 영감과 지혜를 주기 때문이다. 우리가 발돋움할 수 있도록 발판이 되어준 여러 정보와 영웅들을 접하기 때문이다. 이렇게 다양한 접촉을 하다 보면 어느 날 갑자기 우리의 보는 눈이 달라진다. 시야가 훨씬 넓어지고, 이해력이 풍부해 진다. 새로운 야망과 동기가 생겨난다. 새로운 꿈과 과제를 갖게 된다. 새로운 즐거움과 기쁨을 누리게 된다.

한 가지만 잊지 말자. 영웅은 날 때부터 영웅으로 태어나지 않는다. 영웅들은 지극히 평범한 사람으로서 길을 나선다. 흔히 좀 더 행복하게, 좀 더 여유 있게 잘 살아보려고 길을 나선다. 아마 주변 사람들에게 자신의 행복을 나누어 주고 싶은 마음도 있었을 것이다. 그렇다. 누구나 한때는 이런 꿈을 갖고 있었다. 단지 중요한 건 이것이다. 이 꿈들은 모두 어떻게 되었는가? 우리의 꿈은 어떻게 되었는가? 대부분의 사람들은 어른이 되면서 어렸을 때의 꿈을 포기해 버린다. 그러고는 자신이 '현실적'으로 변했을 뿐이라고 이야기한다. "그건 그냥 어릴 때 상상해 본 거지요. 동화 속에나 나올 법한 이야기예요. 확실해요. 제가 어떻게든 이뤄보려고 해봤는데, 소용없더라고요."

자신도 모르게 '난 할 수 있는 건 다 했어. 성공하진 못했지만 말이야'라는 생각을 하거나 그런 말을 내뱉은 적이 있는가? 그렇다면 한 가지만 명심하라. 남성이든 여성이든, 모든 사람들의 이야기에는 이런 순간이 반드시 등장한다.

## 거대한 용 무찌르기

오래된 해도를 살펴보면, 군데군데 용 모양이 하나씩 표시되어 있을 것이다. 오래전부터 뱃사람들은 자신이 정확하게 파악하지 못했거나 위험하다고 여겨지는 지점을 이런 식으로 표시해 왔다. 그리고 용 모양을 표시해둔 지점에는 가까이 가지 않았다. 위험이 도사리고 있는 지점에는 아예 접근조차 하지 않으려 한 것이다.

우리는 누구나 인생이라는 길을 걸어가면서 이런 지점들을 표시해 두었다. 각자가 기피하는 장소와 분야에 '용 모양' 표시를 해두었다. 그런데 흔히 이곳들은 우리가 원하는 성공을 이루기 위해 걸어가야 할 길과 일치하는 경우가 많다. 우리가 용 모양으로 표시해둔 바로 그곳에 우리 각자에게 가장 필요한 기회가 존재하는 것이다. 바로 그곳에 우리가 발견할 수 있는 신대륙이 있다. 바로 그곳에 우리의 삶을 풍요롭게 만들어줄 것들이 있다. 바로 그곳에 우리의 사명, 우리가 행복해질 수 있는 길이 있다.

자신에게 이렇게 물어보라. 너의 용은 어디에 있는가? 많은 사람들은 '돈과 개인적인 재정'이라는 주제에 대해 거대한 용 모양의 표시를 해두었다. 너무나도 많은 사람들이 자신의 목표를 이루기 위해 긴 여정을 시작한다. 하지만 이들은 용과 대면하기를 꺼린다. 반면 앞에서 언급한 이야기 속의 영웅들은 거대한 용을 찾아 나선다. 용이 그려져 있는 바로 그곳에 자신이 성장할 기회가 있기 때문이다. 바로 그곳에 재정적 성공과 인생의 성공을 안겨줄 열쇠가 있기 때문이다.


## 끝인 동시에 시작

이제 우리는 이 책의 끝부분에 이르렀지만, 이곳은 당신의 미래를 새로 열어나가기 시작할 지점이기도 하다. 이제야 비로소 당신은 본격적인 출발을 할 것이다. 이 책을 차근차근 읽어왔다면 당신은 뭔가 이상한 기분이 들 것이다. 말하자면, 이 책을 읽기 전보다 돈과 개인적 재정과 관련하여 의문점이 더 많아졌다는 사실이다. 이는 당연한 일이며, 다른 분야에서도 마찬가지로 일어나는 현상이다. 예를 들어 수준 높은 강연을 듣거나, 뛰어난 서적을 읽거나, 심오한 영화를 보거나 유익한 대화를 나누고 나면, 그 전보다 더 많은 질문이 생겨난다. 무척 희한한 일이다. 당신은 이런 매체를 통해 대답을 구하려 했고, 많은 대답을 구했다.

그런데 그전보다 더 많은 질문이 생겨난 것이다. 가장 중요한 포인트는, 질문의 수준이 그전보다 한 차원 높아졌다는 점이다. 이 책이 당신에게 좋은 책이었는지, 그리고 좋은 책인지 나는 알지 못한다. 아리스토파네스Aristophanes는 이렇게 말했다. "사람을 양성하는 것은 빈 그릇을 채우는 게 아니라, 불을 지피는 것과 같다." 이 책을 읽고 당신이 경제적 독립을 이루어야겠다는 마음이 들었다면, 내가 원하는 바가 이루어졌다. 하지만 앞에서 말했듯이, 지금 당신은 출발선에 서 있는 셈이다.

어쨌든 이제 당신은 이 주제에 대해 관심을 갖게 되었다. 이 문제에 대한 해답을 찾아보고 실천할 마음이 생겼다. 단, 이러한 마음은 금세 식어버릴 수 있다. 지금부터 72시간 내에 첫걸음을 내디뎌라.

인생에서 '해야 할 일이 무엇인지 아는 것과 아는 것을 행하는 것'은 별개이다. 물론 아무것도 하지 않고, 그냥 무작정 기다릴 수도 있다. 하지만 무엇을 기다릴 생각인가? 어린아이처럼 고집스럽게 버티기만 하면 자신에게 아무 도움도 되지 않는다. 이는 두 눈을 꼭 감고는 아무도 자신을 보지 못할 거라고 여기는 세 살짜리 아이나 하는 행동이다. 자신이 눈을 감았다고 다른 사람이 자신을 볼 수 없을 거라는 생각이 착각이듯이, 아무것도 하지 않는 소극적인 태도는 스스로 꿈을 포기하고 항복하는 것이나 다름없다.

세네카Seneca는 이렇게 말했다. "그 일을 해내기가 어려워서 시작하지 않는 것이 아니라, 시작하지 않기 때문에 그 일을 해내기가 어려운 것이다."

그저 시작해 보라. 당신은 아직까지 재정에 관한 지식이 완벽하지 않고, 앞으로도 완벽해질 수 없을 것이다. 누구나 마찬가지다. 그러므로 지금 당장 시작하라. 한 가지만 명심하라. 부족한 상태로 시작하는 편이 완벽한 상태가 될 때까지 망설이는 것보다 낫다.

지금 당장 이 책의 앞부분에 제시해 놓은 실천 방안을 펼쳐보아라. 당신이 가장 먼저 실천하려는 행동들을 정하라. 물론 72시간 내에. 실천 방안을 글로 적어두지 않았다면, 지금 다시 한번 이 책을 훑어 내려가 보라. 단, 다음과 같은 관점에서 책장을 넘겨보라. 내가 지금 할 수 있는 일은 무엇일까? 그리고 생각나는 것이 있으면 모두 기록해 두라. 이 책과 전혀 관계없는 것일 수도 있다. 당신이 오랫동안 미루어 둔 일일 수도 있다. 모두 글로 적어놓아라. 그러고 나서 무엇부터 시작할지 정하라.

## 당신에게 가장 도움이 되는 것

목표를 이루겠다는 결심을 지켜 나가려면 무엇을 해야 할까? 당신의 훌륭한 계획을 실행하려면 어떻게 해야 할까? 어디에서 힘을 얻을 수 있을까? 대답은 무척 간단하다. 당신은 일종의 '마법 물약'이 필요하다.

아스테릭스와 오벨릭스처럼. 이들의 힘의 비밀은 무엇일까? 이들이 가진 강력한 힘은 마법 물약 때문이다. 이 마법 물약은 우리의 주변 사람들이다. 우리가 강력한 힘을 가진 사람으로 살지, 아니면 쉽게 포기하는 나약한 사람으로 살지는 주변 사람들에게 달려 있다. 오벨릭스는 운이 좋았다. 그는 어렸을 때 마법 물약이 담긴 솥에 빠져서 그 물약의 효과로 영구적으로 강력한 힘을 갖게 되었다. 아스테릭스는 이런 운이 없었다. 그는 격렬한 싸움을 할 때마다 그 전에 먼저 마법 물약을 마셔야 한다.

아스테릭스든 오벨릭스든 결과는 동일하다. 누구나 언제든 각자의 마법 물약을 끓이면 된다. 당신은 언제든 자신의 주변 사람들에게 선한 영향력을 끼치기 시작함으로써, 주변 사람들로부터 선한 영향력을 되돌려 받을 수 있다.

스스로를 돕기 위해 가장 좋은 방법은 남을 돕는 것이다. 주변 사람들의 경제적 독립을 돕는 것이 자신의 경제적 독립을 확실하게 이루는 데 가장 좋은 방법이다. 주위에서 여성과 남성이 함께 투자하고 부를 구축하는 것을 자주 보게 되면, 당신은 이러한 환경에 의해 지속적인 영향을 받아 스스로도 경제적 독립을 이루고 싶은 마음이 생길 것이다. 누군가가 시작해야 한다. 당신이 이 '누군가'가 되어라. 당신 주변의 많은 사람들의 삶에 돈이 든든한 힘이 되어주도록 당신이 나서서 도와라. 이것은 당신을 위한 것이기도 하다.

이를 위해 친구들과 함께 부, 투자, 재정에 관한 이야기를 나누어라. 친구들에게 이 책의 메시지, 즉 진정한 부를 누리는 것이 그들의 천부적인 권리라는 사실을 알려주어라. 돈이 여성에게 곧 힘이라는 사실을 전하라. 친구들에게 이러한 주제에 관한 강연과 세미나, 신문 기사와 논문에 관한 소식을 알려주어라. 관련 주제에 관한 DVD, 오디오북과 책을 선물하라. 그리고 나중에 이에 관해 이야기를 나누어 보라.

이들 매체나 책의 내용에 관해 나중에 함께 이야기를 나누자고 말하라. 바로 거기에 지인들이나 파트너와 함께 실천하고 싶은 아이디어가 있다는 사실을 얘기해 주어라.

여성들뿐만 아니라 남성들과도 이야기를 나누라. 가장 친한 여자친구들, 그리고 당신의 파트너와 함께 시작해 보라. 경제적 독립에 관한 당신의 바람이 지극히 평범한 일로 받아들여지도록 적절한 환경을 조성해 보라. 사람들이 당신에게 당신의 목표를 상기시키고, 지원해

주고, 목표의 달성을 기대하도록 만드는 것이다. 이 모든 것이 당신을 위한 '한 모금의 마법 물약'이 되어준다.


## 당신을 위한 마지막 메시지


'돈'이라는 주제를 너무 소홀히 하지 말라. 돈에 등을 돌리는 것은 자신의 잠재력을 썩히는 행위이다. 자신이 지금보다 더 많은 것을 누릴 수 있다는 사실을 부인하는 것은 오늘을 허투루 보내 자신의 내일을 망치는 행위이다.

자신이 무엇을 원하는지를 스스로에게 물어보려면 용기가 필요하다. 요즘 세상에서는 누구나 돈을 벌 수 있다. 하지만 너무나도 많은 사람들이 '돈'이라는 주제에 관해 '아직까지 단 한 번도' 제대로 집중해본 적이 없다는 이유로, 자신의 삶의 비전을 펼쳐보지도 않는다. 이들은 스스로가 멋진 일을 해낼 능력이 없다고 느낀다. 인생은 일종의 여행이다. 당신이 인생을 향해 마음을 열면, 인생은 당신을 상상도 못했던 곳으로 데려다줄 것이다. 이 모든 과정에서 돈은 무엇보다도 두 가지 역할을 한다. 첫째, 돈은 당신이 꿈을 이루려 할 때 힘이 되어준다. 둘째, 돈은 당신의 성공을 가늠할 수 있는 척도이다.

예를 들어, 집 안에 있는 물건들을 모두 정리하여 처분하는 '염가

대매출'을 한다고 상상해 보라. 준비 작업을 위해 당신은 모든 물건에 가격표를 붙일 것이다. 부엌에 있는 싱크대는 얼마의 가치가 있을까? 거실의 소파는? 커튼, 앤틱 옷장, 거울, 식기 세트와 그림들… 이 물건들은 지금 얼마의 가치가 있을까? 그리고 이 물건들은 당신에게 얼마나 중요한가?

그리고 나서는 돈으로 가치를 매기기 힘든 것들을 생각해 보라. 증조할머니가 쓰던 짝이 안 맞는 식기 세트, 사진 몇 장, 당신의 일기, 연애편지 한 장, 책 한 권, 시 한 편, 서진, 오래된 보석, 아기 신발 한 짝, 당신이 어렸을 때 그린 그림, 여행 기념품, 입던 옷가지… 당신은 이런 모든 물건에 어떤 가치를 부여하는가? 이 모든 것은 당신에 관해 이야기해 준다. 당신의 삶의 뼈대가 되어준 가치 있는 것들이다.

하지만 내가 당신에게 정말로 묻고 싶은 것은 이것이다. 당신은 자신의 삶에 어떤 가격표를 붙이겠는가? 지금, 이 순간에 당신의 삶에 가격표를 붙인다면? 당신의 미래의 삶에 대해서는 어떤 가격표를 붙이겠는가? 가격은 누가 정해야 할까? 당신의 삶과 당신의 돈을 움직이는 힘은 누가 가져야 할까?

돈만으로는 당신의 재정적 자유와 독립을 달성할 수 없다. 하지만 당신은 해낼 수 있다. 당신은 매우 많은 것, 더 많은 것을 이루어낼 수 있다. 당신에게는 힘이 있다.

나는 당신의 인생 여정에서 돈이 합당한 가치를 인정받길 바란다.

당신의 인생이 합당한 가치를 지닐 수 있도록, 당신의 돈이 합당한 가치를 인정받길 바란다. 돈은 (제대로 사용하기만 하면) 당신에게 큰 힘이 되어준다.

나는 당신이 스스로와 주변 사람들을 위해 자신의 삶을 하나의 걸작으로 만들길 바란다.

나는 당신이 본보기가 될 만한 행동을 하여 주변 사람들을 위한 '마법 물약'이 되길 바란다.

나는 당신이 자신의 잠재력을 온전히 발휘하여 더없이 멋진 사람이 되길 바란다.

나는 당신이 꿈을 실현하길 바란다.

나는 당신이 꿈꾸어온 것을 뛰어넘어 더 많은 것들을 발견하길 바란다.

그리고 나는 당신이 풍요로움을 누리길, 당신의 지갑과 당신의 정신과 당신의 영혼이 풍요로워지길 온 마음을 다해 바란다.

당신이 마음만 먹으면, 이 이야기는 더 이상 동화가 아니다.

# 머니 파워

**초판 1쇄**  2022년 9월 30일
**초판 2쇄**  2022년 12월 28일


**지은이**  보도 섀퍼
**펴낸이**  서정희
**펴낸곳**  매경출판㈜
**옮긴이**  박성원
**책임편집**  이원지
**마케팅**  김성현 한동우 장하라
**디자인**  김보현 이은설


**매경출판㈜**
**등록**  2003년 4월 24일(No. 2-3759)
**주소**  (04557) 서울시 중구 충무로 2(필동1가) 매일경제 별관 2층 매경출판㈜
**홈페이지**  www.mkbook.co.kr
**전화**  02)2000-2610(기획편집) 02)2000-2636(마케팅) 02)2000-2606(구입 문의)
**팩스**  02)2000-2609  **이메일**  publish@mk.co.kr
**인쇄 · 제본**  ㈜M-print  031)8071-0961
**ISBN**  979-11-6484-470-8(03320)